무역학개론

THEORY OF TRADE

최 동 오 저

도서출판 두남

Prologue

미국과 중국의 패권전쟁과 이에 따른 글로벌 공급망 재편, 자국 우선주의 등 격동의 흐름 속에서 세계경제는 끊임없는 변화와 새로운 패러다임을 형성하고 있다. WTO 출범이후 국가와 국가간의 긴밀한 관계가 필요하였던 국제화 체제에서 이제는 국경이라는 개념이 무의미해지고 하나의 지구촌을 의미하는 세계화 체제로 급격이 진전되고 있다. 이러한 변화는 지난날 동서냉전시대의 종식과 사회주의 경제체제의 붕괴로 전세계가 시장경제원리에 의한 자본주의 경제체제로 전환되었고, 한편으로는 정보통신 및 운송수단의 발달로 경제적 의미의 국경이 무의미해지고 경제활동의 범위가 전 세계로 광역화되면서 지구촌 단일경제권체제가 수립되고 있음을 의미한다.

이와 같은 세계화의 추세는 다자주의를 지향하는 WTO에 의해 더욱 진전되어 왔는데 최근 DDA협상의 결렬과 세계 각국의 상호 이해관계에 따른 지역간 경제통합체의 강화에 따라 자유무역협정(FTA)으로 대표되는 지역주의가 대두되고 있다. 또한 국제통상환경도 급변하여 국제무역의 대상과 범위가 급속히 확대되어 전통적인 무역인 상품교역(수출입거래)에서 최근에는 서비스, 기술, 지적재산권 등의 교역과 노동 · 자본 등 생산요소의 이동이 활발해지고 있다. 특히 국제무역 및 투자가 보다 자유화되고 국제경쟁이 치열해 지면서 선진제국들은 공정무역질서의 강화로 환경 · 노동 · 경쟁 · 기술라운드 등 새로운 협상의제를 제기함으로써 개도국들을 견제하고 있는 실정이다.

이상과 같은 세계화 체제의 진전과 국제통상환경의 변화에 효율적으로 대처하고 적응하기 위해서는 국제무역현상에 관한 올바른 지식과 새로운 정보의 이해가 절실히 요구되고 있다. 특히 부존자원이 절대적으로 빈약하고 무역의존도가 매우 높은 우리나라에서 무역의 중요성은 아무리 강조해도 지나치지 않을 것이다.

이 책은 이러한 시대적 변화와 수요를 배경으로 대학에서 무역학을 처음 접하는 학생들을 위하여 출간하였다. 특히 이 책은 무역학의 개론서로서 무역학 전공자의 기초입문서인 동시에 사회 과학분야의 일반교양과목으로 이용할 수 있도록 국제무역과 관련되는 전 분야를 기초 원리와 지식 그리고 최근 정보를 반영하여 집필하였다. 아무쪼록 이 책이 무역분야 선배들의 빛나는 성과와 전통을 계승하고 더욱 발전시킬 후속 세대들에게 무역학에 대한 올바른 이해와 안내의 길잡이가 될 수 있기를 소망한다. 마지막으로 이 책이 출간될 수 있도록 도움을 주신 도서출판 두남의 전두표 사장님과 관계자 여러분들께도 깊은 감사를 드린다.

2022년 3월

도림골 연구실에서 저자

Contents

PART 01 국제무역의 이해

PART 02 무역실무

PART

01

국제무역의 이해

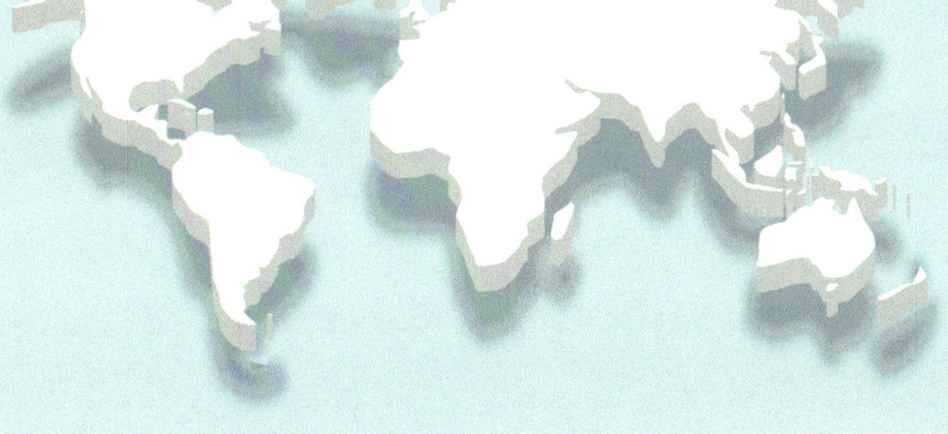

제1장 무역의 기본개념

제1절 무역의 이해

1. 무역의 의의

1) 무역의 의미

오늘날 지구상에 완전한 자급자족 경제시스템을 유지하는 나라는 존재하지 않는다. 최근 국가간의 경제적 국경이 무의미해지면서 전세계가 보이지 않는 글로벌 경제체제하에서 폐쇄경제체제를 통해서는 국가경제를 유지할 수 없다. 이러한 상황에서 세계의 각 국가는 국민생활에 필요한 물자 중 국내 조달이 불가능한 것은 무역을 통해서 공급하게 된다.

무역은 국제상거래 현상이며, 국제상거래는 국가간의 재화 및 용역의 교환이나 매매처럼 무역은 국가를 달리하는 상거래이므로 국경을 넘는 물품의 이동을 통하여 재화의 장소적, 시간적 효용을 증대시켜 개별 국민경제의 성장과 발전을 가져오게 한다. 따라서 일국내에서 이루어지는 국내무역 내지 국내상업과는 구별하여 이를 외국무역이라고도 한다. 여기서 국내상거래는 같은 지역내에서 같은 법률,

상관습, 통화, 언어, 정책에 의하여 규제를 받는데 비하여 국제 상거래 즉 외국무역은 한 국가와 다른 국가간의 상거래이므로 서로 상이한 법률, 제도, 관습, 통화, 언어 및 정책 등에 의해 규제를 받는다는 점이 다르다.

무역은 '교환 또는 매매'를 의미한다. 서양어의 무역(trade)은 '걷다', '밟다'는 의미의 'tread'와 발자취 또는 '항로'의 의미인 'trace'에서 유래되었다. 한편 동양에서의 무역(貿易)의 의미 역시 '무역하다'는 의미의 무(貿)와 '바꾸다'는 의미인 역(易)의 합성어로 교환이나 매매를 의미하는 것으로 사용되었다. 결국 무역은 '매매나 교환'을 의미한다고 할 수 있다.

무역의 정의는 넓은 의미와 좁은 의미로 나누어지는데 넓은 의미의 무역은 모든 국제간의 경제거래를 포함하는 것으로서, 상품의 수출입 이외에 자본 · 기술 · 용역 · 노동 · 전자무역 등의 국제적 이동을 의미하며, 좁은 의미의 무역은 원칙적으로 단순한 상품거래, 즉 상품의 수출입을 의미한다.

또한 무역은 외국에 거주하는 상대방과 거래하는 것이므로 경제적 국경을 기준으로 하여 수출, 수입이라고 하며, 이때 거래의 주체는 상대방이 내국인이든 또는 외국인이든 그리고 본지점간의 거래이든 크게 문제가 되지 않는다.

2) 무역의 필요성

무역의 필요성은 각국간의 자연적 조건의 차이와 사회적 조건의 차이에 기인하며 자연적 조건으로는 기후 · 풍토 · 강우량 · 천연자원의 부존 현황 등을 들 수 있으며, 사회적 조건의 차이로는 법률 · 제도 · 관습 · 기호 · 자본 · 노동 · 생산기술 등을 열거할 수 있다.

국가간의 자연적 · 사회적 조건이 상이하기 때문에 물품생산비 및 효율도 달라지며 이에 따라 무역이 발생한다.

생산비용 측면에서 비교적 유리한 위치에 놓여있는 경우 비교우위(omparative advantage) 라고 하며, 이와는 반대로 불리한 경우를 비교열위(comparative disadvantage)라고 한다. 어떠한 특정한 국가가 비교우위에 속하는 물품을 생산하여 이것을 타국의 비교우위 물품 중에서 자국이 필요로 하는 것과 상호 교환한다면 서로 이익이 될 것이다.

무역의 필요성은 국가간의 자연적 조건의 차이와 사회적 조건의 차이 외에도 ① 지구상에 있어서의 천연자원의 편재, ② 각국간의 인구와 인구밀도의 차이, ③

산업발달정도의 상이, ④ 구매력의 차이에 의해서도 존재하게 된다.

3) 무역의 성격

무역은 일반적으로 토질이나 기후 등의 자연적 조건과 언어 · 제도 · 관습 등의 사회적 조건이 상이한 국가와 국가 사이에 이루어지는 물품의 교류현상이기 때문에 무역의 성격도 여러 가지 면에서 고찰할 수 있다.

(1) 경영경제적 성격

일국의 외국무역은 일반적으로는 국내상거래와 같이 자유롭게 개인과 개인 사이의 접촉이나 교섭에 의하여 이루어지는 사적 물품매매활동(private merchandising activity)이다. 그러므로 무역기업이 행하는 수출행위(exporting)와 수입행위(importing)는 그 무역 자체를 형성하기 때문에 이러한 의미에서 무역은 무역기업의 경영 경제적 성격을 지니고 있다고 할 수 있다.

일반적으로 사적경영(무역기업) 사이의 국제통상은 아무런 장애를 일으키지 않는 평화로운 상태에서만 그 기능을 가장 잘 발휘할 수 있다. 따라서 무역에서는 무역기업간의 경영경제적 성격을 표면에 내세워 사적 매매활동을 최대한 보장하는 것이 국민경제와 국제경제의 발전에 더욱 도움이 되고 있다.

(2) 국민경제적 성격

일반적으로 무역은 한 나라와 다른 나라 사이에 물품의 교류현상을 의미하고 외국무역이란 말 자체도 개인본위가 아니고 국가본위의 거래임을 나타내고 있다. 물품의 교류가 무역으로서 인식되려면 수출 및 수입이라는 상호연관적인 국제현상을 수반하지 않으면 안 된다. 무역은 무역기업인과 무역기업인 사이에 물품의 교류를 통하여 결국에는 국가와 국가 사이에 물품의 교류를 달성시키는 것이다. 즉, 무역기업인간에 물품의 교류는 국가와 국가 사이의 직접적인 접촉현상에 불과하기 때문에 무역은 국민경제적 성격을 가지고 있다고 할 수 있다.

사적 거래활동인 무역의 결과는 당사국의 국제수지 · 통상정책 · 경제성장 등 일국의 국민경제에 여러 형태로 영향을 미치게 되는데, 이런 점에서도 무역은 국민경제적 성격이 강한 거래활동이라는 것을 알 수 있다.

(3) 세계경제적 성격

국민경제간의 접촉에 의하여 이루어지는 무역은 세계경제의 면에서 치열한 무역경쟁이나 제한된 무역협정에 의해서 실시되고 있다. 19세기 후반부터 세계교통의 발달과 산업혁명의 결과 일어난 물자의 국제적인 수급은 각국의 생산관계와 교통관계를 연결하고 있으므로, 무역이 이의 중개역할을 담당하고 있음으로써 각국의 생산과 교류관계의 연결을 촉진하고 세계경제라는 유기적인 현상이 점차 나타나게 되어 각 국민경제는 세계경제와 긴밀한 유대관계를 맺게 되었다.

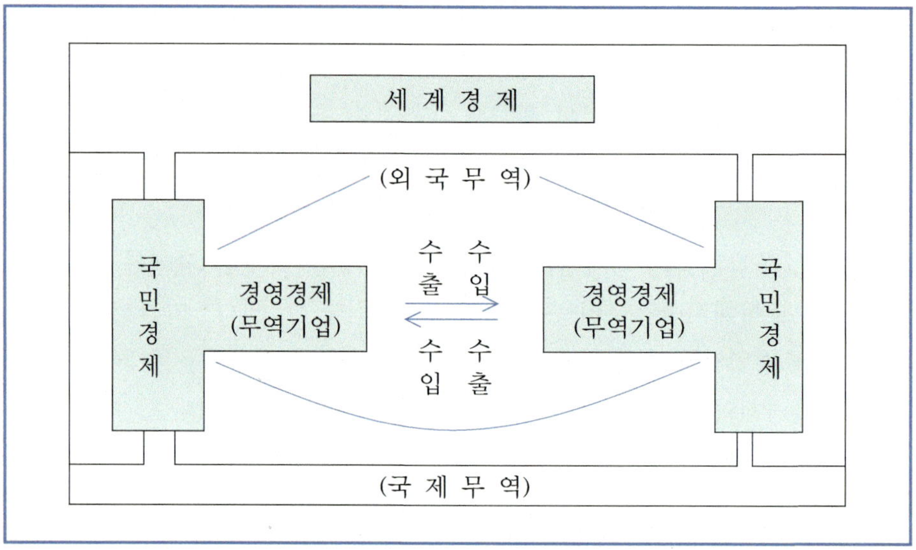

〈그림 1-1〉 무역의 성격

무역은 개별국가간의 거래로 이루어짐으로써 세계경제적인 성격을 내포하고 있으며, 특히 무역의 방식이나 서식이 국제적으로 통일되어 가고 있는 것도 무역의 세계적인 성격을 나타내 주고 있는 것이다.

4) 무역의 이익

(1) 국제분업의 이익

국제분업을 함으로써 한 나라가 다른 나라보다 물품을 싸게 생산할 수 있다. 국제무역은 곧 국제분업에 의한 특화(specialization)생산체제의 결과이다. 분업은 아담 스미스가 「국부론」에서 설명했듯이 생산효율을 높여서 생산비를 낮추고 한편 생산량을 증가시키는 역할을 한다. 이에 대해서는 어떤 재화의 절대생산비가 싼 나라에서는 해당 제품을 특화 생산하여 수출하고 비싼 제품은 수입하여 쓴다는 아담 스미스의 절대우위론과 어떤 재화의 상대적 생산비 기준으로 비교하여 싼 나라에서 해당 제품을 특화 생산하여 수출한다. 이는 리카도의 비교우위론으로 설명된다.

(2) 규모의 경제효과

국제무역은 해외시장을 겨냥한 시장생산체제를 강화함으로써 한 나라의 생산량을 증대시킨다. 이는 생산규모를 늘리는 역할을 하므로 규모의 경제효과를 창조할 수 있다. 규모의 경제효과는 생산량이 증대할수록 생산비가 떨어진다는 이론으로 이러한 효과는 무역에 참여하는 모든 국가에 이익을 가져다준다.

(3) 국내에서 생산되지 않는 제품 사용

국제무역은 자기 나라에서 생산되지 않는 제품을 수입하여 소비할 수 있게 한다. 우리나라에서는 원유가 전혀 생산되지 않으므로 무역이 없다면 모든 공장과 아파트는 석탄을 연료로 사용할 수밖에 없을 것이며, 어떤 물품이 국내에서 생산된다 하여도 생산된 제품이나 원료의 품질이 나쁜 경우에 무역을 허용하지 않는다면 나쁜 품질의 원료 사용으로 생산효율은 떨어질 것이며, 국민은 품질이 나쁜 제품을 강제로 사용하는 결과를 초래하게 된다.

(4) 기업의 국제경쟁력 강화

국제무역은 무역에 참여하는 기업으로 하여금 세계의 기업과 경쟁을 하게 한다. 국제무역기업은 국제경쟁에서 승리하기 위해서 경영관리를 효율화하고 생산성을 향상시키기 위하여 노력하게 된다. 또한 기술을 개발하고 품질을 세계수준으로 향상시키므로 기업의 국제경쟁력은 강화된다.

(5) 소비자 후생의 증대

국제무역은 소비자의 후생을 증대시킨다. 무역으로 인하여 소비자는 상품의 생산지에 관계없이 가격이 저렴하고 품질이 좋은 제품을 기호에 따라서 선택할 수 있다.

(6) 경제성장의 촉진

무역이 없다면 좁은 국내시장만을 대상으로 생산을 하게되나 무역을 하게 되면 세계시장을 목표로 생산하게 되므로 국민총생산이 증대된다. 이론적으로 수출은 무역승수 배만큼 국민총생산을 증대시킨다. 한 나라의 소득증대는 수입을 유발함으로써 상대국의 수출과 소득을 증대시키는 승수효과[1] 를 가져온다.

2. 무역의 특징

일반적으로 무역은 상거래라는 점에서는 국내거래와 동일한 상거래현상이라고 할 수 있지만, 국내 상거래와는 달리 무역고유의 특징을 갖고 있다.

1) 해상의존성

옛날이나 지금까지 그 어느 나라를 막론하고 무역은 바다를 중심으로 발달되어 왔으므로 해상운송과 무역은 불가분의 관계를 맺고 있다. 무역은 주관적으로는 자국과 해외와의 해상무역으로서 또 객관적으로는 바다를 주된 활동무대로 하는 해상매매로서 실현되어왔다. 세계무역은 페르시아 및 베니스의 옛날부터 영국과 미국의 현재에 이르기까지 바다를 주된 활동무대로 삼아 해상운송의 발달과 인과관계를 지니면서 기업적인 발전을 해 왔다. 그러므로 과거의 역사를 살펴보면, 해상무역을 제패하였던 나라가 끝내 세계무역의 지도적 지위에 군림하게 되었던 사실을 알 수가 있다.

무역의 해상의존성이 높은 것은 해상운송을 통하지 않고는 엄청난 물동량을 효과적이고 저렴한 비용으로 처리하는 것이 불가능하기 때문이다. 따라서 역사적으로도 세계무역은 주로 해상운송에 의하여 이루어졌고 육상운송은 이러한 해상운송의 보조수단으로 발전되어 왔다. 최근에는 항공업의 발달로 항공운송이 고도로 발달되었다고 하지만 그것은 고가품 등 특수한 경우에 한정되어 있고, 운송비가 상대적으로 비싸서 그 운송에는 현재로서는 한계가 있다고 할 수 있다. 따라서 세

1) 무역승수란 불완전 고용 하에서 수출의 증가로 인해 국민소득이 얼마나 증가되었는가를 설명하는 지표로, 국민 경제에 대한 무역의 영향을 해명하는 데 중요하게 이용된다. 즉, 무역승수란 수출증가 → 국내투자증가 → 국내생산증가 → 고용증가 → 소득증가의 메커니즘을 통해 설명할 수 있다.

계무역의 대종을 이루고 있는 것은 역시 해상무역이라고 할 수 있다.

2) 무역업자의 위험

무역거래는 그 특수성으로 인하여 항상 기업적 위험을 수반 하고 있다. 이러한 위험은 세계교통의 발달과 정보통신기술의 발달, 보험제도의 발달에 의하여 많은 위험이 감소되었음에도 불구하고 무역활동에는 많은 기업적 위험이 내포되어 있다. 무역거래에 수반되는 기업적 위험을 그 발생원인의 종류에 따라 나누어 보면, 다음과 같은 3가지를 들 수 있다.

(1) 운송 또는 보관중의 위험

이 위험은 상품 그 자체에서 생긴 물리적 위험을 말하며 상품의 운송 및 보관중에 외부로부터 발생한다. 보험체계의 발달로 인하여 이러한 위험은 해상보험과 손해보험으로 보험업자에게 담보되어 전가되고 있지만 위험 그 자체가 완전히 제거되고 있지는 못하다.

(2) 금융결제에 관한 위험

상품대금의 금융결제에 관한 지급불능 또는 지급거절이 발생하는 경우가 있다. 이것은 장기신용제도의 국제적 관습에 따라 자주 발생하는 경제적 위험이다. 일반적으로 이러한 위험에 대해서는 신용보험제도나 국가의 재보험제도 또는 손실보상제도에 의하여 어느 정도 그 위험을 담보해 주고 있는 것이 국제적 통례이다.

(3) 상품가격 및 환율의 변동으로 인한 위험

국제무역거래에서는 그 계약시기 · 선적시기 · 인수시기 · 대금결제시기 등에 상당한 시차가 존재하게 된다. 따라서 이러한 시차 동안에 생산품의 수요 · 공급 등에 의하여 물품가격이 변동함으로써 일어나는 「가격상의 위험」이나 환율의 변동때문에 발생하는 환(煥)위험이 일어나기 쉽다.

3) 산업연관성

무역은 한 국가의 생산성, 기술향상, 고용확대 및 국제수지의 개선 등 국민경제 순환과 발전에 결정적인 요인으로 작용하게 된다. 즉 관련 산업을 발달시킴으로써 국민 경제력을 육성·발전시킨다는 점에 그 특색이 있다. 특히 일국의 경제력이 무역의존도가 높은 국가에서는 수출산업의 성장여하에 따라 그 국가의 경제적 운명을 좌우하게 된다. 만약 원료의 수입이 충분하지 못하고 또 제품의 판로도 국내에 한정된다면 대량생산(mass production)이 이루어질 수 없다. 그러므로 무역이 발전되면 외국의 자원에 의존할 수 있게 되고, 다른 한편으로 그 제품의 판로를 널리 해외시장에서 개척할 수 있으므로 관련되는 각종 산업의 발전이 가능하게 된다.

오늘날에 산업과 무역은 상호연관성을 갖고 있다. 즉 무역의 발전은 산업의 진흥에 이바지하고 또한 산업의 발전은 무역의 증진에 크게 기여하게 된다.

4) 국제관습성

무역은 원래 물품매매업의 본질을 지니고 있다. 개개의 무역업자들은 매매활동을 효율적으로 수행함으로써 수익을 올려 그들의 경영목적을 달성하고 있으며, 오늘날 거액의 국제무역도 결국 개별적인 무역업자들의 매매활동 결과이다. 그러므로 사적(私的) 무역경영의 합리적 발전은 전적으로 국제매매로서 이루어지며, 오늘날 순수한 상업적 기초 위에서 실현되고 있는 국제매매(international sale of good)로서의 무역은 주로 소유권이전의 목적으로 체결된 매매계약의 형식이라 할 수 있다.

매매계약은 당사자의 권리·의무를 발생시키는 법률행위이며, 더욱이 무역계약은 낙성계약·쌍무계약·유상계약의 요건을 갖춘 상사계약임에도 불구하고 세계무역은 공통적인 국제매매법이 없으므로 무역계약의 이행에 있어서 준거로 삼을 계약법이 존재하지 않았다. 이와 같이 국제매매에 관한 통일적인 법률이 없기 때문에 세계의 무역계는 언어·풍습·법률·제도 등 이질적인 국가간에 대외매매라는 법률행위의 실천과정에서 여러 가지 마찰과 분쟁을 겪어 정형화된 무역관습에 준거하여 계약을 체결·이행하여 왔다. 이러한 정형화된 국제관습은 현행 무역방식의 기본을 이루고 있으며 또한 이 관습은 국제무역업계의 공적인 거래조건으로 준용되고 있다.

〈표 1-1〉 국제무역에 관한 주요 규칙

규칙명	제정년도	제정기관	주요 내용
무역거래조건의 해석에 관한 국제규칙 (Incoterms 2020)	1936년 (2020년 8차개정)	국제상업회의소	무역계약의 정형거래 조건
화환신용장통일규칙 (UCP 600)	1930년 (2006년 6차개정)	국제상업회의소	신용장의 형식과 통지, 책임과 의무, 서류 외
국제물품매매계약에 관한 유엔협약	1980년	국제무역법위원회	계약의 성립과 물품의 매매
추심에 관한 통일규칙	1956년 (1995년 3차개정)	국제상업회의소	외국환의 추심업무 등
CIF계약에 관한 와르소 · 옥스포드규칙	1932년	국제법협회	CIF조건의 해석과 권리 · 의무
해상화물운송에 관한 유엔협약	1978년	국제무역법위원회	선하증권약관의 해석
국제물품복합운송에 관한 유엔협약	1980년	유엔무역개발회의	국제복합운송인의 책임
요크 · 안트워프규칙	1864년 (1994년 4차개정)	국제법협회	공동해손의 손해와 비용

3. 무역의 필요성

무역의 필요성은 각국간에 존재하는 자연적 조건과 사회적 조건의 차이에서 기인한다. 자연적 조건으로는 기후 · 풍토 · 강우량 · 천연자원의 부존현황 등이며 사회적 조건의 법률 · 제도 · 습관 · 기호 · 종교와 자본 · 노동 · 생산기술 등을 열거할 수 있다. 이러한 국가간의 자연적 · 사회적 조건의 차이에 따라 물품생산비용과 효율이 달라지는 데 생산비용 측면에서 비교적 유리한 위치에 놓여 있는 경우 비교우위(comparative advantage)가 있다고 하며 반대로 불리한 경우를 비교열위(comparative disadvantage)에 있다고 한다.

어떠한 특정 국가가 비교우위에 속하는 물품을 저렴하게 생산하여 이것을 타국의 비교우위(자국으로 볼때는 비교열위)의 물품과 상호 교환한다면 서로 이익이 될 것이다.

이처럼 세계의 자원과 생산력의 효율적인 이용을 도와주는 것이 무역이라고 볼 수 있으며, 각국간의 자연적 조건 및 사회적 조건의 차이에 따라 생산재와 소비재를 상호 교환해야 할 필요성에 따라 국제분업이 발생하게 된다.

무역의 필요성은 ① 천연자원의 편재, ② 각국간의 인구와 인구밀도의 차이, ③ 산업발달정도의 차이, ④ 구매력의 차이에 의해 존재하는데 이를 살펴보면 〈표 1-2〉와 같다.

〈표 1-2〉 국제무역의 이익

구 분	내 용
국제분업의 이익	생산효율을 높혀 다른 나라보다 저가로 물품의 생산 및 분배
국내 미생산품목의 사용	무역을 통해 생산되지 않는 제품의 수입과 소비
기업의 국제경쟁력 강화	국제무역기업은 경쟁에서 우위확보를 위해 경영관리를 효율화하고 생산성 향상
소비자 후생증대	저가 양질의 제품을 선택할 수 있는 기회 확대
경제성장촉진	세계시장을 대상으로 한 생산활동으로 국민총생산의 증대
문화교류의 촉진	무역의 증대는 인적·문화적 교류확대 유발

1) 천연자원의 편재

현재 지구상에 존재하고 있는 200여개에 가까운 국가들은 천연자원에 있어서 심각한 편재현상을 나타내고 있다. 미국, 카나다 및 중국, 러시아처럼 풍부한 자원을 가지고 있는 국가가 있는 한편 우리나라, 이스라엘, 네델란드 등 자원보유가 극히 빈약한 상태에 있는 나라도 있다. 그러나 자원을 풍부하게 보유하고 있는 국가라 할지라도 경제생활과 밀접한 모든 자원을 다 갖추고 있는 것은 아니다. 따라서 각국은 상호 의존과 공존공토대 위에서 경제적으로 서로 밀접한 관계를 가지지 않을 수 없으며 바로 이러한 측면이 무역을 필요로 하는 이유인 것이다.

2) 각국간의 인구와 인구밀도의 차이

세계 인구는 약 78억만 명에 달하지만 이러한 인구가 지구상에 골고루 분포되어 있는 것은 아니며 자연적 환경 또는 역사 · 문화적 배경에 따라 인구 및 인구밀도에 차이가 있다. 이러한 인구의 구성과 인구밀도의 편재는 각국간에 있어서 식량을 포함한 1차산품 뿐만 아니라 공산품의 생산과 수요에 있어서 불균형을 초래하여 그 결과 각국간의 교역은 증대되지 않을 수 없게 되었다.

3) 산업발달정도의 차이

국가간에 무역이 성립될 수 있는 가장 기본적인 이론이 국제분업론으로 자본과 기술이 풍부한 선진국은 기술집약적 제품에 특화하고, 노동 및 자연자원이 풍족한 개발도상국은 노동집약적 제품의 생산에 전문화함으로써 양지역 간에 무역이 발생될 수 있다.

4) 구매력의 차이

개인적인 물품의 수요량은 각국인의 구매력의 차이에 있는 것과 마찬가지로 어떠한 특정한 나라의 외국상품에 대한 수요량은 그 나라의 구매력이 크고 작음에 따라 영향을 받는다. 따라서 큰 구매력을 지니고 있는 국가는 그렇지 않는 국가에 비하여 수요가 클 뿐만 아니라 국민소득이 높은 나라가 낮은 나라보다 외국상품을 더욱 필요로 한다는 것은 기정사실이며 이는 결국 국가간의 무역증대를 야기시킨다.

4. 무역학의 성립

1) 무역학의 성립배경 및 필요성

1961년 이래 우리나라의 경제구조는 농업위주의 사회에서 공산품 생산 위주의 사회로 변화하였다. 1962년에 시작된 경제개발 5개년계획은 이러한 대변혁의 시초라고 볼 수 있으며, 1960년대와 1970년대를 통하여 노동집약적 수출주도형 경공업체제가 한국경제의 근간을 이루게 되었다. 이 시기의 한국경제는 수출과는 불가분의 관계에 놓여 있었으며, 당시의 정부 목표가 '증산 · 수출 · 건설'인 것만 보아도 우리나라가 무역입국(貿易立國)임을 알 수 있다.

1962년 제1차 경제개발 5개년계획과 함께 시작된 한국경제의 개방화정책은 수출지향적 공업화 전략을 강력히 수행하였고, 1962년부터 1990년 사이 연평균 30% 이상의 지속적인 수출신장률을 나타내었다. 이러한 고도의 수출신장을 통한 경제성장은 국제사회에 있어서 한국의 위상을 향상시키는 동기가 되었으며, 변화하는 상황 속에서 기존의 경상계통 학문인 상학 · 경제학 · 경영학만 가지고는 무역역군 양성이 어렵다는 생각에 각 대학에 무역학연구의 바람이 불기 시작하였다.

경제현상의 급격한 변화로 인하여 국제무역환경과 함께 대두되는 새로운 문제와 이를 타개하기 위한 과제가 바로 오늘날 무역학의 필요성을 더욱 증대시키는 계기가 되었다.

2) 무역학의 학문적 성격

무역학은 국가간의 상거래 현상에서 발생되는 여러 가지 문제들을 연구하는 이론적이고 실천적인 학문으로서 국제무역에서 발생되는 독자적인 문제를 그 연구대상으로 하는 하나의 독립적인 성격을 띠고 있다. 또한 무역학은 타학문에 비하여 보다 포괄적이고 응용성이 강하며, 종합적인 학문으로서의 성격도 가지고 있다.

무역학은 무역의 인과관계를 규범하는 실증적 과학(positive science)으로서 뿐만 아니라 통상정책과 산업정책 그리고 국민경제의 방향을 제시하는 정보화 및 규범적 과학(normative science)으로서의 학문적 성격을 가지고 있다.

3) 무역학의 연구대상 및 범위

무역학의 연구대상은 좁은 의미로 볼 때 단순한 상품이나 서비스의 이동이라 할 수 있으나, 넓은 의미로 파악한다면 상품과 서비스뿐만 아니라 기술 · 노동 · 투자환경 등 제반 부존자원의 국제간 거래를 포함하게 된다. 따라서 무역학은 복잡 다양한 국제관계 속에서 국민경제의 존립방향과 행동기준을 밝혀주는 것이 무역학의 역할이므로 그 연구 분야는 크게 나누어 ① 국제경제학적 연구, ② 국제경영학적 연구, ③ 상학적 · 법학적 연구, ④ 전자무역 연구의 범주로 형성되고 있다.

① 국제경제학적 연구 : 일반적으로 세계 각국 간의 상거래와 관련된 이론적 배경과 조직 환경을 다루게 된다.

② 국제경영학적 연구 : 국경이 없는 경제 환경하의 세계 각 지역의 기업 활동에 관하여 다루게 된다.
③ 상학적 · 법학적 연구 : 무역실무 및 법규와 관련 제반사항과 무역기업의 주된 상무(商務)를 연구하고, 국제매매 자체의 관습과 법리를 연구하는 동시에, 무역학연구에 필수적인 외국어와 관련된 분야를 다루게 된다.
④ 전자무역 연구 : 글로벌무역시대에서는 인터넷과 같은 정보통신기술을 통한 전자무역의 발달로 디지털경제로 대변되는 새로운 무역 분야로 앞으로의 무역이 대부분 이를 통해 이루어지고 있어 이에 대한 지속적인 연구가 요구된다.

제2절 무역과 국민경제

우리나라와 홍콩처럼 무역의존도가 높은 나라나 미국이나 캐나다처럼 무역의존도가 낮은 국가라 할지라도 무역은 국민경제와 불가분의 관계에 있다. 무역이 국민경제에 미치는 영향을 수출과 수입측면에서 나누어 살펴보면 수출의 경우 고용 및 소득을 유발할 뿐만 아니라 외화조달 및 경기조절기능을 가지고 있고 산업구조를 고도화시키는 효과도 있다. 그리고 여기에 덧붙여 우리나라와 대만처럼 가공무역국가의 경우 수출증대는 수입을 유발시키기도 한다.

한편 수입이 국민경제에 미치는 효과로서는 국내에서 구할 수 없는 필요 원자재확보와 외국경쟁제품의 국내침투로 국산제품의 경쟁력이 향상되며 또한 양질의 저렴한 수입품공급으로 국민생활이 윤택하여 질수 있다.

1. 수출, 수입과 국민경제

1) 수출과 국민경제

(1) 고용 및 소득유발효과

특정 국가의 수출증대는 수출과 직 · 간접으로 연관성을 갖고 있는 관련 산업의 생산활동을 촉진시켜 고용을 창출하게 한다. 이러한 고용창출효과는 자본집약적 산업보다는 섬유 · 전자 · 조선산업과 같은 노동집약산업에서 두드러지는 것이 특징이다.

고용의 증대는 곧 소득의 증대로 이어지며 제2차 및 제3차 파급효과를 가지게 된다. 수출의 소득유발액은 수출산업 뿐만 아니라 수출관련 산업들의 생산과정에서 발생한 부가가치의 합계로 산출될 수 있다.

(2) 외화조달 및 경기조절효과

국민경제에서 경제력의 확대에 필요한 물품과 용역을 외국으로부터 수입하기 위하여 수출을 통한 외화획득이 이루어져야 한다. 한 나라의 경제성장은 장기적으로 볼 때 시설투자의 확대를 통하여 이루어지며 시설투자의 확대는 자본스톡의 증가를 통한 생산력의 향상을 가져다준다.

일반적으로 선진국에 비하여 수출품의 종류가 극히 제한적일 뿐만 아니라 주로 1차산품(농산물 및 광산물)을 수출하고 있는 개발도상국의 경우 경제개발에 필요한 시설재 및 소비재를 획득하기 위하여서는 수출은 절대적인 역할을 하게 된다. 따라서 개발도상국의 지속적이고도 안정적인 외화획득을 위하여서는 국제시장에서의 1차산품의 가격안정이 절실히 요청되며, 많은 선진국들은 개발도상국들의 이러한 노력에 공감하고 있다. 수출은 외화조달에 있어 중요한 역할을 할 뿐만 아니라 경기조절 기능도 가지고 있다. 즉, 국내에서의 수요가 줄어드는 경우 위축된 국내시장을 보완하여 생산수준의 저하와 실업의 증가를 방지하며, 이와 반대로 국내수요가 급격히 증가할 경우에는 수출증가의 억제를 통하여 경기를 조절할 수 있게 된다.

(3) 산업구조의 고도화 및 생산유발효과

수출의 증대는 대량생산을 통한 규모의 경제를 실현시켜 산업구조의 고도화를 촉진시킨다. 즉, 수출의 증대는 곧 생산증대로 이어지고 생산의 증대는 생산비용의 하락을 통하여 규모의 경제를 실현시켜 준다. 저렴한 비용에 의한 대량생산은 경쟁력강화로 연결되고 경쟁력 강화를 통한 수출증대는 당연한 선순환 구조라고 할 수 있다.

수출증대는 규모의 경제를 통한 산업구조의 고도화 외에도 당해 수출산업의 생산증대를 촉진하고, 이는 다시 수출품생산과 관련된 연관 산업의 생산증대를 연쇄적으로 발생시킴으로써 모든 산업에 걸친 생산증대 효과를 갖게 된다. 이에 대한 가장 대표적인 것이 조선산업으로, 선박생산의 경우 제1차 후방 파급효과로서 강판 · 페인트 · 각종기계 및 기기와 같은 중간재의 생산유발을 가져오며, 제2차 · 제3차 후방 파급효과로서 강괴 · 철광석 등 연관 산업의 생산을 증대시킨다.

결과적으로 선박 1척을 수출하는 경우 수출액의 몇 배에 해당하는 생산유발효과를 가지게 된다. 조선산업은 조립 및 복합산업으로서 노동집약적산업일 뿐만 아니라 철강 · 전기 · 전자 · 통신 · 건축 · 토목 · 금속 및 화학산업에 연쇄적으로 생산유발효과를 가져다주기 때문에 1970년대 중반부터 우리나라는 조선산업을 전략산업으로 육성하고 있다.

(4) 수입유발효과

수출과 관련된 소득유발효과와 수입유발효과는 서로 상반된 성질을 가지고 있으며 수출산업의 수입의존도가 심화될수록 수출에 의한 소득유발효과는 감소하게 된다. 어떠한 특정국가가 소득유발도를 높이려면 수출산업과 연관된 부품 및 소재산업의 적극적인 육성을 통하여 원자재의 국산화 촉진과 함께 수입 대체산업의 발전을 통한 수입유발도의 저하에 신경을 써야 할 것이다.

한편 수출품 생산에 필수적인 원자재 및 시설재의 수입은 장래의 지속적 생산에 사용될 것이기 때문에 수입유발도의 증가에 따른 소득유발효과의 감소보다는 새로운 투자를 통한 소득증대효과가 더 중요할 수 있으며 대표적으로 우리나라와 대만의 경우를 예로 들 수 있다. 두 나라는 공업화 과정에서 절대적으로 필요한 원자재 및 시설재의 도입을 통한 가공무역형태를 택하였으며 그 결과로 높은 경제성장을 달성하게 되었다.

2) 수입과 국민경제

수입은 국제수지를 악화시키는 요인이 되고 있지만, 선진 자본재와 국내생산불능 원자재의 수입은 국내투자를 증대시켜 경제발전을 촉진시키고 생산시설의 확대와 경제능률을 증대시키는 등 국민경제에 이바지하고 있다.

(1) 국내생산이 불가능한 원자재 공급

한 나라가 경제발전을 도모하기 위해서는 공업화 과정을 거치게 되며, 공업화를 추진하는 대부분의 국가는 수입을 선별적으로 억제하며, 특히 완제품 수입을 제한하여 국내산업이 수출과 내수를 우선적으로 충당하여 공업화를 진행하고 있다. 이러한 공업화 과정에서 수입은 공업화에 필수불가결하고 국내에서 생산이 불가능한 원자재의 공급원으로서 수입이 불가피하다. 더욱이 공업의 동맥이라 할 수 있는 에너지 자원, 즉 원유 등은 전적으로 수입에 의존하고 있는 우리나라와 같은 국가는 수입은 공업화에 필요한 원자재의 공급원이 되고 있다.

(2) 시설의 확대 및 합리화 추진

경제의 공급력 확충을 위해서는 시설확대 · 기술혁신 · 생산 근대화를 위한 합리적 투자가 활발하게 진행되어야 하며, 이 과정에서 시설재에 대한 수요가 왕성해진다. 따라서 수요는 선진자본재의 수입으로 충당될 수밖에 없다.

선진자본재의 수입은 시설의 확대와 합리화를 추진하여 국제무역환경변화에 대응해 나갈 수 있도록 산업의 체질을 강화시켜 경쟁력을 제고시킴으로써 지속적이고 안정적인 경제성장을 유도해 나가게 된다.

(3) 경제능률과 후생증대

수입을 억제하는 보호무역정책은 소비자의 희생으로 생산자를 보호하는 결과를 가져온다. 특히 독과점 품목들의 경우는 더욱 그러하다. 그러나 수입은 국내기업으로 하여금 외국제품과 경쟁을 유도함으로써 국내기업은 경쟁에서 이길 수 있는 방안을 강구하게 된다. 즉, 기술개발을 통하여 품질을 고급화시키거나 생산성을 향상시켜 원가를 절감하는 등 기업경영의 합리화를 도모하게 된다. 또한 수입은 국내 소비자들의 상품에 대한 다양한 선택의 기회를 제공함으로써 소비자들의 후생을 증대시킨다.

2. 무역의 주요 지표

세계의 모든 국가는 선진국이든 개발도상국이든 간에 넓게는 세계무역이라고 하는 테두리 안에 있으며, 정도의 차이는 있으나 각국 경제는 무역에 의존하고 있으므로 무역을 배제하고서는 국민경제의 유지 · 발전을 생각할 수 없다.

1) 무역의존도

(1) 무역의존도의 개념

오늘날 세계 대부분의 국가들은 규모 또는 비중이 크고 작은 차이는 있지만 무역에 의존하는 국민경제생활을 영위해 나가고 있다. 이때 국민경제생활에서 무역이 차지하는 비중을 무역의존도(dependence on foreign trade)라고 한다. 즉, 한 나라의 국민경제가 어느 정도 무역에 의존하고 있는가를 표시하는 지표를 무역의존도라 하는데, 이는 일반적으로 국민소득 또는 국민총생산에 대한 수출입 총액의 비율로서 계산된다.

수출입 총액을 수출액과 수입액으로 구분하여 각각을 국민소득 또는 국민총생산과 대비하여 수출의존도와 수입의존도를 각각 계산할 수도 있다.

〈표 1-3〉 무역의존도의 계산

$$\bullet\ \text{무역의존도} = \frac{\text{1년간의 수출총액} + \text{수입총액}}{\text{1년간의 국민소득총액(또는 국민총생산액)}} \times 100$$

$$\bullet\ \text{수출의존도} = \frac{\text{1년간의 수출총액} + \text{수입총액}}{\text{1년간의 국민소득총액(또는 국민총생산액)}} \times 100$$

$$\bullet\ \text{수입의존도} = \frac{\text{1년간의 수출총액} + \text{수입총액}}{\text{1년간의 국민소득총액(또는 국민총생산액)}} \times 100$$

무역의존도의 계산에 있어서 분모로서 국민소득을 취할 것인가 또는 국민총생산을 취할 것인가에 대한 절대적인 기준은 없고, 다만 동일한 분모를 취함으로써 국제적 비교 또는 역사적 비교를 할 수 있다는 점에서 상대적 의미를 갖게 된다.

(2) 무역의존도의 중요성

무역의존도는 해당 국가에서 무역의 중요성의 정도를 나타내는 지표이다. 따라서 이 지표는 무역이 그 나라의 국민경제에 대해 어떠한 역할을 하며, 또 어느 정도의 영향을 주고 있는가를 보여 준다. 또한, 역사적 무역의존도의 비교를 통해 무역의 중요성이 어떻게 변화되어 왔는가를 알 수 있으며, 국가별 비교를 통해 국별 무역의 중요성을 살펴 볼 수 있다. 무역의존도는 정부의 경제정책 및 관련 국가들의 경제 전략에도 크게 영향을 받는다. 예를 들어, 해외 지향적 경제개발전략을 도입·수행하는 국가는 수입 대체형 또는 자립경제지향의 경제정책을 도입하는 경우보다 무역의존도가 높게 나타난다.

2) 외화가득률

상품을 수출하면 외화를 획득하게 된다. 비록 수출비율이 상당히 높다고 하더라도 그 수출상품 생산에 수입원자재가 많이 사용되었다면 외화의 획득은 적어진다. 그러므로 수출을 통해서 어느 정도의 외화를 획득할 수 있느냐를 알려면 반드시 수출상품의 수출액에서 이 수출상품을 생산하기 위하여 사용된 수입원자재의 금액을 공제하지 않으면 안 된다. 이와 같이 수출액에서 원자재수입액을 공제한 부분을 외화가득액이라 하고, 그 비율을 외화가득률이라고 한다.

〈표 1-4〉 품목별 외화가득률 계산

• $\text{품목별외화가득률} = 1 - \dfrac{\text{단위당 수입원자재원가(CIF)}}{\text{단위당 수출원가(FOB)}} \times 100$

이러한 외화가득률은 수출상품의 무역수지에 대한 공헌도를 나타낸다.

따라서 외화가득률의 높이만큼 외화를 획득할 수 있으며, 각 상품마다 외화가득률이 다르다. 가령, 어느 품목의 수출액이 10,000달러라고 하고 이 품목을 생산하는 데 투입된 원자재의 수입액이 5,000달러라고 한다면 외화가득액은 5,000달러이며, 외화가득률은 50%이다. 이 외화가득률은 절대적인 것이 아니고 상대적이어서 상품의 종류에 따라서 각각 다르고 더욱이 수출입가격의 변동과 교역상대국의 수요변동에 따라 좌우된다.

3) 교역조건

교역조건(terms of trade)이란 한 국가의 수입상품에 대한 수출상품의 교환비율로서, 한 국가의 수출상품 한 단위가 외국의 수입상품 몇 단위와 교환될 수 있는가를 나타내는 교환비율을 의미한다. 교역조건은 무역대상의 상대가격으로서, 무역이익의 지표가 되는 것이기 때문에, 무역이익이 교역당사국에 어떻게 배분되는가를 나타낸다. 한 국가의 수출상품 한 단위와 교환될 수 있는 수입품의 양이 이전보다 증가했을 경우 그 국가의 교역조건이 개선되었다고 할 수 있으며, 이와는 반대로 수입품의 양이 이전보다 감소했을 경우 교역조건이 악화되었다고 할 수 있다.

교역조건은 상품의 수출입은 물론, 서비스거래까지 포함하고 있다. 교역조건의 측정은 수출입상품에 대한 수량이나 규격에 의해 이루어져야 하지만, 측정방법의 어려움으로 수출가격을 물가지수로 조정하여 간접적으로 산출하고 있다.

제2장 무역의 종류와 형태

제1절 거래주체와 대상에 따른 구분

무역은 보는 관점에 따라 여러 가지 형태로 구분될 수 있다. 물품의 형태에 따라 유형무역(visible trade)과 무형무역(invisible trade)으로 구분할 수 있다. 유형무역이란 우리의 눈으로 볼 수 있는 가시적 무역이라는 뜻으로서 협의의 무역인 상품거래만을 의미한다. 이러한 상품거래는 수출입의 통관절차가 취하여지고 또한 그 수지가 무역통계에 나타나게 되나 세관통관을 거치더라도 견본이나 기증품 그리고 이삿짐 등은 무환 수출입으로서 무역수지에는 계상되지 않는다.

무형무역이란 광의의 물품에 포함되어 생산요소(자본 · 노동)나 용역(관광수입, 화물운임) 등을 수출입하는 경우로 이러한 물품은 물품으로서의 형태가 없고 육안으로 볼 수도 없기 때문에 세관에서의 수출입통관절차를 거치지 않고 수출입할 수 있는데, 이러한 경우의 무역을 무형무역 또는 불가시적(不可視的)무역이라고도 한다.

무형무역의 경우 수출입통관절차는 불필요하므로 무역통계에는 나타나지 않으나 국제수지표상에는 나타난다. 무역거래는 당사자간의 계약에 따라 여러 가지 형태가 있으며 이를 구분해 보면 다음과 같다.

1. 거래주체와 대상에 따른 구분

1) 담당주체에 따른 구분

(1) 민간무역

민간무역(private trade)이란 무역거래의 주체가 개인 또는 무역업을 하는 기업에 의하여 이루어지는 무역을 말한다. 민간무역은 국영무역과는 달리 공익성을 갖고 있는 것이 아니고 일반적인 국내거래와 마찬가지로 영리를 목적으로 한다.

(2) 국영무역

국영무역(state trade)이란 국가가 무역거래의 주체가 되어 일정한 계획통제나 혹은 무역협정에 의하여 이루어지는 무역형태를 말한다. 이에는 공무역[2] 정부무역,[3] 정부베이스무역[4] 등의 형태가 있다.

2) 국가의 간섭정도에 따른 구분

(1) 자유무역

자유무역(free trade)이란 국가가 무역에 관하여 간섭과 통제를 하지 않고 재화 및 용역의 자유로운 이동을 보장하는 무역정책상의 거래를 말한다. 그러나 오늘날 완전한 자유무역정책을 취하는 나라는 하나도 없으며, GATT의 기본정신에 따라 관세문제를 중심으로 한 관세장벽의 경감이나 폐지 등의 실질적인 무역의 자유화가 구현되어 왔다.

---

2) 공무역(public trade) : 무역의 주체가 공공기관이 되는 경우로서, 정부가 출자하거나 또는 직접 무역공사를 설립하여 상거래활동을 하는 것을 말한다. 예를 들면, 사회주의국가에서 이용되는 해외무역공사(FTO)와 같은 것이 여기에 해당된다.

3) 정부무역(government trade) : 정부가 그 주체가 되어 행하는 무역을 말하며, 비영리의 목적으로 무역거래의 당사자가 되는 무역 형태를 말한다. 그러나 정부무역은 일반적으로 민간업자를 개입시켜 영위되는 것이 보통이다.

4) 정부베이스무역(government basis trade) : 정부가 출자하거나 중역을 임명하는 정부대행기관을 설치하여 무역을 수행하는 형태이다. 그러나 그 대행기관이 공적인 국영기관이 아니고 순수한 민간무역업자나 무역회사의 조직체의 성질을 보유하고 있는 기관일 때에는 그 수출입의 대상이 정부관리물자이건 또는 비축물자이건 간에 그 무역거래 행위는 엄밀한 뜻에서 순수한 민간무역이라 할 수 있다.

(2) 보호무역

보호무역(protective trade)이란 일국이 자국의 전반적인 산업이나 일부 유치산업을 보호할 목적으로 국가가 주로 관세정책을 통하여 무역에 간접적으로 간섭 · 통제하는 형태의 무역을 말한다.

(3) 관리무역

관리무역(controlled trade)이란 국가가 수출입허가제 · 수출입할당제 · 수출입링크제 등의 방법으로 무역거래에 직접적으로 간섭하여 그 통제하에 관리하는 무역형태이다. 즉 무역의 전부 또는 일부에 대하여 국가의 행정적 관리를 통하여 그 금액이나 내용, 품목, 결제시기 및 방법 등을 국가의 직접적인 통제하에 두는 것을 말한다.

(4) 협정무역

협정무역(trade by agreement)이란 국가간에 협정이나 조약을 체결하여 일정기간 동안 무역량이나 국제수지를 조정하는 무역이다. 원래 국가간의 통상관계를 재개 또는 존속시키기 위하여 쌍무적인 무역협정을 체결하는 것을 말했으나, 오늘날에는 그 목적도 소극적인 면을 떠나 자국무역의 증진이나 균형적인 수출입무역에 중점을 두는 적극적 의의를 갖게 되었다.

3) 상품의 생산단계에 따른 구분

(1) 수평무역

수평무역(horizontal trade)이란 국가간의 생산단계가 같거나 유사한 상품간의 무역을 말한다. 예컨대 공산품 상호간의 무역 또는 1차 상품 상호간의 무역형태로서, 오늘날 수평무역이라 하면 주로 선진국 상호간의 무역거래를 말하며 이를 경쟁적 무역 또는 수평적 국제분업이라고 한다.

(2) 수직무역

수직무역(vertical trade)이란 원래 생산단계가 서로 상이한 상품, 즉 공산품과 1차 상품간의 무역형태를 말하였으나, 오늘날은 공산품과 1차 상품간에만 국한하지 않고 경제발전단계상 산업구조 차이에서 발생한 국가간의 무역거래형태는 모두 포괄적으로 수직무역이라고 한다.

4) 특수형태

(1) 기술수출

기술수출(export of techniques)이란 무역거래의 대상이 상품이 아니고 기술의 국제적 이전이라는 관점에서 본 개념이다. 외국기업과 기술제휴계약을 체결하고 특허권(patent license), 상표권(brand license), 의장권(design license) 또는 실용신안권(utility model license)과 같은 공업소유권이나 노하우(know-how)를 공급하고 그 대가로 로열티(royalty) 등의 기술료를 받는 것을 말한다.

(2) 해외건설수출

해외건설수출(construction exporting)이란 고속도로, 항만시설, 댐, 파이프라인, 통신시스템, 공업단지, 대규모의 주거시설 등과 같은 사회 간접자본 내지 경제의 하부구조 등의 사업에 대한 기업의 해외진출형태로서 대부분이 토목공사 중심의 건설사업이다.

(3) 산업설비수출

산업설비수출(plant exporting)이란 각종 상품을 제조하기 위한 기계, 장치 등의 하드웨어와 그 설치에 필요한 엔지니어링, 노하우, 건설시공 등의 소프트웨어가 결합된 생산단위체의 종합수출을 말하며, 흔히들 말하는 플랜트수출이다.

(4) 녹다운방식수출

녹다운방식수출(knock-down exporting)이란 완제품을 수출하는 것이 아니라 조립할 수 있는 설비와 능력을 가지고 있는 거래처에 대하여 부품이나 반제품으로 수출하고, 실수요지에서 제품으로 완성시키도록 하는 해외 현지 조립방식의 수출을 말한다.

(5) OEM방식수출

OEM(Original Equipment Manufacturer)방식수출이란 일명 상대방 상표에 의한 주문자 생산방식이라고도 하며, 수입상으로부터 제품생산을 의뢰 받아 주문 상품에 상대방 상표를 부착하여 인도하는 방식을 말한다.

이 방식에 의한 수출은 수출국의 입장에서는 수출확대와 기술축적의 계기가 되는 이점이 있으나, 수출국 상품에 대한 이미지의 제고나 독자적인 수출시장의 개척이 어렵게 되는 불리한 점도 있다.

(6) ODM방식수출

ODM(Original Design Manufacturer)방식 수출이란, '제조자 개발생산', '제조자 설계생산'이라고도 하는데 주문자가 제조업체에 제품의 생산을 위탁하면 제조업체는 이 제품을 개발, 생산하여 주문자에게 납품하고 주문업체는 이 제품을 유통, 판매하는 형태를 말한다.

주문자가 만들어준 설계도에 따라 생산하는 단순 '하청생산' 방식인 OEM방식과는 달리 주문자의 요구에 따라 제조업체가 '주도적'으로 제품을 기획하고 생산하게 된다.

주로 기술력을 보유한 제조업체에서 제품을 개발하면 판매망을 보유한 유통업체에서 납품을 받아 유통에 집중하는 시스템으로 이루어진다. 제조업체에서 자체적으로 기술을 개발하므로 부가가치가 높고 해외로 판매가 이루어지면 개발 로열티를 받는 등 고부가가치를 지닌 생산체계로 인정받고 있다.

제2절 거래방향 및 방법에 따른 구분

1. 상품의 이동방향에 따른 구분

1) 수출무역

무역거래는 상품이나 용역의 이동방향에 따라 수출무역과 수입무역으로 구분된다. 수출무역(export trade)이란 물품이나 용역을 관세영역으로부터 외국으로 유출하는 것으로 국제수지 상으로는 외화나 화폐용(貨幣用) 금을 국내로 유입시켜 결국 외화보유고를 증가시키게 된다.

2) 수입무역

수입무역(import trade)이란 물품이나 용역을 관세영역으로부터 국내로 유입하는 것으로 외화나 화폐용 금이 국외로 유출됨으로써 결국 외화보유고의 감소현상을 초래하게 되어 수출무역과는 정반대가 되는 것이다.

2. 상품의 매매형태에 따른 구분

1) 직접무역

직접무역(direct trade)이란 물품의 수출입이 수출자와 수입자간에 직접 이루어지고 제3자가 동 거래에 개입하지 않은 무역거래를 말한다. 수출자가 자사의 판매조직을 통하여 외국의 무역상사와 직접적으로 상담하여 상품을 판매하는 무역이다.

직접무역의 장점은 시장정보의 정확성, 무역업무의 직접통제와 서비스 그리고 이로 인한 신용의 유지, 수수료 배제에 따른 경비절약, 수출마케팅의 적극화 등을 들 수 있다. 단점으로는 광대한 조직을 유지하여야 하고, 이를 위한 인적·물적 비용의 과대성과 클레임 및 거래위험의 부담, 판촉비의 과다지출이나 전문지식의 부재, 정보수집의 곤란성 등이 있다.

2) 간접무역

간접무역(indirect trade)이란 직접무역과는 달리 양당사자가 자국의 무역조직을 이용할 수 없거나 조직이 없을 때 제3자, 즉 제3국의 상인을 통하여 무역거래가 이루어지는 경우를 말한다. 간접무역은 대행기관 또는 중간국의 형태에 따라 다음과 같은 형태가 있다.

(1) 중계무역

중계무역(intermediary trade)은 수출품이 수입국에 직송되지 않고, 일단 제3국에 수입된 다음 원형 그대로 수입국으로 수출되는 것을 말한다. 즉 물품이 A국(수출국)에서 B국(중계국)으로 이동하고, B국에서 다시 C국(수입국)으로 이동하게 된다. 따라서 계약의 형태는 A국과 B국에 있는 수출자와 중계자간에 체결되고 또 B국에 있는 중계자와 C국에 있는 수입자간에 체결되므로 2건의 계약이 체결된 중계무역은 ① 물품에 대하여 관세를 부과하지 아니하는 자유항일 것, ② 물품의 집산지일 것, ③ 외화의 교환이 자유로울 것 등을 그 요건으로 하며, 홍콩과 싱가폴 등이 이에 속한다.

(2) 중개무역

중개무역(merchanting trade)이란 수출국과 수입국의 중간에서 제3국의 중개업자가 개입하여 계약이 체결되는 무역형식이다. 예컨대, A국(수출자)과 C국(수입자) 사이에 제3국인 B국이 수출입을 중개(알선)하는 경우 B국의 입장에서 볼 때 중개무역이다.

중개무역과 다른 점은 중계무역에서는 반드시 제3국을 통하여 상품이 이동되지만 중개무역에서는 매매당사국간에 직접 이동된다. 이러한 계약에서는 대금을 결제하는 방법으로는 A(수출자)가 C(수입자)에게서 직접 결제받되 B(중개자)에게 수수료를 지급하는 방법과 A가 B에게 지급하고 B가 다시 C에게 직접 결제 받되 B(중개자)에게 수수료를 지급하는 방법과 A가 B에게 지급하고 B가 다시 C에게 지급하는 방법이다.

(3) 스위치무역

스위치무역(switch trade)이란 매매계약은 수출 · 입 업자 간에 직접 이루어지고, 물품도 양자 사이에 직송되지만 대금결제만은 제3국의 상인을 개재시켜 간접적으로 행하여지는 무역형태이다. 이러한 스위치무역은 관계된 3개국 사이에 각각 편무역(수출초과 또는 수입초과)이 존재할 때 이를 해소하기 위해 많이 이용되고 있으며 이때 개입되는 제3국의 개입업자를 스위처(switcher)라고 하며, 스위처가 받는 수수료를 스위처 커미션(switcher commision)이라고 한다.

(4) 통과무역

통과무역(transit trade)이란 수출품이 수입국에 직송되지 아니하고, 제3국을 통과하여 수입국에 송부되는 경우에 제3국의 입장에서 본 무역의 형태를 말한다. 즉 A국 물품을 B국을 거쳐 C국에 수출할 때 B국의 입장에서 본 무역이다. 따라서 제3국(B국)은 물품이 자국을 통과하는 데 따른 노임, 수수료, 운임, 보험료 등을 얻게 된다.

통과무역은 형식적으로는 중계무역과 유사하지만 제3국(B국)에 있는 업자는 동 거래에 자의적인 개입이 없다는 점에서 중계무역과는 다르다. 이 거래는 주로 지리적 이유로 이용된다. 예컨대 독일과 이태리가 무역을 하는 경우 프랑스를 통하여 상품을 이동하는 사례가 그것이다.

3. 무역의 균형 및 연계방식에 따른 구분

1) 구상무역

구상무역(compensation trade)이란 두 나라 사이의 수출입이 균형을 이루도록 하기 위하여 수출입물품의 대금을 그에 상응되는 수입 또는 수출로 상계하는 방식의 수출입을 말하며, 대금결제시 환(換)의 개재여부에 따라 무환(無換)구상무역과 유환(有換)구상무역으로 구분된다.

무환구상무역이란 국가간 화폐의 흐름이 없는 순수한 의미의 물물교환방식의 무역으로서 선(先)수입에 대한 물품대금을 지급하지 않고 이에 상응하는 물품을 후(後)수출하거나 또는 선(先)수출에 상응하는 물품을 후 수입하는 방식이다.

유환구상무역이란 수출입 국가간의 수출입대금 결제시 선(先)수출입시에 상응하는 대금을 외화로 수취 또는 지급하고, 후(後)수출입에 따르는 물품대금을 외화로 지급 또는 수취하는 거래방식이다.

구상무역은 2국간에 그 거래의 내용이 조약이나 협정에 의하여 결정되는 협정무역에 의하여 이루어지나, 이것과 관련되는 구상무역방식의 하나로서 각서무역(memorandum trade)[5]이 있다.

2) 삼각무역

삼각무역(triangular trade)이란 2국간의 무역이 상호간에 균형을 이루지 못하고, 일방적인 수출 또는 수입에 편중되어 수출초과 또는 수입초과관계에 놓이게 되어 양국의 물자교류가 난처한 경우, 특수관계에 있는 제3국을 개입시켜 3국간의 협정에 의하여 이루어지는 무역형태를 말한다.

예컨대, A국과 B국이 상호간 편(片)무역이 되어 있을 경우에 C국을 개입시켜 A국은 B국에 100만달러를 수출하고 B국은 C국에, C국은 A국에 동액을 각각 수출하면 3국간의 무역관계가 균형을 유지하게 되어, 결국은 2국간의 편무역에 의한 무역마찰이 원활하게 해소된다.

3) 연계무역

연계무역(countertrade)이라 함은 수출입물품의 대금을 그에 상응하는 수입 또는 수출로 상계하는 무역거래형태이다. 이는 일종의 구상무역이나 물물교환의 변

5) 각서무역(memorandum trade)이란 국교가 정상화되지 않은 국가들 사이에서 무역이 이루어질 때 각서를 교환하여 서로 준정부 베이스에 입각한 혜택을 상호 인정하는 무역형태이다. 각서무역은 중국과 일본이 외교관계를 수립하기 전인 1962년 양국의 민간대표인 중국의 리오승지와 일본의 다카사키 사이에 각서를 교환한 것이 효시인데, 이들 양국 대표의 영문이름의 첫 자를 따 L.T무역이라고도 한다.

형적인 복합무역형태로서 수출과 수입을 연결시켜 수출입의 균형을 유지하기 위한 정책적 제도이다.

연계무역의 대표적 형태는 ① 물물교환방식의 바터교역(barter trade), ② 판매자가 판매계약가격의 일정비율 만큼 구매자의 제품을 직접 또는 제3자를 통해서 구매하는 대응구매(counter purchase), ③ 기술 · 장비 · 플랜트 등을 수출하고 그것으로 인해 생산되거나 획득되는 일정량의 물품을 수입하는 제품환매(product buy-back deal), ④ 수출대가로 수출상품의 부품 일부를 수입국에서 공급하도록 하거나 수출국이 수입국에 동 제품의 생산기술을 이전하는 상계무역 등이 있다.

4. 상품의 가공 · 판매방식에 따른 구분

1) 일반가공무역 및 수탁가공무역

가공무역(processing trade)이라 함은 가득액을 가득하기 위하여 원료의 일부 또는 전부를 외국에서 수입하여 이를 가공한 후 다시 외국에 수출하는 무역거래형태를 말한다.

그런데 가공무역은 거래상대방의 위탁을 받고 이를 수입 · 가공하여 수출하는 수탁가공무역과 거래상대방의 위탁관계가 없이 이루어지는 일반가공무역이 있다.

수탁가공무역이란 거래상대방의 위탁을 받아 원료의 일부 또는 전부를 수입하여 이를 가공 후 그 거래당사자 또는 그가 지정하는 자에게 수출하고 계약조건에 따라 가공임 · 운임 · 보험료 · 창고료 · 이자 등의 가득액을 수취하는 거래이다. 이러한 수탁가공무역은 다시 그 원료를 수입할 때 유상으로 들여와서 가공한 후 대금을 수취하는 유환수탁가공무역과 수입시 대금의 지불이 원료를 들여와서 가공 · 수출하고 가득액에 해당되는 가공임만을 수취하는 무환수탁가공무역이 있다.

2) 수위탁판매무역

수위탁판매무역이란 물품을 무환으로 수출 또는 수입하여 당해 물품이 판매된 범위 안에서 수출대금을 회수 또는 수입대금을 지급하는 조건의 계약에 의한 수출입을 말하며, 이는 위탁판매무역과 수탁판매무역으로 구분된다.

위탁판매무역(trade on consignmemt)은 일종의 위탁판매수출로서, 국내의 생산자 또는 수출자가 외국상에 대하여 외국시장에서의 판매를 위탁하고 그 중개용역에 대한 일정수수료를 지급할 것을 조건으로 한 위탁무역의 전형적인 무역형태이다.

수탁판매무역(trade on consignee)이란 해외의 거래상으로부터 위탁을 받아서 그 위탁자의 위험과 계산으로 외국물품을 무환으로 수입하여 자국 내에서 판매하고 그 대금을 송금함으로써 수수료를 받는 일종의 위탁판매수입의 형태이다.

5. 서비스무역 및 기술무역

국제무역의 대상은 과거에는 물품만을 대상으로 하였으나 국제무역을 넓은 의미로 해석하여 서비스거래를 포함하는 경향이 높아졌다.

국제간 물품거래는 유형무역이라고 하고 국제간 서비스거래는 무형무역이라고 한다. 일반적으로 서비스 무역은 운수, 통신, 해상보험, 금융, 여행, 건설 등 상품무역 이외의 서비스업의 국제거래를 가르킨다.

20세기 후반에 이르러 경제의 서비스화의 추세에 따라 국제간의 서비스거래가 활발해지고 있다. 물품의 국제간 이동증가에 따라 국제운송과 보험서비스가 부수적으로 증가하며, 세계가 지구촌화 함에 따라 국제 정보통신 서비스의 거래 또한 증가하고 있다.

세계 건설시장도 개방화에 따라 각국간 거래가 많아졌다. 기술, 노하우, 지적재산권의 국제적 거래가 보편화되고 있다. 따라서 국제간 통상문제에 있어 물품만큼 서비스거래가 중요한 위치에 서게 되었다. 우루과이라운드협상에 있어서도 물품보다 서비스와 기술교역에 대한 논의의 비중이 높았었다.

오늘날 국제무역 환경의 복잡화와 무역의 다양화에 따라 무역거래의 대상도 유체물인 상품권을 벗어나 외국과 기술제휴계약을 체결하고, 그 제공한 기술의 대가를 받게 되는 등 기술이 거래의 대상으로서 중요한 위치를 갖게 되어 이른바 기술무역이란 말까지 나오고 있다.

구체적으로는 공업소유권의 양도나 경영계약 및 독점판매권 등에 따른 노하우의 제공 등이 모두 이에 해당된다.

이렇게 되면 기술 이외에 무체재산권인 어업권이나 광업권 그리고 벌채권까지도 국제간의 매매형태나 사용임대의 형태 등 다양화된 법률형태로 무역거래의 대상이 된다는 것은 말할 것도 없다.

6. 관광무역

관광무역은 외국관광객을 유치함으로써 외화를 획득하기 위하여 행하는 무역으로서, 굴뚝 없는 공장으로 표현되기도 한다. 관광무역은 국제수지와 중요한 관련을 갖고 있으며 외화가득률이 100%로서 매우 높다.

대표적인 관광무역 국가로서는 스위스, 이탈리아 등이 있으며, 풍경과 고적 등의 견물(見物)을 대상으로 외화수입을 획득하고 있다. 따라서 상품을 판매하는 수출무역에 대해서 풍경 및 관광자원 등을 판매하는 수출무역이라 할 수 있다.

제3장 무역의 발전과 이론

제1절 무역의 발전

1. 고대무역

1) 고대무역의 성립배경

인류 최초의 문명은 티그리스(Tigris), 유프라테스(Eupharates), 나일(Nile), 인더스(Indus), 황하 유역 등에서 탄생되었다. 이러한 문명은 갑자기 나타난 것은 아니다. 이보다 수천 년 전 이들 최초의 문명지대를 중심으로 보리를 재배하였고 어느 정도의 생활기술이 발달하고 있었던 것이다. 이러한 기술을 가진 사람들은 차츰 풍요한 강변유역에 진출하여 조직적으로 농경을 영위하면서 생산 잉여물을 이용하여 도시를 건설하게 되었다. 이처럼 농업이 진보함에 따라 잉여생산물이 발생하였고 여러 가지 수공업이 성립하면서 고대문명권이 형성되었다. 이 수공업의 발달은 결국 상업과 무역의 원인이 되었는데 물론 물물교환은 아마 인간사회와 역사를 같이한다고 생각된다.

고대무역 가운데 가장 중요한 위치를 차지하였던 것은 금속이었다. 그러나 이

집트나 메소포타미아에서는 금속재료인 동, 은 등은 생산되지 않아 외국으로부터 수입할 수밖에 없었으며 목재, 석재 역시 그러하였다.

2. 중세무역

1) 중세무역의 성립배경

중세사회를 일반적으로 봉건사회라고 부른다. 로마제국이 붕괴되고 그 법질서를 유지할 강력한 정치적 지주가 없어지자 지방행정관들은 각지에서 독자적인 군대를 양성하여 장원을 형성하여 스스로 영주가 되었으며, 이 영주들은 지방주민을 예속시켜 토산물을 진상하게 하는 한편, 국왕에게는 토지를 매개로 강력히 결합되어, 가신으로서의 신분상의 책임을 다하는 이른바 지배와 피지배라는 새로운 봉건체제가 형성되었다.

당시 일반적인 무역거래 대상품목은 영주나 귀족층의 사치품이 대부분을 점하고 있었고, 그 외에도 수공업의 발달로 인한 공예품이나 장식품도 예외는 아니었다.

중세 무역거래의 중심지역은 콘스탄티노플로서, 이는 당시의 무역중계지점으로 중세초기의 서유럽이나 아시아 그리고 중동지역을 연결하였으며, 또한 고대도시국가의 알랙산드리아나 이탈리아연안의 여러 도시들도 중요한 중계지였다.

2) 중세무역의 특징

(1) 원격지 무역(Fernhandel)

중세봉건사회는 장원중심으로 자급자족하는 경제였으므로 국제무역이 중요한 역할을 하지 않았다. 그러나 9세기 이후에 콘스탄티노블을 중심으로 동방과 서방의 중계무역이 활발히 이루어졌고, 11세기에는 십자군의 동방원정으로 동방무역이 발달하였다. 동방상품인 향신료, 고급 면직물, 비단, 약품, 연료 등이 남부유럽으로부터 수입되었다. 수입된 동방상품과 이태리, 스페인, 아프리카북부, 시리아, 흑해 연안에서 생산된 물품은 북부 내륙지방의 큰 도시 등으로 운반되어 거래되었다. 이를 원격지무역이라 한다.

(2) 한자동맹(Hanseatic League)

14세기말부터 16세기까지 유럽에서는 상업도시들이 발달하였으며 외지에 있는 독일 상인들이 연대성을 강화하기 위해 한자[6]동맹을 결성하고 상관을 설치하여 자치권을 행사하였다. 한자동맹의 상인들은 주로 중계무역에 종사하여 프러시아 소맥 · 러시아의 모피와 소맥 · 스웨덴의 목재와 선박용 자재 · 북해와 발트해의 청어를 서유럽으로 수출하였고, 영국의 양모 · 프랑스의 소금과 포도주 · 폴란드의 모직물 · 이태리의 향료를 동유럽으로 수출하였다.

3. 근 · 현대무역

1) 근대무역의 성립배경

16세기를 전후하여 유럽제국에서는 중세봉건주의가 해체되면서 자본주의의 준비기를 맞게 되었다. 무역과 상업이 번성하고 확대됨에 따라 많은 제조품과 안정된 공급확보에 대한 필요성이 생기게 되었고, 그 결과 상업자본가에 의한 생산과정의 통제가 증대되는 현상이 나타났다. 결국 이 시기의 무역은 이들 상업자본가들의 자본을 중심으로 해서 이루어진 것이다.

상업자본의 형성과 15세기 말에서 16세기 초에 걸친 신항로의 발전은 세계경제 발전에 커다란 충격을 가져다주었다. 신항로의 개척에 따라서 유럽 국가들이 먼저 착수한 것은 여러 대륙에 식민지 정책을 통한 상업이윤의 추구였다. 이러한 상업중심지의 이동은 단순한 장소의 이동이 아니라 이제까지 세계무역을 담당하던 지중해가 더 이상 팽창해가는 교역량을 감당할 수 없었다는 점에서 더 큰 의미를 찾아볼 수 있다. 즉 상업중심지의 이동은 서유럽의 여러 나라들을 해상으로 진출하게 만들면서 무역의 획기적인 발전을 가져오게 한 원인이 되었다.

2) 중상주의시대의 무역

중상주의는 16세기 후반에서 18세기 중엽에 걸친 전근대사회에서 근대사회로 이행하는 과정에서 서유럽국가들이 국민적 통일을 실현하고 국력을 배양하기 위

6) 한자(Hansa)는 13세기 초에서 17세기까지 독일 북부 도시들을 중심으로 여러 도시들이 연합하여 이루어진 무역 공동체이다.

한 이론적 · 사상적 배경을 가지고 있다. 특히 이 시기 동안에 세계무역을 주도한 것은 영국이었다. 17세기 말 영국은 봉건주의의 잔재에서 벗어나면서 항해조례 등을 설정, 해상권을 장악하면서 식민지를 확대하고 유럽최강의 중상주의 대국이 되었다. 이와 같은 영국의 무역은 점차 아메리카 등의 북부식민지를 중요시하는 형태로 나타났으며, 18세기 전반까지 계속적인 중상주의정책의 강화를 통해 무역 차액에 의해 부의 축적을 가속화시켜 세계에서 가장 먼저 상업자본을 산업자본으로 이행시키는 기초를 마련하였다.

3) 산업자본주의시대의 무역

18세기말에서 19세기에 걸쳐 일어난 영국의 산업혁명은 세기사상 획기적인 일이었다. 산업혁명을 통한 산업자본이 형성된 영국에 있어서는 보호주의적인 무역이 영국의 산업발전에 장해가 되는 것으로 보고 자유무역주의를 주장하게 되었다. 이를 위해 영국은 자국 내에서 곡물법과 관세법을 철폐하는 작업에 착수하였다. 자유무역정책을 실현하게 된 영국은 먼저 프랑스와 조약을 통해 상호간에 관세폐지 또는 수입제한완화를 시행하였으며 뒤이어 유럽제국간의 과세인하가 일반화됨으로써 자유무역은 확대되어 갔다.

4) 제국주의와 식민주의

1870년대 이후 선진자본주의 국가에서는 후진국가와의 경제관계에서 자신의 이해관계를 일방적으로 강조하면서, 자신의 이득을 최대로 하려고 하는 제국주의(imperialism)가 만연하였다. 선진국은 경제력, 군사력, 정치력으로 개발도상국을 예속시키고 식민체제를 강화하려 하였다.

식민지 무역은 원료의 획득과 제품시장의 확보로 선진국의 이익을 최대로 하자는 것이었으므로 식민지는 피폐되었고 그 결과 식민지 쟁탈전은 제 1차 세계대전을 유발하게 되었다.

5) 세계 대공황과 제2차 세계대전

식민지를 보유한 영국과 프랑스는 역내 무역확대로 대공황의 부담을 식민지에 전가할 수 있었으나 독일, 이탈리아, 일본은 식민지가 없거나 부족하여 군사력으로 해외시장을 획득하려 하였다. 이러한 파시즘의 확대는 새로운 충돌을 야기하게 되어 제2차 세계대전이 발발하였다. 미국, 영국, 프랑스 등을 비롯한 자유민주주의 국가들은 군국주의 국가들의 침략으로부터 약소국가들을 보호하기 위하여 응전하였다. 미국은 전쟁 중에 전쟁물자를 연합국이 공급하였으므로 생산력이 높아져 전후 자본주의세계에서 중심국가가 되었다.

제2차 세계대전후의 세계경제 및 무역은 번영과 확대를 계속 유지하여 왔다. 그러나 반드시 조화와 균형이 잡힌 발전은 아니었고 그 과정에 있어서 커다란 변모와 여러 가지 복잡한 문제가 야기되어 왔다. 그 중 가장 두드러진 특징은 다음과 같다.

① 1940년에서 1950년대에 걸쳐서 세계경제는 서구제국을 중심으로 한 자유 경제권과 동구제국을 중심으로 한 공산권경제라는 2대조류로 분파되었으며, 그간의 냉전의 격화는 동서의 교섭을 폐쇄하였고 해빙무드는 동서무역의 점진적인 발전의 싹을 보였다.

② 자유경제권이 경제부흥과 발전은 당시 압도적인 경제력을 보유한 미국주도에 의하여 전개되었다.

③ 국제통화기금(International Monetary Fund : IMF)과 관세 및 무역에 관한 일반협정(General Agreement On Tariffs and Trade : GATT)의 기반 위에 세계적인 규모로 무역 및 외환의 자유화가 진전되었다.

6) 최근의 무역

1990년대 들어와 세계무역은 지역간 분업의 확대, 국가간 활발한 자본이동, 세계교역량의 확대, 지역주의 심화 등의 특징을 나타내고 있는 가운데 세계경제의 3대축인 미국 · 일본 · EU를 중심으로 3극간 분극화의 과정을 겪으면서 NICs, ASEAN을 비롯한 개도국들이 세계교역에서 차지하는 비중이 확대되고 있다. 중국 및 구소련, 동구권의 개혁과 개방, 이에 따른 시장경제체제로의 전환과 함께 국가간 경제적 국경의 개념이 허물어지고 있다.

치열한 국제경쟁에 직면하여 선진국들은 무역불균형을 시정하기 위해 자유무역 확대보다는 국익을 앞세워 보호무역주의를 채택하여 무역마찰이 심화되고 있으며 북미, EU시장은 블록을 형성, 역외 국가에 대한 차별조치를 제도화하는 지역주의가 성행하고 있다. 이러한 기조는 1970년대부터 태동했지만, 1998년 아시아 금융위기, 2008년 세계 경제 위기 등을 겪으면서 미국과 같은 주요 선진국들이 자국의 경제 회복을 위해 신보호무역정책을 실시했고, 2000년대 이후 신보호무역주의가 더욱 유행하고 있다. 특히, 미국은 트럼프 대통령의 집권이후 신보호무역주의가 더욱 강화됐으며, 경제적으로 부상하던 중국의 무역정책과 충돌했고, 이로 인해 미-중 양국 간 각종 무역 분쟁이 심화되고 있다. 따라서 세계 강대국간의 힘겨루기 상황에서, 평화적인 대화를 이끌고, 전 세계에 다시 태동하려는 신보호무역주의를 억제해 자유무역 질서를 수호하는 것이 WTO의 새로운 중요 과제로 떠오르고 있다.

제2절 무역발생과 국제분업

1. 무역발생

1) 무역의 발생원인

무역의 발생원인은 국제분업이 어떻게 이루어지는가를 의미하는 것인데, 이는 국제무역의 기초이론 중에서도 가장 기초적인 연구대상이며, 국제무역이론의 근간을 이루고 있다. 이러한 무역의 발생원인을 해명하기 위하여 비교우위론, 즉 비교우위의 결정요인에 관한 분석이 이루어지고 있다.

무역의 발생원인은 스미스(A. Smith)의 절대생산비설과 리카도(D. Ricardo)의 비교생산비원리에 의하여 최초로 규명되었고, 이는 그 후 헥셔-오린(Hecksher-Ohlin)의 요소부존비율이론에 의하여 새롭게 전개되었으며, 또한 레온티에프(Leontief)의 역설을 계기로 해서 새로운 국제무역이론이 등장하게 되었다.

새로운 국제무역이론으로는 헤로드(Harrod)의 특수요소이론, 크라비스(Kravis)의 입수가능성이론, 린더(Linder)의 대표적 수요이론, 그 밖에 R&D이론, 제품 Cycle 이론, 노동숙련설 등이 있다.

2) 국제무역이론의 과제

무역은 경제 환경여건이 상이한 국가들 사이의 교역이기 때문에 국내거래와는 본질적으로 차이가 있다. 따라서 국제거래메커니즘 이론은 이해할 수 없는 문제들이 무역거래에서 흔히 발생하게 된다.

주요 연구과제와 대상은 다음과 같다.

① 무역의 발생요인 규명 : 이질적인 국가들과의 거래로 인한 위험을 감수하고 무역이 이루어지는 원인이 무엇인가를 분석한다.

② 무역패턴 결정 : 각국은 어떠한 상품을 수출입 하는가에 관한 문제를 해명하는 것으로, 특화상품의 선정기준과 방법이 연구과제가 된다.

③ 교역조건 결정 : 각국의 수출품과 수입품의 교환비율의 결정과정과 교역조건에 따라 교역당사국간의 무역이익 배분문제를 규명한다.

④ 균형교역량의 결정 : 교역당사국간의 수출입 균형의 결정과정을 해명한다.

⑤ 무역의 효과 규명 : 무역에 따른 요소소득의 재분배와 더불어 교역 당사국의 산업구조 및 자원배분에 미치는 영향을 분석한다.

2. 국제분업

1) 국제분업의 의의

분업(division of labor)이라 함은 생산성의 적성에 따라 하나의 생산과정을 세분화하여 사람의 활동을 그 세분화된 부문의 생산에 전문화 또는 특화(specialization)하는 것을 말한다.

분업에는 작업이나 기업에서 볼 수 있는 기술적 분업(전문직과 비전문직)과 산업적 내지는 사회적 분업(농 · 공 · 상업)이 있을 수 있고, 국가간에도 이와 같은 분업이 이루어지는데, 이를 국제분업(International division of labor)이라 한다. 이러한 경우에 국가마다 자국의 적성에 맞는 재화와 서비스를 생산하게 된다. 그런데 이러한 분업은 원래 교환을 전제로 하기 때문에 국제분업이론은 무역이 성립하는 근거를 밝혀 주고 있다.

A. Smith는 "만일 외국이 어떤 상품을 입국해서 생산하는 것보다 싸게 공급할 수 있으면, 일부를 판매한 대가로 값싼 상품을 외국에서 구입하는 것이 이득이 될 것이다."라고 말하면서 외국무역에 분업론을 적용시켜 무역의 필연성을 설명하였다.

2) 국제분업의 결정요인

국제분업은 외국무역을 통하여 국제적으로 이루어지는 분업이며, 이른바 국제적인 상품교환을 위한 생산특화라고 할 수 있다. 이에 국제분업의 주요 결정요인에 대해 살펴보기로 한다.

(1) 기후

기후는 거의 모든 농산물과 토산품의 생산에 중대한 영향을 미치고 있다. 기후조건 가운데 기온과 강우는 국제무역에 커다란 영향을 주고 있다. 곡물과 열대식물 등의 생산은 일정한 기후조건을 전제로 하고 있으며, 기후는 농업 이외의 생산에도 중요한 요인이 되고 있다.

(2) 생산요소

천연자원, 토지, 노동력 및 자본 등 생산요소의 부존상태의 차이에 따라 각국의 산업발달정도는 달라지게 되어 국제분업이 이루어지게 된다. 천연자원에는 수자원을 비롯하여 에너지, 광물, 해양자원 등이 있는데, 각국은 이러한 자원 중에서 자국에 유리한 자원을 개발하고 이용한다면 그 국가에 매우 적합한 국제분업을 일으킬 수 있을 것이다.

토지는 식량생산의 원천으로서 경지면적의 크기에 따라서 식량무역의 방향이 결정된다. 즉, 인구에 비해 농경지가 적은 국가에서는 식량을 수입해야 하며, 그 반대의 경우에는 식량을 수출할 수 있게 된다.

노동은 생산요소 중에서 인적 · 능동적 요소로서 가장 근본적인 요소이며, 직접 생산을 목적으로 하는 활동이다. 노동의 질은 노동자의 건강상태, 교육, 훈련의 수준, 경제 · 사회제도 등에 의해 영향을 받는다. 노동의 양과 질은 일국가가 생산할 수 있는 재화의 양과 생산패턴에 중대한 영향을 미쳐 국제분업의 결정요인으로서 작용하기 때문에 노동의 중요성이 크게 인식되고 있다.

3) 국제분업의 형태

(1) 생산단계의 형태

① 수직적 분업

수직적 분업에 의한 전형적인 무역패턴은 공업국과 농업국가간의 무역에서 찾아볼 수 있다. 이러한 분업은 제2차 세계대전 전에 식민지와 그 종주국인 본국과의 사이에서 볼 수 있었던 것이며, 오늘날에 있어서는 선진국의 공업제품과 개발도상국의 1차 상품간의 무역이 바로 수직적 분업이다. 이 분업은 천연자원이 풍부한 국가와 천연자원은 희소하나 노동력 내지는 기술, 자본축적수준이 높은 국가간에 이루어지는 것이며 경제적으로 이질적인 국가간에 이루어지는 분업이다.

② 수평적 분업

수평적 분업은 소득수준, 기술, 자본축적, 소비관습 등이 매우 비슷하며 경제적으로도 동질적인 국가간에 이루어지는 분업이다. 이러한 무역은 제2차 세계대전 후의 세계무역의 주류를 이루게 된 것은 선진 공업국에서 발전된 공업 제품생산의 다양화, 특히 중화학공업을 중심으로 한 각종 신제품이 출현하였기 때문이다.

(2) 비교우위의 요인

① 경제적 분업

경제적 분업은 자유무역, 자유경쟁 등을 전제로 하여 비교우위의 원리에 의해서 분업이 결정되는 경우에, 그 분업에 의한 생산은 가장 능률적이며 자원의 효율적 이용을 가능케 함으로써 경제적 후생이 증대된다. 이러한 점에서 이와 같은 분업은 바람직한 분업이며 경제적 합리성을 추구하는 분업이다.

② 비경제적 분업

비경제적 분업은 국제분업이 비교우위의 원리가 아닌 경제외적인 요인에 의해 이루지는 경우로서 국제경제의 가격 메카니즘(mechanism)과는 직접 관계없이 본국의 경제정책 추진과 구현에 기여하기 위한 분업이며, 본국의 관점에서 강요된 것과 다를 바 없는 강제된 분업(specialization forced by industrial power)이다. 이와 같이 수직적 분업 가운데서 경제적 요인을 무시하고 경제외적인 요인을 중시한 분업 형태를 말한다.

제3절 무역이론의 변천

1. 고전학파 무역이론

1) 국제분업과 국제무역

한 사람이 필요한 모든 상품을 생산하는 것보다 각자가 가장 잘 만드는 상품을 생산하여 교환하면 훨씬 더 효율적이라는 것이 일반적인 분업이론의 설명이다.

국제분업도 국내분업과 기본적으로 다를 것이 없다. 즉 한 나라가 가장 효율적으로 생산할 수 있는 상품을 생산 특화한 후 무역을 통하여 다른 나라와 상품을 교환한다는 것이다. 무역을 할 경우 한 나라는 다른 나라보다 유리하게 생산할 수 있는 상품에 특화하여 수출하게 된다.

국제분업에 의한 무역의 원인과 결과(무역이익)를 최초로 설명한 사람은 영국의 경제학자 아담 스미스였고, 후에 그의 이론을 계승·발전시킨 사람은 영국의 리카도였다. 이 두 사람은 모두 국제분업과 자유무역에 이론의 기초를 두고, 무역발생의 원인을 생산비 차이에서 찾아낸 공통점을 가지고 있다. 그러나 양자간에는 생산비 차이의 기준이 다르다.

아담 스미스는 생산비의 절대적 차이를 무역발생의 원인으로 간주하였으나, 리카도는 생산비의 상대적 차이에 의해 무역이 발생한다고 주장하였다.

2) 절대우위론

아담 스미스(A. Smith)는 16세기부터 약 300년 간 유럽을 지배하고 있었던 중상주의를 비판하고 자유무역을 주장하였다. 중상주의에서는 국부(國富)인 금과 은 등 귀금속의 보유량을 늘리기 위해서는 외국과의 무역에서 흑자를 기록해야만 되었다. 이를 위하여 각 나라는 수출촉진과 수입억제라는 보호주의적인 정책을 채택하였다.

그러나 아담 스미스는 "한 나라의 부는 금·은의 유입에 의해서 증가하는 것이 아니다"라고 주장하면서 중상주의를 비판하였다. 그에 의하면 국부는 금·은과 같은 화폐 그 자체에 있는 것이 아니라, 국민들이 해마다 만들어 내는 생산물에 있다는 것이다. 그리고 국부의 원천은 생산물을 생산하는 노동이라는 것이다. 그러므로 국부가 증대되기 위해서는 노동생산성이 높아져야 되며, 이를 위해서는 분업을 발전시켜야 한다고 보았다. 뿐만 아니라 외국과 무역을 하게 되면 분업을 촉진시킬 시장수요가 확대된다는 점에서 자유무역을 통한 무역확대정책을 주장하게 된 것이다.

아담 스미스는 그의 분업이론을 외국무역에도 그대로 적용시켜 무역의 필요성을 설명하였다. 한 나라가 두 상품 중 하나를 외국보다 더 낮은 생산비로 생산할 수 있다면 그 국가는 더 낮은 생산비로 생산할 수 있는 상품에 완전 특화함으로써 이를 생산하여 수출하고 그렇지 못한 상품을 외국으로부터 수입함으로써 무역에 참가한 모든 국가는 모두 이익을 얻게 된다. 이러한 원리를 절대우위론(theory of absolute advantage) 또는 절대생산비설이라고 한다.

〈표 3-1〉은 무역 전과 무역 후 양국에 있어서 양복지와 포도주 두 상품에 대한 생산비를 비교한 것으로 영국은 양복지 1단위를 생산하는 데 투입되는 노동량은 100인, 또 포도주 1단위를 생산하는 데 120인이 필요하다. 한편 포르투갈은 같은 수량의 양복지 생산하는 데 노동량은 110인, 포도주 생산하는 데 80인의 노동이 필요하다.

〈표 3-1〉 절대 우위에 의한 무역

(노동단위당 생산량 기준)

구 분		영 국	포르투갈	합 계
무역전 (특화전)	양복지	100인의 노동=1단위	110인의 노동=1단위	2단위
	포도주	120인의 노동=1단위	80인의 노동=1단위	2단위
무역후 (특화후)	양복지	220인의 노동=2.2단위 (1단위+1.2단위)		2.200단위
	포도주		190인의 노동=2.375단위 (1단위+1.375)	2.375단위

이 경우 동일한 생산을 하는 데 있어 투입되는 노동량에 있어 영국은 양복지생산에 절대적 우위를 차지하는 반면 포르투갈은 포도주 생산에 절대적 우위를 차지하고 있으므로 절대적 우위에 있는 생산물에 각각 특화하여 그 생산물을 서로 교환할 경우 양국의 전체생산량은 무역전보다 양복지 0.2단위와 포도주 0.375단위가 증가하는 이익을 얻을 수 있게 된다.

아담 스미스의 절대우위론은 당시 유행하던 보호주의적인 중상주의를 배격하고 최초로 자유무역이론의 기초를 제공하였다는 점에서 큰 의의가 있다.

3) 비교우위론

리카도(D. Ricardo)는 1817년에 발간된 그의 저서 「정치경제 및 과세의 원리」에서 비교우위론(비교생산비설 : theory of comparative advantage)을 제시하였다. 이 이론은 아담 스미스의 절대우위론에서 제기된 자유무역이론을 더욱 체계화시켰다는 데 그 의의가 있다.

리카도는 아담 스미스와는 달리 생산지의 절대적인 차이뿐만 아니라 상대적인 차이에서도 무역이 발생할 수 있다고 설명하였다. 즉, 한 나라가 두 상품 모두에 절대 우위를 가지고 있고 다른 나라는 그 반대의 경우에 있다고 하더라도 상호이익이 되는 무역이 발생할 수 있다는 것이다.

〈표 3-2〉 비교우위에 의한 무역

(노동단위당 생산량 기준)

구 분		영 국	포르투갈	합 계
무역전 (특화전)	양복지	100인의 노동=1단위	90인의 노동=1단위	2단위
	포도주	120인의 노동=1단위	80인의 노동=1단위	2단위
무역후 (특화후)	양복지	220인의 노동=2.2단위 (1단위+1.2단위)		2.200단위
	포도주		170인의 노동=2.125단위 (1단위+1.125)	2.125단위

위의 표는 무역전과 무역 후 양국에 있어서 양복지와 포도주 2상품에 대한 생산비를 비교한 것으로 영국은 양복지 1단위를 생산하는 데 투입되는 노동량은 100인이, 또 포도주 1단위를 생산하는데 120인이 필요하다. 한편 포르투갈은 같은 수량의 양복지를 생산하는 데 90인, 포도주를 생산하는 데 80인의 노동이 필요하다.

포르투갈은 양복지와 포도주생산에 있어 영국보다 적은 노동을 투입하고 있으므로 두 상품 모두 절대 우위를 가지고 있어 양국가간에는 아담 · 스미스의 절대우위론 만으로는 무역이 성립될 수 없으므로 이를 체계화 발전시킨 리카도의 비교우위론에서 해명할 수 있다. 즉, 두 나라가 무역이 성립하기 위해 생산비를 비교해 보면 포르투갈의 양복지 생산비는 영국의 1.125(90/80)이고, 포도주는 0.888(80/90)

이므로 포도주생산에 비교우위가 있다.

영국의 양복지 생산비는 포르투갈의 0.833(100/120)이고 포도주 생산비는 1.2(120/100)이므로 양복지 생산에 비교우위가 있다.

이에 양국은 비교우위에 있는 상품을 특화하여 무역을 개시하면 두 나라는 다음과 같은 무역이익이 발생한다.

(1) 생산량의 증가

영국은 무역개시 전 노동력 220명을 동원하여 양복지 생산에 특화를 하면 2.2단위를 생산하게 되므로 무역개시 전 2단위보다 0.2단위만큼 생산량의 증가이익이 발생하고, 포르투갈은 무역개시 전 170명의 노동력으로 포도주 생산에 특화하면 2.215(170/80) 단위를 생산하게 되므로 무역개시 전 2단위보다 0.125 단위만큼 생산량이 증가된다.

(2) 생산요소의 절약 = 노동량의 절약

영국의 경우 2단위를 생산하는데 필요한 총 노동량은 220명(무역전)이므로 무역개시 시 양복지 생산에 특화하여 2단위만 생산한다면 필요한 노동량은 200명이므로 20명의 노동량절약이익이 발생한다.

포르투갈의 경우도 2단위를 생산하는데 필요한 총 노동량은 170명(무역전)이므로 무역개시 시 포도주 생산에 특화하여 2단위만 생산한다면 필요한 노동량은 160명이므로 10명의 노동절약이익이 발생한다.

(3) 소비자이익의 발생

소비자의 이익은 무역개시 전에는 영국의 양복지 1단위 생산비가 0.833이고 포도주 생산에는 1.2이다. 포르투갈의 양복지 생산비에는 1.125이고 포도주생산비는 0.888이다. 이를 두 나라가 무역이 성립되었다면 영국은 양복지를 수출하고 포도주를 수입하므로 국내소비자들은 포도주에 비교열위에 있으므로 0.312(1.2-0.888)만큼 저가로 구입할 수 있으므로 소비자의 이익이 발생한다. 포르투갈은 포도주는 수출하고 비교열위에 있는 양복지를 수입하므로 국내소비자들은 0.292(1.125-0.833)만큼 낮은 가격으로 구입할 수 있으므로 소비자이익이 발생한다.

결론적으로 비교우위론은 무역발생의 원인과 무역패턴 그리고 무역이익을 규명한 점에서 중요한 의의를 갖는다. 그러나 비교우위론의 가정조건 중 비현실적인 노동가치설은 많은 비판을 받았다. 그리고 공급측면만을 고려한 나머지 수요 측면을 무시하게 되었고, 그 결과 무역당사국에 배분되는 무역이익을 정확하게 파악하지 못하였다.

4) 상호수요설

19세기 중반 이후 고전파 경제학을 완성한 밀(J. S. Mill)은 그의 저서인 「정치경제학원리」에서 비교우위론의 부족한 부분인 교역상품의 국제교환비율, 즉 교역조건과 교역당사국의 무역이익 배분이율을 밝혔다.

밀은 리카도의 이론이 수요측면을 소홀히 다룬 것을 지적하고, 상품의 교역조건은 자국 상품에 대한 외국의 수요와 외국상품에 대한 자국의 수요가 일치되는 점에서 결정된다고 보았다.

이 이론은 상호수요설(theory of reciprocal demand)이라고 불리우며 후에 마셜(A. Marshall) 등과 같은 학자에 의해 더욱 발전되었다.

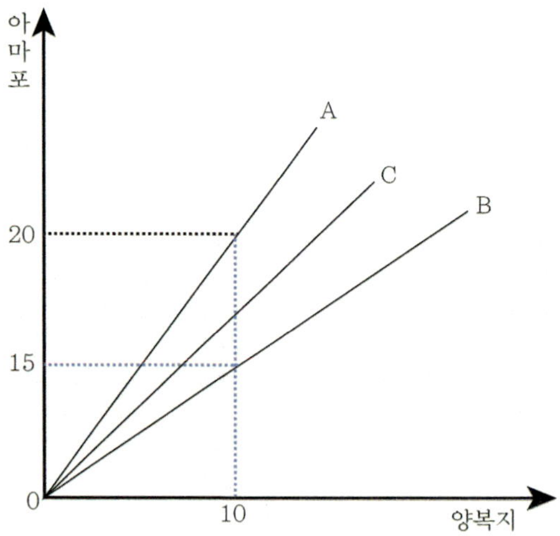

주 : OA…독일의 국내교환비율
OB…영국의 국내교환비율
OC…무역가능교역조건범위…OA와 OB사이
A · B…무역불능교역조건범위

〈그림 3-1〉 교역조건의 범위

동일 노동량을 투하하여 영국은 양복지 10야드 또는 아마포 15야드를 생산할 수 있으며, 독일은 양복지 10야드 또는 아마포 20야드를 생산할 수 있다고 가정한다. 이 경우 비교우위에서와 같은 원리로 영국은 양복지 생산에 그리고 독일은 아마포 생산에 비교우위를 가진다. 따라서 영국은 양복지를 특화 · 생산하여 수출할 것이고, 아마포는 수입할 것이다. 한편 독일은 아마포를 특화 · 생산하여 수출할 것이고, 양복지를 수입할 것이다. 이상은 비교우위론과 같다.

그러나 여기에서 밀은 양국간 상품교환비율이 어떻게 또 결정되는가 하는 문제를 새롭게 제기하고 있다. 무역이 발생하기 전 영국의 국내교환비율은 양복지 10야드 대 아마포 15야드였고, 독일에서는 양복지 10야드 대 아마포 20야드였다. 밀에 의하면 국제교환비율, 즉 교역조건은 양국의 국내교환비율 사이에서 상호수요가 일치되는 점에서 결정된다고 한다. 따라서 교역조건의 범위는 양복지 10야드에 대해 아마포 15야드 초과 20야드 이내가 되어야 할 것이다.

양국간의 무역이익은 교역조건에 따라서 달라지는데 영국의 국내교환비율(10:15)에 근접할수록 영국의 이익은 작아지고, 상대국인 독일의 이익은 커진다. 반대로 독일의 국내교환비율(10:20)에 가까울수록 독일의 이익은 작아지고 상대국의 이익은 커진다. 밀에 의하면 영국의 양복지와 독일의 아마포의 교역조건은 영국 양복지에 대한 독일의 수요정도와 수요탄력성에 의해서 결정된다고 한다.

〈표 3-3〉 양국 생산량 비교

국가 상품	영 국	독 일
양 복 지	10야드	10야드
아 마 포	15야드	20야드

2. 근대 무역이론

1) 국제분업이론의 발전

국제분업이론에 기초한 초창기의 무역이론은 스미스, 리카도, 밀에 의하여 꾸준히 발전되었다. 고전파 무역이론은 보호주의적 성격을 가진 중상주의 이론을 배격하고 자유무역이론의 기본원리를 제시한 점에서 아주 중요한 의미를 갖는다.

고전파 무역이론에서는 비교우위의 차이가 무역발생의 원인이라고 설명하면서 자유무역을 통하여 모든 나라가 이익을 얻을 수 있다는 방법을 새롭게 규명하였다. 그러나 고전파 이론에서는 비교우위의 원인이 무엇인지 설명하지 못하였다. 헥셔와 오린은 비교우위의 원인이 요소부존의 차이에서 발생한다고 설명하여 무역이론의 새로운 장을 열었다.

신고전파 경제학자 하벌러는 비교우위론의 한계를 기회비용설을 이용하여 해결하였다.

2) 하벌러의 기회비용설

미국의 경제학자 하벌러(Haberler)는 기회비용이라는 새로운 개념을 사용하여 무역의 발생원인을 규명하였다. 기회비용(opportunity cost) 한 행위를 평가할 때 실제적으로 취한 행위를 평가하는 것이 아니라 그 행위를 하기 위해 포기해야 하는 다른 행위의 가지를 가지로 평가하는 개념이다. 즉, 하나의 상품을 추가적으로 생산하기 우해 포기해야 되는 다른 상품의 양이 기회비용이 된다.

기회비용설(theory of opportunity cost)의 핵심은 한 상품을 생산하는데 있어 기회비용이 보다 작은 국가를 A라고 가정한다면 그 국가는 A상품에 대해 비교우위를 갖는다고 보는 이론이다.

하벌러는 노동량 또는 실질비용에 의해서 표시되는 비교우위 대신에 한 상품생산을 기준으로 하여 그 대체비율에 의해서 두 상품의 상대가격을 표시하였다. 이로써 하벌러는 페기 직전의 비교우위론을 구하였다. 기회비용설에 의하면 불변비용뿐만 아니라 가변비용, 즉 체증비용과 체감비용의 상황에서도 상호이익이 되는 무역이 발생할 수 있다는 것이다.

기회비용설은 고전파이론이 노동이 단일 생산요소라는 비현실적인 가정에서 벗어나, 다수의 생산요소를 전제로 이론을 전개하였고, 가변생산비까지 포함시킴으로써 비교우위의 현대화에 크게 이바지했다고 평가된다. 그러나 기회비용설은 국가간에 기회비용의 차이가 왜 발생하는지를 규명하지 못했으며, 무역의 패턴과 교역조건의 결정에 있어서 수요부문을 고려하지 못한 문제점을 가지고 있다.

3) 헥셔 · 오린의 정리

비교우위론에 의하면 한 나라가 어떤 상품에 특화하여 수출하는 이유는 상품생산비가 다른 나라에 비해 상대적으로 싸기 때문이라고 한다. 그러나 비교우위의 차이가 왜 발생하는지는 규명하지 못하였다.

비교우위 차이의 원인을 최초로 연구한 학자는 헥셔(E.F. Heckscher)였고 후에 그의 제자 오린(B. Ohlin)에 의해 체계화되었다. 그들은 비교우위차가 생기는 원인은 생산요소 부존상태의 차이에서 기인한다고 주장하였다. 국제분업을 형성하는 원인으로 헥셔와 오린은 생산요소의 차이를 무역발생의 기초로 여기고 중요시하였다.

요소부존이론은 흔히 헥셔 · 오린정리(Heckscher-Ohlin theorem)라고 불리며, 그 이론을 제1명제와 제2명제로 구분하여 설명하면 다음과 같다.

(1) 제1명제 : 요소부존이론

국가 간의 비교생산비 차가 발생하는 원인은 각국의 생산요소부존도의 차이(difference in factor endowments)에 기인한다고 한다. 한 국가는 자국에 상대적으로 풍부하게 부존된 생산요소를 집약적으로 이용하여 생산하는 재화를 수출하고, 상대적으로 희소하게 부존된 생산요소를 집약적으로 이용하여 생산하는 재화를 수입한다라는 것이 헥셔-올린 정리의 골자이다.

국가 간의 요소부존도(factor endowment)의 차이가 비교우위의 차이를 가져다 줌으로써 이에 따라 무역이 발생함을 설명해 주고 있다. 예를 들면 면직물과 같은 제품은 컴퓨터와 비교하여 상대적으로 노동집약적 상품이라고 할 수 있고 반대로 컴퓨터는 면직물에 비하여 자본집약적 상품이라고 할 수 있을 것이다. 일반적으로 우리나라는 중국에 비하여 상대적으로 노동보다는 자본이라는 생산요소가 풍부하며 반대로 중국은 우리나라에 비하여 상대적으로 노동이 자본보다 풍부하다고 할 수 있을 것이다. 그렇다면 자본의 가격은 우리나라가 중국보다 저렴할 것이고 노동가격은 중국이 우리나라보다 저렴할 것으로 유추해 볼 수 있다. 따라서 중국은 보다 풍부한 생산요소인 노동을 집약적으로 이용하여 생산하는 면직물의 가격이 중국보다 비싼 노임을 주고 만들 수밖에 없는 우리나라보다 저렴할 것은 자명한 이치이다. 물론 컴퓨터에 관한 한 우리나라의 가격이 중국보다 저렴할 것이다. 그리하여 노동풍부국인 중국은 노동집약적 재화인 면직물에, 자본풍부국인 우리나라는 자본집약적 재화인 컴퓨터에 비교우위를 갖게 되고 각각 그것을 수출하고 반대의 제품은 수입하게 된다는 것이다.

(2) 제2명제 : 요소가격균등화이론

이 정리는 국가간의 생산요소의 이동이 불가능하더라도 자유무역을 하게 되면 국가간에 생산요소의 가격이 같아진다는 것이다. 따라서 제2명제는 각국의 생산요소 가격은 어떻게 변화하는가에 관한 연구가 사무엘슨(P. A. Samuelson)에 의하여 처음으로 시도되었다. 그에 의하면 "무역을 통하여 동질적인 생산요소의 가격은 국가 사이에 상대적으로나 절대적으로나 평등화 된다"고 한다.

이 이론은 요소가격균등화이론(factor price equalization) 또는 헥셔 · 오린 · 사무엘슨 정리라고도 부른다.

4) 레온티에프 역설

앞에서 살펴본 요소부존이론을 하버드 대학교의 경제학자 레온티에프(Leontief)가 미국의 산업 연관표와 무역데이터(1947년의 자료를 통한 일차검증과, 1956년도에 다시 한 번 1951년도의 자료를 이용검증)를 통하여 실증적으로 검증하였는데, 검증결과가 헥셔 · 오린 정리의 내용과 상반되는 이론의 전개가 검증되어 이를 레온티에프의 역설(Leontief Paradox)이라고 부른다. 즉, 노동이 풍부한 국가는 자본재를 수출하고 자본이 풍부한 국가는 노동재를 수출하고 자본재는 수입해야 한다는 이론이다. 이러한 현상에 대해 레온티에프의 자신과 다른 학자들이 연구 · 노력한 끝에 다음과 같이 해명되었다.

① 미국의 노동은 평균적으로 높은 교육수준에 의하여 우수한 지식을 가지고 있으므로 외국노동에 비하여 한층 더 능률적이다.
② 미국의 노동자는 튼튼한 건강 · 노동조건, 경영능력, 기업과 정신 등이 신체적으로 외국노동자에 비하여 한층 더 능률적이다.
③ 현실세계에 있어서 무역조건은 생산요소부존이론이 성립될 수 있는 제 가정과는 현저히 다르다.
④ 분석상에 있어서 채택된 인적자본을 무시하였다.

헥셔 · 오린 정리가 채택하고 있는 소요의 동질성을 부인하여 미국노동자의 생산성은 타국의 노동자보다 3배나 높다고 하고, 노동의 양적으로는 희소하다하더라도 생산성이 높기 때문에 실질적으로는 풍부한 것이라고 해명하였다.

3. 현대 무역이론

1) 연구개발이론

연구개발이론(Research and Development Theory)은 무역발생의 원인을 연구 · 개발(R & D)에서 찾으려는 무역이론으로서 1967년 키싱(D.B. Keesing)의 단독연구, 그리고 그루버(W. Grober), 메사(D. Metha) 및 버논(R. Vernon)의 공동연구의 결과이다. 이들 학자들은 공통적으로 연구개발 비용과 수출실적 간에는 밀접한 상관관계가 있음을 실증적으로 보여주었다. 즉 다시 말하면 연구 · 개발요소가 국가 간 비교생산비의 차이를 발생시키는 중요한 요인이라는 것이다.

2) 기술격차이론

기술격차이론(Technological Gap Theory)은 국제무역의 발생 요인을 국가 간의 기술상의 격차에서 구하는 것으로서 1961년 포스너(M.V. Posner)에 의하여 제기되었다. 포스너는 기술격차이론을 설명하면서 선진공업국 간 무역의 대부분은 새로운 제품과 신생산공정의 도입에 의해 야기된 기술의 국가 간 격차에 의한 것이라고 보았다. 즉, 발전단계가 높은 선진공업국들의 경제성장과정에 있어서 생산함수의 유리하고도 유효한 호전을 매개로 하여 비교우위의 원인을 찾아보고자 하는 이론이다. 이것을 기술갭이론(technological gap theory)이라고도 부른다. 이 이론을 좀 더 체계적으로 일반화시킨 이론이 버논(R. Vernon)의 제품수명주기이론이다.

3) 제품수명주기이론

제품수명주기이론(Product Life Cycle Theory)은 제품사이클이론 또는 제품라이프사이클이론 이라고도 하며 하버드 대학 교수 버논(R. Vernon)에 의해 주창되었으며 민트(H. Myint)에 의해 체계화 되었다. 제품수명주기이론은 기술격차이론을 더욱 발전시킨 것으로서 하나의 상품도 그 판매량에 있어서 인간의 수명과 같이 일정한 발전형태를 지닌다는 사실에 주목하고, 시간의 경과에 기인한 공산품의 국제무역패턴의 변화를 규명하고 있다.

버논 교수의 제품수명주기이론은 4단계로 구분되며 각각의 과정은 다음과 같다.

① 신생기로서 신제품이 시장에 소개되어 점차적으로 적응하기 위하여 노력하

는 단계이다. 생산은 기술적으로 불안정하고 수요도 불확실한 상태이다.

② 성장기인데 대량생산 · 대량판매방식이 도입되는 고도성장 시기로서 생산 및 판매량의 급속한 증가가 이루어진다.

③ 시간적으로 가장 오래 지속되는 성숙기로 제품은 표준화되고 제품의 생산 및 판매증가율은 성장기보다 완만하다. 또한 미숙련노동으로 생산이 가능하기 때문에 낮은 임금의 후발개발도상국들이 생산 및 수출에 있어서 비교우위를 가지게 된다.

④ 마지막으로 쇠퇴기에 있어서는 경쟁력 있는 대체품의 등장이나 새로운 제품의 출현으로 피할 수 없는 쇠퇴의 과정을 걷게 된다는 설명이다.

제품수명주기이론은 해외시장수요의 증가율, 제품의 특성, 기술의 전파속도, 특허권의 유효성 및 규모의 경제 등에 따라 다양한 형태를 지니게 되며, 다국적기업의 경우에 있어서는 제품주기를 단축시키거나 아주 무의미하게 만들 수도 있다.

4) 대표수요이론

비교우위의 발생원인을 공급과는 달리 수요의 측면에서 설명코자 한 시도가 린더(S. B. Linder)의 대표수요이론(Representative Demand Theory)이다. 린더는 무역이론에서 고찰의 대상이 되는 재화를 1차 산품과 2차 산품으로 엄격히 구분한 다음, 헥셔-올린정리는 자연자원의 부존상태의 상이에 의해 결정되는 1차 산품의 무역패턴을 설명하는 데 있어 매우 타당한 것이었으므로 널리 받아들여졌던 것으로 주장하였다.

그는 1차 산품 이외의 모든 생산물에 관해서 1국은 어떤 범위에 걸친 수출가능재를 갖고 있으며, 수출가능재의 범위는 국내수요에 의해 결정된다고 본다. 어떤 생산물이 자국 내에서 소비 또는 투자된다는 것은 그 생산물이 수출가능재가 될 수 있는 충분조건은 아니나 필요조건이기는 하다는 것이 린더의 기본명제이다. 그러나 너무 광범한 수출가능재의 범위를 좁히기 위해 어떤 수출가능재가 잠재적 수출품이 되기 위한 필요조건은 그 재화에 대한 대표적 수요가 국내에 존재해야 한다는 것이다.

국내수요가 존재하지 않는다면, 첫째, 기업가들이 국내에 존재하지도 않는 종류의 수요를 충족시키고자 생각지는 않는다는 것, 둘째, 그러한 외국의 수요가 알려졌을 때일지라도 그 수요를 완전히 만족시켜 줄 수 있는 상품을 생각해낼 수 없다는 것, 셋째, 그러한 상품을 생각해냈다고 하더라도 익숙하지 못한 상태에 고생하여 그 생산에 적응하기까지는 많은 경비가 들어 성공하기가 어렵다는 것 등 세 가지 이유로 값싸게 (즉 비교우위를 갖고) 생산할 수 없을 것이다.

5) 산업내 무역이론

1970년대에 들어오면서 전체 교역량의 50%이상이 요소부존도가 유사한 선진국간의 무역이며 그것도 제조업간의 무역이라는 현상이 두드러지면서 종래의 비교우위에 입각한 산업간 무역(inter-industry trade)이론으로는 설명할 수 없는 현상이 발생하게 되었다.

주지하다시피 시간이 경과함에 따라 선진국들은 자본이나 기술의 가용성, 노동자들의 숙련도 면에서 점점 유사해지고 있다. 또한 주요 교역국들이 기술이나 요소부존량 등에서 서로 유사해지기 때문에 특정산업에서 명확한 비교우위를 갖지 못하는 상황이 벌어지게 되었다. 따라서 이들 선진국간에는 동일한 품목을 수출하고 동시에 수입하는 사례가 점차 늘어나게 되었다. 예를 들어 일본이 미국이나 독일에 자동차를 수출하는 동시에 이들로부터 자동차를 수입하는 것이 보편적인 현상으로 자리잡게 된 것이다. 따라서 이러한 상황 하에서는 전통적인 산업간 무역은 발생할 수 없고 규모의 경제에 입각한 산업내 무역이 지배적 무역으로 등장할 수밖에 없다. 이 경우에 있어서 산업내 무역은 무역당사국들이 더 커진 통합시장으로부터의 혜택을 받기 때문에 비교우위로부터 얻는 이득보다 훨씬 더 큰 이득을 창출하게 된다. 즉 산업내 무역은 한 국가 내에서 생산할 수 있는 제품의 종류를 줄이기는 하지만 국내소비자들에게 교역을 통해 제품의 다양성을 증대시킨다. 따라서 보다 제한된 제품을 생산함으로써 한 국가는 높은 생산성과 낮은 비용으로 대량생산을 할 수 있게 되며 동시에 소비자는 선택의 폭이 확대되는 혜택을 볼 수 있게 되는 것이다.

그러면 왜 이러한 산업내 무역이 가능하게 되는 것일까? 크루그만(P. Krugman)은 독점적 경쟁시장의 이론에서 나오는 상품차별화(product differentiation)를 통해 이 현상을 설명하고 있다. 오늘날의 상품생산, 특히 공산품의 생산에서는 상품의 차별화가 광범하게 이루어지고 있다. 예를 들어 같은 승용차라고 하더라도 어떤 회사의 차는 안정성에 중점을 둔 반면 다른 회사의 차는 연료를 적게드는 경비절약형에 또는 쾌적한 승차감에 중점을 두는 등 회사마다 조금씩 다른 승용차를 만들어내고 있다. 그래서 실제 일본이 미국이나 독일에 수출하는 차는 주로 일반 국민들이 싸게 살 수 있는 중소형차들이다. 반면 벤츠, BMW같이 고급차들을 원할 때에는 이들 나라로부터 수입하게 되는 것이다. 즉 한 나라가 수출하는 품목과 수입하는 품목이 서로 같은 현상에는 이 같은 상품차별화가 있기 때문인 것이다.

그렇다면 일국이 원한다면 모든 종류의 차를 국내에서 생산할 수 있는데 왜 어떤 차종은 국내에서 생산하고 일부 차종은 수입에 의존하는 이유는 무엇인가? 이는 곧 규모의 경제효과 때문이다.

5) 국가경쟁력 이론

1990년 초 마이클 포터(M. Porter)교수는 무역의 방향을 결정하는 국가 또는 기업의 경쟁력은 다양한 요소에 의해 결정된다고 주장하며 다이아몬드 모델이라는 국제경쟁력 결정모델을 제시하였다.

포터는 다이아몬드를 형성하는 생산요소조건(factor conditions), 시장수요조건(demand conditions), 관련 및 지원산업(related and supporting industries), 기업의 전략 · 구조 및 경쟁관계(firm strategy · structure and rivalry)를 국가경쟁력을 결정하는 4가지 근본요소로 제시하는 한편 정부 (government)와 기회(chance)라는 2가지 변수를 국가경쟁력에 간접적으로 영향을 미치는 변수로 제시하여 통합적 접근을 시도하였다.

(1) 생산요소조건

요소 조건이란 숙련된 노동력이나 자본 그리고 원재료가 풍부한지 그리고 이를 합리적인 가격으로 이용할 수 있는지의 개념이다. 해당 산업에서 국제적으로 경쟁하는데 필요한 생산요소의 상대적인 양을 말하며 크게 부존요소(인적자원 ,물리적 자원, 재무적 자원, 사회간접자본)와 창출요소(정부나 기업들의 공동 노력에 의한 투자로 창출되는 요소)로 나눈다. 한 국가가 경쟁력을 보유하기 위해서는 다른 국가가 쉽게 모방할 수 없는 선진적이고 전문적인 생산 요소를 갖추어야 하며, 특히 질적 우위의 생산요소를 위해서는 연구 개발에 대한 투자가 매우 중요하다고 주장했다.

(2) 수요조건

수요 조건은 이러한 자원으로 만든 제품을 구입하려는 소비자들이 있는지의 관점으로 양적 요인뿐만 아니라 수요의 질적 요인까지 포함되며 특히, 수요의 질적 요인 안에는 수요자의 요구와 같은 내수시장에서의 소비자의 민감도를 중요시 했는데 이는 내수 소비자가 공급자의 경쟁력에 영향을 미친다고 판단했기 때문이다.

(3) 관련 및 지원 산업

경쟁력이 있는 관련 및 지원 산업이 국내에 존재해야 한다고 주장한다. 즉, 기업이 제품의 생산에 집중할 수 있도록 관련 산업 내 부품이나 관련 서비스 분야가 충분하게 받쳐주어야 해당 산업의 경쟁력도 함께 높아진다고 보았다. 이는 자국 지원 산업의 경쟁력이 해외 산업의 경쟁력보다 중요하다고 판단하였다. 이는 내국 지원 산업이 해외 산업 보다 협력 및 연구성과의 교류측면에서 용이하기 때문에 해당 산업의 발전에 더 많은 시너지효과를 준다고 본 것인데 결국 유관산업 간의 지리적 접근성이 매우 중요하며 특정 산업이 경쟁력을 가지기 위해서는 해당 산업을 중심으로 하는 클러스터(cluster) 형성이 중요하다고 주장하였다.

(4) 기업의 전략, 조직과 경쟁양상

기업 전략 · 구조 및 경쟁 조건은 기업들이 제품이나 서비스 개선에 의지가 있으며 시장이 경쟁적인지를 의미한다. 특히 국내에서 세계적 경쟁력을 가진 기업이 있을 때, 후발 주자도 국제경쟁력을 갖추기가 용이하다고 보았기 때문이다. 경쟁과 혁신을 효율적으로 소화할 수 있는 기업환경이 매우 중요하다고 주장하였다. 아울러 사회구성원이 공유하는 가치관(norm)도 기업의 경쟁과 혁신에 조화롭게 부합될 때 국가 경쟁력은 향상된다고 판단하였다.

이처럼 포터는 국가경쟁력을 동적인 관점에서 접근하고 있으며, 또한 전통 경제학에서 주장하는 국가경쟁력 변수를 모두 포함하면서 당시까지 알려지지 않았던 새로운 변수들을 포함하는 다이아몬드 모델을 제시함으로써 국가경쟁력 평가를 매우 포괄적으로 접근하였다. 과거 이론이 국가 경쟁력은 물려받은 부존자원에 의해 수동적으로 결정되며 양적인 측면만 보는데 비해, 포터의 모형은 경쟁력이 전략적 선택에 의해 능동적으로 결정되고 수요의 질적인 측면도 고려해야 한다고 봤다.

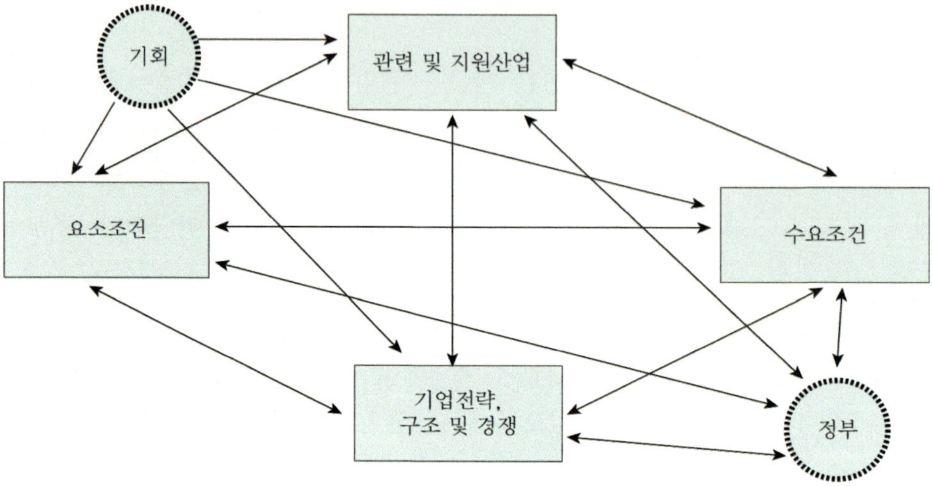

〈그림 3-2〉 포터의 다이아몬드 모델

제4장 무역정책

제1절 무역정책의 의의와 유형

1. 무역정책의 의의와 특성

무역정책은 한 나라 무역의 건전한 발전을 목표로 한 경제정책의 일부분이다. 무역정책은 오직 수출증대와 수입규제에 그 목적이 있는 것이 아니라 다른 국내 경제정책과 더불어 공업의 발전 · 고용의 증대 · 경제성장 · 국민생활수준의 향상 · 경제구조 및 기술수준 등 국민경제의 균형적 발전에 그 궁극적 목적이 있으며, 이 목적을 달성하기 위하여 다른 경제정책과 밀접한 관련을 맺고 있다.

한 국가의 대외 경제활동에서 야기되는 모순을 극복하기 위하여 정부는 직접 또는 간접적으로 무역업자가 수행하는 수출입행위를 규제 · 조정 · 촉진시키는데, 이와 같이 정부가 행하는 대외 경제활동에 관한 정책을 넓은 의미에서 무역정책이라 한다.

이러한 무역정책은 국내경제정책과는 달리 다음과 같은 특성을 지닌다.

① 일국의 무역정책은 그 국가뿐만 아니라 거래상대국, 즉 대외경제에까지 그

영향과 효과를 확산시킨다.

② 무역정책은 국내의 모든 경제정책을 포함한 종합적 정책의 성격을 지니게 된다. 즉 무역정책은 그 나라의 산업구조, 고용수준, 경기변동 등 모든 면에 영향을 미치게 된다.

③ 무역정책은 국제수지의 균형과 발전의 문제를 지닌다.

2. 무역정책의 목적

무역정책은 경제성장, 고용의 증대, 국내산업의 보호·육성 및 국제수지를 개선하고 자원의 효율적인 배분을 통하여 국민경제의 발전에 그 궁극적 목적이 있으며, 이 목적을 달성하기 위하여 다른 경제정책과 밀접한 관련을 맺고 있다.

1) 국내산업의 보호

무역정책의 가장 중요한 목표 중의 하나가 국내산업의 보호이다. 각국은 국내산업을 보호하기 위하여 강력한 수입규제조치를 취하고 있다. 외국의 우수한 상품이 저렴한 가격으로 국내시장에 진입한다면, 당해 국내상품은 외국의 기업과 강력한 경쟁에 부딪쳐 심각한 타격을 받게 되며, 이에 따라 그 국내산업은 생산활동을 단축시키거나 또는 조업을 중단시키지 않을 수 없다. 그 결과 국내산업의 위축으로 인하여 실업이 발생되며, 국민의 소득수준은 전반적으로 감소하게 된다.

2) 국제수지의 개선

국제수지의 개선 역시 무역정책의 중요한 목표이다. 오늘날 대부분의 국가는 보호무역을 통해 국제수지를 개선시키려고 많은 노력을 기울이고 있다. 각국이 국제수지 개선에 주요한 정책목표를 설정하고 있는 것은 국제수지가 그 나라의 대외경제활동을 반영하기 때문이다. 특히 각국이 국제수지개선에 적극적 정책을 실시하게 된 것은 외환시세를 안정시키기 위해서다. 그러므로 모든 나라는 국제수지를 개선하기 위하여 여러 가지 정책적 수단을 실시하고 있다.

3) 자원의 효율적 배분

자원의 희소성과 지역적인 편중으로 오늘날 자원의 확보는 경제발전과 밀접한 관련이 있다. 일반적으로 선진국에서는 자본이 풍부하지만 노동은 부족하고, 개발도상국에서는 노동이 풍부하지만 자본은 부족하다. 개발도상국에서는 노동이 풍부하다고 하지만, 그 노동은 현대의 생산기술하에서 그들의 국민경제를 능률적으로 운영하는데 부적합한 경우도 있다. 그러므로 이러한 노동을 효율적으로 배분하기 위하여 각국은 무역상의 정책적 조치를 취하고 있다. 이와 같이 국제분업을 통한 자원의 효율적 배분이 실현되며, 자원을 효율적으로 배분하기 위해서는 국제분업체제가 확립되어야 한다.

4) 고용증대

고용증대의 실현을 위해 무역정책의 목표가 설정된 것은 완전고용이 경제적으로 사회적으로 커다란 의의를 가지고 있기 때문이다. 경제적 측면에서 완전고용이 실현되지 않을 경우, 그 나라의 자원은 효율적으로 사용되지 않기 때문에 손실이 발생된다. 그리고 사회적 측면에서 보면 실업은 당해 노동인구를 사회적으로 퇴화시키기 때문에 윤리적 문제가 따른다.

현실적으로 잠재적 공급능력과 총유효수요간에 균형이 성립되기 어려우므로 이를 가급적 균형시키기 위하여 정책적 조치가 필요한 것이다. 무역정책면에서 완전고용의 실현을 위한 방법으로 수출을 확대시키고 수입을 억제시킴으로써 국내산업을 육성시키려고 하는 경향이 있다.

5) 물가안정

물가의 등귀는 국민경제의 안정기조를 파괴할 뿐 아니라 경제성장을 저해하고 완전고용에 악영향을 미친다. 뿐만 아니라 수출과 국민경제생활에 대하여 심각한 충격을 던진다. 그러므로 물가안정은 무역정책의 중요한 목표이다. 국내물가의 등귀는 국민경제의 내적요인과 외적요인에 의하여 발생하므로 이는 무역정책을 통하여 국내물가를 안정시키지 않으면 안 된다.

더욱이 오늘날 각국의 모든 국민경제는 개방체제하에 놓여 있기 때문에 국제경제의 변형에 따르는 수입인플레가 각국에서 만연되고 있다. 따라서 이러한 인플레를 극복하려고 한다면 국내경제책만으로는 부족하므로 필연적으로 무역정책을 동원하지 않으면 안 된다.

6) 경제성장

경제성장은 각국 경제의 주요한 목표다. 각국은 경제성장을 추구하기 위하여 경제개발계획을 수립하고 있으며, 이를 성공적으로 실현하기 위하여 국내경제의 여건을 정비하고 모든 정책적 수단을 동원하고 있다. 각국이 경제성장을 달성하려면 대내적인 재정금융정책 등 국내 경제정책만으로 절대 부족하다. 그러므로 수출촉진정책 · 수입억제정책 · 국제수지정책 등 대외무역정책을 수립하고 이 정책을 과감하게 실시하게 된다.

3. 무역정책의 유형

1) 중상주의 무역정책

중상주의(mercantilism)란 16세기~18세기 사이에 유럽 여러 국가에서 채택된 이른바 절대주의 시대의 경제정책으로 화폐(금 · 은)의 중시, 외국무역의 존중, 제조업의 보호 등을 특징으로 하고 있다. 중상주의 무역정책의 체제는 초기의 중금주의정책에서 무역차액정책으로 전환하였고, 이는 다시 산업보호정책으로 발전하게 되었다.

(1) 중금주의정책

중금주의는 중상주의 초기에 실시하였던 정책으로, 한 나라의 부는 금 · 는 등 화폐량에 정비례하므로 금 · 은의 국내유입을 촉진시키고 국외유출을 억제하려는 정책이다. 결국, 중금주의는 부의 기준을 금 · 는 등 귀금속의 국내축적량에 두었다. 중상주의 초기에 있어서 금 · 은의 채굴과 그 수입이 장려되고, 금 · 은의 수출이 금지된 것은 이 중상주의에 입각한 것이다.

(2) 무역차액정책

중상주의 초기에는 직접적으로 금 · 은의 수출을 금지하고 그 수입을 장려함으로써 귀금속의 국내 축적을 증가시키려고 노력했으나, 시대가 변천됨에 따라 상품의 수출에 의하여 금 · 은이 수입되고, 또 상품의 수입에 의하여 금 · 은이 수출된다는 점이 인식되었다. 따라서 당시 몇몇 나라에서는 직접적으로 금 · 은을 획득하는 것보다 무역을 통하여 간접적으로 이를 획득하려고 노력했다. 무역차액정책이란 금·은을 직접적으로 획득하는 것이 아니라 수출을 장려하고 수입을 억제함으로써 무역차액으로서 금·은을 유입하려는 것이다.

(3) 산업보호정책

중상주의의 후기에는 국내시장 확보와 외국시장의 확충을 통한 산업자본축적에 주력하였다. 당시 영국에서는 성숙된 그들의 공업을 후진국의 저임금 노동경쟁으로부터 보호함으로써 무역차액을 획득하고 또 국내의 고용수준을 확보하려는 정책을 실시하였는데 이것이 산업보호정책이다.

후기 중상주의 시대에 있어서 산업보호정책의 중요한 수단은 관세였으며, 관세를 통하여 외국상품의 수입과 소비를 억제하는 동시에 국내산업을 보호하려고 했다.

2) 자유무역정책

(1) 자유무역론의 대두

절대주의 시대의 중상주의정책은 18세기에 들어와 아담 스미스(A. Smith) 등에 의해 비판되었고, 각국은 자유무역정책으로 전환하게 되었다. 자유무역사상은 처음에 케네(F. Quesnay)에 의해 주장되었고(중농주의적 자유방임사상) 이후 아담 스미스에 의하여 이론적 기초가 확립되어 영국에서 자유무역정책으로 실시되기에 이르렀다.

(2) 아담 스미스의 자유무역론

스미스는 중상주의를 비판하고 자유무역론을 전개했는데, 그의 자유무역론은 영국의 경제발전을 배경으로 전개되었다. 그의 무역론은 크게 국제분업론, 자유경쟁론, 소비자이익론으로 요약된다.

3) 보호무역정책

(1) 보호무역론의 대두

제1차 세계대전 이후 산업혁명을 늦게 겪은 미국과 독일을 중심으로 보호무역론이 대두되었으며 그 근거는 후진국은 선진국과의 무역경쟁에서 불리하기 때문에 국내산업을 선진국의 위험으로부터 보호하기 위한 것이었다.

선진국인 영국이나 프랑스에 비해 미국이나 독일은 산업에 있어 뒤떨어져 있었기 때문에 선진국과 자유무역을 통해 경쟁을 하면 불리하기 마련이다. 보호무역을 주장한 대표적 인물은 미국의 해밀턴(A. Hamilton)과 독일의 리스트(F. List)였다.

(2) 해밀턴의 보호무역론

건국초기 미국은 영국이나 프랑스에 비하여 공업이 유치(幼稚)한 단계에 있었는데 해밀턴은 미국의 공업을 보호·육성하기 위하여 보호무역정책을 실시해야 한다고 주장했다. 이러한 해밀턴의 보호무역이론을 산업분화론 또는 공업보호론이라 한다. 그는 미국의 공업이 유럽제국에 비하여 아직 유치한 단계에 있음으로 보호정책을 실시해야 한다고 주장했다. 미국은 공업을 보호육성하기 위한 정부의 보호조치를 촉구하면서 공업보호의 방법으로서 관세의 부과, 수출입의 금지, 면세조치, 보조금 및 장려금의 지급 및 검사제도의 실시 등을 제창하였다.

(3) 리스트의 보호무역론

리스트는 스미스의 자유무역주의 이론과 그 정책의 타당성을 배격하고 경제정책에 대한 국가의 역할을 중시하면서 국민경제의 여거에 입각하여 실천적 이론을 수립했다. 리스트는 각국의 경제발전단계가 다르므로 무역정책도 달라져야 한다고 주장했다. 독일은 당시 농공시대에 속해 있고 영국은 농공상시대에 속해 있으므로 무역정책도 다를 수 밖에 없다. 당시 독일은 농공상태에 있었으므로 영국의 경제공세로부터 국내의 유치산업을 보호하기 위해 독일이나 미국은 보호무역정책을 채택해야 했다.

(4) 유치산업보호론

보호무역정책에 가장 유력한 근거를 제공하는 것은 유치산업보호론(infant industry protection argument)이다. 리스트에 따르면 보호관세에 의해 선진국 상품의 수입을 억제하여 후진국의 유치산업을 보호·육성하고 선진국과 상품과의 자유경쟁에서 견딜 수 있도록 발달시켜야 한다는 것이다. 여기에서 유치산업보호론이란 1국에 있어서 장래 성장가능성이 있는 유치한 산업을 보호하고 그 산업의 성장을 촉진시키려는 것을 말한다. 이상과 같은 내용의 유치산업보호론에 관하여 자유무역론자도 그 자체를 반대하지는 않았고, 실제로 각 나라의 정책에 반영되었다.

4) 전후의 무역정책

(1) 전후의 자유무역정책

제2차 세계대전 후 IMF와 GATT 등의 국제 경제협력기구를 중심으로 하여 1950년대 초반 서유럽에서 무차별 다각적 자유무역체제가 다시 부활되기 시작하였다. 이때의 무역자유화는 스미스 이후의 고전적인 무역자유화와 비교하여 다음과 같은 특징이 있다.

① 자국의 이익뿐만 아니라 타국의 경제발전을 고려한 개방적인 경제체제로의 이행을 추구하였다.

② 무역자유화의 방향이 국제분업의 이익이라는 측면보다는 자국의 대량생산품을 판매하기 위한 시장확보에 주력하였다.

(2) 신보호무역론

1960년대에 비교적 순조롭게 발전하였던 세계경제는 1970년대에 들어와 국제무역환경의 급변, 두 차례의 오일쇼크로 전후 최대의 불황을 맞아 선·후진국을 막론하고 대부분의 국가들이 국제수지악화, 실업문제, 저성장 및 고율의 인플레 등 곤란을 겪게 되었다. 특히 선진제국을 중심으로 수입규제의 압력이 고조되었으며 아울러 이미 경쟁력을 상실한 산업까지도 인위적인 무역장벽으로 보호하려는 이른바 신보호주의의 강화추세는 불가피하게 되었다.

신보호무역주의의 특징은 다음과 같다.

① 종전에는 후진국에 의하여 보호무역주의가 주도되었으나, 신보호무역정책은 선진국들에 의해 주도되었다.

② 관세부과는 GATT정신에 위배되므로 비관세장벽을 주요 정책수단으로 한다.

③ 후진국의 유치산업 보호가 아니라 선진국의 정체산업 및 사양산업을 보호하기 위해서 실시된다.

(3) 다자주의와 지역주의

2차세계대전 이후 자유무역체제를 지탱하여 온 기본정신인 GATT체제가 근본적으로 변화되고, 자국의 이익을 앞세우는 이른바 경제적 신중상주의, 다자간의 협상이 아닌 쌍무적인 협상체제로 국제무역이 변화되어가고 있다. 다시 말하면, 세계경제질서는 다자주의와 지역주의 대립이 계속되는 가운데 새로운 균형을 모색하고 있다.

① 다자주의 : 다자주의는 국가간 아무런 차별 없이 상품, 서비스 그리고 자본의 자유로운 이동을 촉진시키는 것을 목적으로 하고 있으며, 무역자유화를 주창하고 있다.

② 지역주의 : 지역주의는 내부 의존적이어서 보호무역적 색채를 지니고 있을 뿐만 아니라 역외국가보다 역내국가 사이의 자유무역을 강조함으로써 다자주의의 무차별원칙에 저해되고 있다.

제2절 무역정책의 수단

1. 관세와 비관세장벽

1) 관세의 의의 및 성격

(1) 관세의 의의

관세(tariff or customs duties)는 관세영역을 통과하는 상품에 대하여 정부가 강제적으로 부과 · 징수하는 조세이다. 관세는 수출입물품에 대하여 부과하는 물품세이며 수시세의 성격을 가지고 있을 뿐 아니라 법률이나 조약에 근거하여 부과 · 징수되는 간접소비세라 할 수 있다.

관세를 부과하는 목적은 국가의 재정수입을 올리기 위한 경우와 국내산업을 보호하기 위한 경우가 있는데, 전자를 재정관세, 후자를 보호관세라 한다. 재정관세는 저율관세이고 보호관세는 고율인 것이 일반적으로 관세는 무역(특히 수입)에 대한 간접적인 통제수단으로 자유무역을 제한하는 요인이 되고 있다.

2) 관세의 종류

(1) 과세의 기회에 따른 구분

① 수입세(import duties) : 수입상품에 부과하는 관세로서, 이는 오늘날 가장 보편적인 관세의 형태이다. 재정수입을 목적으로 하는 재정관세나 국내산업을 보호하려는 보호관세는 일종의 수입세이다.

② 수출세(export duties) : 수출상품에 부과하는 관세로서, 이는 특수한 경우에만 부과하고 대부분의 국가에서는 이를 부과하지 않는다.

③ 통과세(transit duties) : 통과세는 한 나라 또는 한 관세구역을 통과하여 다른 나라로 송부하는 화물에 대하여 부과하는 관세이다.

〈표 4-1〉 관세의 종류

구 분	종 류
과세 기회 기준	수입세 · 수출세 · 통과세
과세 방법 기준	종가세 · 종량세 · 혼합세
과세 목적 기준	재정(수입)관세 · 보호(산업)관세
관세율 수 기준	단일세 · 다수세
세율결정 근거 기준	국정관세 · 협정관세
제도의 성격 기준	일반관세 – 국정관세 · 협정관세
	특혜관세 – 기존특혜 · 일반특혜
	차별관세 – 국가할증관세 · 간접(수입)할증관세
	탄력관세 – 덤핑방지관세 · 보복관세 · 긴급관세 · 상계관세 · 편익관세 · 관세할당제도

(2) 과세의 방법에 따른 구분

① 종가세(ad valorem duties) : 물품의 가격을 세액결정의 기초로 하여 수입물품의 가격을 과세 기준으로 삼는 과세 제도이다.

② 종량세(specific duties) : 종량세는 상품의 수량을 기준으로 하여 부과하는 관세이며, 세관검사 직원은 수입물품의 개수, 중량, 길이 등을 확인하여 수입세율표상에 표시된 해당 품목의 세액을 적용하면 되는 것이다.

③ 혼합세(combined duties) : 혼합세는 종가세와 종량세를 혼합한 것으로 이는 선택세(selective duties)와 복합세(compound duties)로 나누어진다. 이는 국내산업을 특별히 보호하려고 할 때 이용된다.

(3) 과세의 목적에 따른 구분

① 재정관세(revenue tariff, financial duties) : 재정관세란 정부의 재정수입 확보를 위해 수출입상품에 부과되는 관세를 말한다. 이를 세입관세 또는 수입관세라고도 한다. 재정관세는 국내 소비세와 동일한 성격을 가지고 있으며 주로 재정수입을 목적으로 부과된다.

② 보호관세(protective duties) : 보호관세란 국내산업을 보호육성하기 위해 수입품에 대하여 부과되는 관세를 말한다. 대부분의 나라에서 부과되는 관세는 보호관세의 성격을 띠고 있다. 보호관세는 이러한 관세상의 목적을 지니고 있으므로 과세에 의하여 수입품의 가격이 상승되고 이에 따라 수입이 억제되어야 한다. 결국 보호관세는 수입품의 국내가격을 상승시켜 수입을 억제시킴으로써 국내산업을 보호하는 장점을 지니고 있다.

(4) 세율결정의 근거에 따른 구분

① 국정관세(general tariffs) : 한 나라의 법률에 의해 자주적으로 정하는 관세율을 국정세율이라 하고, 이러한 세율을 적용하는 관세를 국정관세 또는 자주관세라고 한다.

② 협정관세(conventional tariffs) : 한 나라가 다른 나라와 조약에 의하여 특정상품의 세율을 정하는 경우를 협정세율이라 하며, 이러한 세율의 적용을 받는 관세를 협정관세라 한다.

3) 탄력관세제도

(1) 탄력관세제도의 의의 및 기능

탄력관세제도(flexible tariff system)란 관세율의 변경권을 행정부에 위임하는 제도, 즉 법률(관세법)이 일정범위내에서 관세율의 인상 또는 인하를 행정부에 위임함으로써 행정권은 경제여건의 변동에 신속하고 신축성있게 대응할 수 있게 하는 것이 탄력관세제도이다.

탄력관세가 발동되는 일반적인 경우를 살펴보면 ① 수입물품의 가격하락에 따른 수입증대로 인하여 저해받는 국내산업을 보호하기 위하여, ② 수입증대로 인한 국제수지의 악화를 방지하기 위하여, ③ 외국상품의 국내시장 확대를 막아서 국내산업을 보호하기 위하여, ④ 국내공급이 부족하여 국내가격이 폭등하는 경우에 수입을 증가시켜 국내물가를 안정시키기 위하여, ⑤ 산업구조의 급격한 변동으로 품목간의 세율조정의 필요가 있는 경우 등에 사용된다.

(2) 탄력관세의 종류

① 덤핑방지관세(anti-dumping duties)

덤핑방지관세는 자국상품의 수출증대를 위하여 수출가격을 낮추어 수출하는 경우에 수입국에서 수입증가를 방지하고 국내산업을 보호할 목적으로 기본관세 이외에 덤핑마진 금액 이하의 관세를 부과하는 것이다.

② 보복관세(retaliatory duties)

보복관세는 외국이 자국상품에 대하여 부당한 수입관세나 차별대우를 취하는 경우, 이에 대한 대응으로 외국으로부터 수입되는 물품에 대하여 보복적으로 부과하는 관세를 말한다.

③ 긴급관세(emergency duties)

긴급관세는 특정물품의 갑작스러운 수입증가로 인하여 국내산업에 중대한 피해를 가져오거나 피해의 위협이 존재는 경우에 이를 대응하기 위해 특정수입물품에 관세율을 높여서 부과하는 것을 말한다.

④ 상계관세(countervailing duties, compensation duties)

상계관세는 수출국에서 제조. 생산 또는 수출에 대해 직.간접적으로 보조금 (subsidy), 장려금(bounty)을 받은 물품이 수입되어 국내산업이 실질적인 피해를 받거나 받을 우려가 있는 경우에 국내산업을 보호할 필요가 있다고 인정될 때, 수입국에서 그 경쟁력을 상쇄하기 위하여 부과하는 할증관세이다.

⑤ 할당관세(tariff quota)

할당관세는 특정물품을 국가가 정한 일정수량의 범위 내에서 수입될 때에 는 저율의 관세를 부과하고, 일정수량을 초과하여 수입될 때에 는 고율의 관세를 부과하는 제도로 '이중관세율제도'라고 한다.

4) 비관세장벽의 의의

비관세장벽(Non-Tariff Barrier : NTB)은 그 형태나 성격 그리고 그 영향이 매우 복잡하고 다양하여 그에 대한 정확하고도 통일성 있는 정의를 내리기가 상당히 어렵다.

비관세장벽이란 볼드윈은(R. E. Baldwin)은 비관세장벽이란 정부 또는 민간이 국제간에 거래되는 재화 및 용역 또는 이들 재화 및 용역을 생산하는 데 사용되는 자원을 세계의 잠재적 실질소득이 감소되도록 배분하는 일체의 수단을 말한다고 정의하고 있고, 월터(Ingo Walter)는 비관세장벽을 국제무역의 규모, 흐름 또는 상품구성을 왜곡시키는 정부의 모든 정책과 관행을 포괄적으로 지칭하는 것이라고 하였다.

무역을 행하는 국가들의 영향은 ① 자원의 최적배분을 저해하고, ② 무역을 왜곡시켜 국제무역에 악영향을 미치며, ③ 실질소득을 감소시키게 된다. 즉 세계경제면에서는 국제무역량을 감소시키고 세계후생수준을 저하시키는 조치로서 정부나 민간이 실시하는 관세 이외의 인위적인 규제조치를 말한다.

5) 비관세장벽의 유형

주요한 비관세장벽의 유형에 대하여 살펴보면 다음과 같다.

(1) 수입할당제

수입할당제(import quota system)는 외국으로부터의 상품수입을 원칙적으로 허용하면서, 이를 양적으로 또는 금액상으로 할당하여 일정한 부분에 한하여 수입을 허용하는 수입제한조치를 말한다.

수입할당제에는 자주할당과 협정할당이 있다. 자주할당은 수입국이 독자적으로 할당내용을 결정하는 것이며, 협정할당이란 한 · 미 섬유류협정과 같이 수입국의 정부, 무역업자, 산업단체, 상공회의소 등과 함께 상대국의 관계자와 협의하여 할당에 관한 국제협정이나 민간협정을 체결하는 것을 말한다.

관세와 수입할당은 그 효과가 매우 유사하지만 이들을 비교하면 다음과 같다. 첫째, 관세가 가격기구를 통한 직접적인 수입규제정책인데 반해, 수입할당은 수량규제를 통한 직접적인 수입규제정책이다. 둘째, 관세는 관세를 부과하여 가격이 상승할 경우 상품에 대한 국내수요의 수 요탄력성이 작으면 수입규제효과가 약할 수 있으나, 수량제한의 경우에는 수입제 한의 효과가 확실하고 국내산업을 보호하는 강력한 수단이 된다.

(2) 통관 및 수입절차

통관 및 수입절차는 수입 과정상 반드시 거쳐야 할 절차로 수입에 적지 않은 영향을 준다. 통관의 지연이나 복잡한 통관 및 수입규칙, 과도한 수입관련수수료 등은 무역의 장벽이 된다.

(3) 기술규제

기술규제는 국가의 표준이나 기술 등에 대한 행정적인 규정으로 표준화는 상품의 효율적인 생산, 유통 및 소비를 위하여 그 형태, 치수, 소재, 기능, 안전성과 같은 기술적인 특성을 통일하는 것을 말한다. 표준화제도는 오늘날 상품의 대량생산과 대량유통 그리고 소비생활의 향상에 필수적인 것이 되고 있다.

(4) 수출자율규제

수출자율규제(export voluntary restraints)는 일국의 특정 상품수출이 수입국의 동종산업에 심각한 피해를 줄 경우, 수입국이 수출국에게 무역제한조치를 가하겠다는 위협을 가함으로써 수출국이 스스로 상품의 수출을 자제하도록 유도하는 규제방법을 의미한다. 이 수출규제는 일반적으로 수입국의 요구에 의하여 이루어지고 있다. 수입국이 일방적으로 수입제한 등의 무역규제조치를 취했을 때에는 수출국이 이에 상응하는 보복조치를 취할 가능성이 크기 때문에, 미리 수출국과 수입국이 협의하도록 한 GATT의 규정으로부터 발생했다고 볼 수 있다.

수출자율규제의 효과는 수입할당과 비슷하지만, 수량할당과는 달리 수량제한으로부터의 이익이 수입국의 수입업자나 정부에 귀속되지 않고 수출국에 귀속된다는 점이 다르다. 따라서 수입국의 입장에서는 수입할당보다 불리하지만 수출국의 보복을 받을 가능성이 적고, GATT의 제재를 피할 수 있다는 점에서 채택의 유인책이 되었던 것이다.

(5) 수출입링크제

수출입링크제(export-import link system)란 수출과 수입을 연계시켜서 일정한 수출(혹은 수입)과 교환할 것을 조건으로 수입(혹은 수출)을 정부가 인정하는 제도이다. 여기에는 먼저 원자재 등을 수입 허가하고, 일정한 기간 내지 그 원자재를 사용하여 만든 제품의 수출을 의무화시키는 방식의 수출의무제와 제품의 수출실적에 따라 수입할 수 있는 권리를 부여하는 방식인 수입권리제가 있다.

(6) 관세평가

관세평가(customs valuation)란 수입품의 과세가격을 결정하는 일련의 절차나 방법을 의미한다. 일반적으로 수입품은 복잡한 제조과정과 운송과정을 거치므로, 관세율이 일정하다 하더라도 어떤 시점에서의 가격을 기준으로 평가하느냐에 따라 실제 관세액은 크게 차이가 나게 된다. 이러한 허점을 악용하여 수입제한의 목적으로 사용하는 것이 관세평가이다.

(7) 보조금

보조금(subsidy)은 국가가 특정 정책목표를 달성하기 위하여 산업 및 기업활동에 제공하는 금융·조세상의 각종 지원을 말한다. 여기에는 직·간접적인 자금이전, 세입의 포기, 재화와 용역의 제공 및 구매가 포함된다. UR협정에서의 보조금의 종류는 금지보조금, 상계가능보조금, 허용보조금으로 구분된다.

금지보조금은 무역왜곡효과가 명백하거나 우려되는 경우를 대상으로 하며, 수출 또는 국내생산품 사용을 촉진할 목적의 보조금이 이에 해당된다. 상계가능보조금은 보조금지급이 상대국에 심각한 피해를 입히는 경우 상계관세부과 대상이 되는 보조금이다. 한편 허용보조금은 특정성이 없거나, 특정성이 있다 하더라도 연구개발지원이나 지역개발지원 및 환경보존을 목적으로 지급되는 경우와 같이 상계조치를 취할 수 없는 보조금을 의미한다.

수출상품에 대해 보조금이 지급되면 수출증가 등의 효과가 나타나지만, 보조금의 지원을 받은 수출산업은 지나친 보호를 받게 되어 산업의 경쟁력이 약화되고 자원의 합리적 이용을 저해시키는 동시에, 무역을 왜곡시키는 경향이 있다. 보조금의 지급을 둘러싼 무역갈등이 빈번하면서 상대국의 보조금으로 인한 자국의 피해를 최소화할 수 있는 합법적인 방어수단이 상계관세이다.

(8) 원산지규정

원산지규정은 제품의 원산지를 판단하는 기준이나 확인방법 또는 절차 등을 규정한 제반 법규나 행정적 절차를 의미한다. 특정 국가가 무역을 관리함에 있어서 제품의 원산지 확인은 관세의 결정, 쿼터의 관리, 덤핑 및 보조금의 판정, 소비자 정보제공, 통상정책의 수립이나 무역관리를 위한 통계작성 등을 위해 필요하다. 그러나 국가가 특정 제품을 수입할 때 이와 관련하여 과도한 부담을 가함으로써 간접적인 무역제한수단으로 활용될 수도 있다. WTO에서는 원산지규정에 의한 무역장벽요인을 축소하기 위한 원산지규정협정을 두고 있다.

(9) 정부조달정책

정부조달이란 정부가 활동하는데 필요한 물자나 공공사업을 추진하는데 필요한 물자를 구매하는 것을 의미한다. 그러므로 정부의 물자조달정책은 외국제품의 수입에 영향을 미친다. 예를 들면, 미국의 경우 “Buy American Policy”에 따라 미국 국방성의 물자조달계획에 있어서 미국제품은 외국제품에 비해 많은 가격특혜를 주고 있다. 또한 우리나라의 경우도 여러 분야에서 국산품의 구매를 우선하도록 하는 정책을 채택하고 있다.

(10) 덤핑

덤핑(dumping)은 원가 이하의 저렴한 가격으로 상품을 판매하는 것으로서 무역에서 의미하는 덤핑 수출국의 생산자 혹은 수출자가 수출국내에서 통상적으로 거래되는 정상가격보다 낮은 가격으로 수출하는 것을 의미한다. 반덤핑관세(anti-dumping duties)는 수입국의 정부가 수출업자가 덤핑을 하였다는 증거를 확보하고 국내의 동종산업이 덤핑수입으로 인하여 실질적 피해를 입었거나 입을 우려가 있다고 판 단되는 경우에는, 그러한 덤핑행위를 시정함으로써 공정한 경쟁관계를 확립하고 국내산업을 보호하기 위한 목적으로 덤핑차액 이하에 상당하는 관세를 부과하는 것을 의미한다.

반덤핑관세는 긴급수입제한조치와는 수입으로부터 발생하는 국내산업의 피해를 구제하기 위해 수입을 제한하는 측면은 동일하다. 그러나 긴급수입제한조치는 수출업자의 공정한 수출에도 불구하고 수입국의 수입이 증가하여 산업피해가 발생되었을 때 취해지는 조치인 반면, 반덤핑관세는 수출국이 WTO협정에 금지되어 있는 불공정무역행위를 자행함으로써 수입국의 산업에 피해를 줄 경우 관세를 부과한다는 측면에서는 다르다.

〈표 4-2〉 주요 비관세무역장벽

특정한 제한	관세-행정적 규칙
1. 할당제 2. 수입라이센스 3. 외국상품과 국내상품의 비율 4. 최저수입가격제한 5. 통상금지 6. 쌍무적 협정 7. 자율적 수출제한 협정 8. 규제적 마케팅협정	1. 관세평가제도 2. 반덤핑규칙 3. 관세분류제도 4. 문서 제 요구 5. 수수료 6. 품질 · 검사표준의 불일치 7. 포장 · 레이블 마케팅의 표준

정부관여	수입부과금	기 타
1. 정부조달정책 2. 수출보조금 및 유인 3. 상계관계 4. 국내기업원조계획 5. 무역전환원조	1. 사전수입적립금 2. 특별보완관세 3. 수입신용차별화 4. 변동관세 5. 국경세	1. 불매운동 2. GSP철회

2. 수출입물품관리

물품의 수출입에 대한 관리로서 수출입공고와 수출입허가 등을 통한 관리 · 통제 · 제한 · 감독의 일체의 행위를 말한다.

1) 수출입공고

수출입공고란 개별적인 수출 · 수입물품에 대한 수출 · 수입의 제한 여부에 관한 종합계획으로서 관세 또는 외환의 조작에 의한 수출입규제방식이 간접적인 규제방식인 데 반하여, 이는 수출·수입에 관한 직접적인 규제방식의 하나이다.

수출입에 관한 직접규제방식으로 다음과 같이 공고하는 것을 말한다.

① 물품의 수출입에 관한 자동승인품목, 제한승인품목 또는 금지품목 등의 구분
② 제한승인품목의 품목별 수량·금액·규격 또는 지역 등의 제한
③ 무역의 지속적인 증대 또는 통상정책상의 필요에 의하여 대통령이 정하는 물품의 수출입에 관한 사항
④ 물품의 수출입에 관한 추천 또는 확인

이러한 수출입공고는 일정한 실시기간 없이 영속적인 효력이 있으며 필요시 산업통상자원부장관이 관계기관과의 협의와 무역정책심의회의 심의 등을 거쳐서 변경·공고하게 된다.[7)]

2) 수출입별도공고

수출의 지속적인 증대와 무역의 균형화를 촉진하기 위하여 필요한 경우 수출입공고의 규정을 적용하지 않고 별도의 공고를 적용할 수 있도록 마련하고 있는 것이 수출입별도공고이다. 수출입별도공고는 수출입공고, 대외무역법시행령상의 별도규정에 의한 수출입승인요령 및 별도조치를 정하는 데 그 목적이 있다.

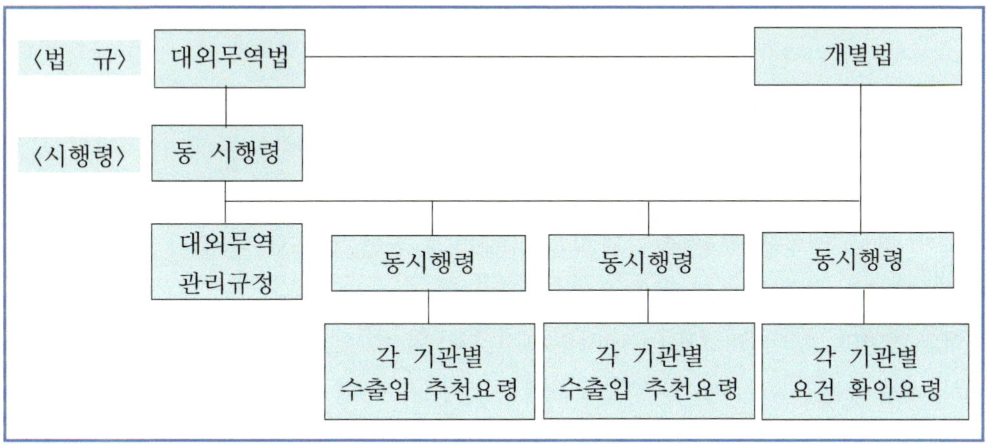

〈그림 4-1〉 수출입물품 관리체계

7) 대외무역법 시행 이전에는 수출입공고가 1년을 상·하반기로 책정, 공고되었으나 1987. 7. 1 일부터 계속적인 효력을 갖게 되었다.

3) 통합공고

통합공고는 대외무역법 이외의 법령(특별법)[8]에 의하여 물품의 수출과 수입요령을 정한 것이 있는 경우 산업통상자원부장관이 그 법령에 의하여 정한 물품의 수출·수입요령을 통합해서 공고하는 것을 말한다.[9]

통합공고의 목적은 수출입승인 및 통관업무의 간소화와 무역질서유지를 위하여 다른 법령이 정한 물품의 수출 또는 수입의 요건 및 절차에 관한 사항을 조정하고 이를 통합하여 규정하는데 목적이 있다.

4) 수출입공고와 통합공고와의 관계

수출입승인기관의 장은 수출 또는 수입승인하고자 하는 물품에 대하여 전술한 통합공고상에 수출·수입요령을 정한 것이 있는 경우에는 동 수출 또는 수입요령상의 요건을 충족한 경우에 한하여 수출입공고(산업통상자원부 고시)가 정하는 바에 따라 수출 또는 수입 승인할 수 있다.

5) 수출입 품목분류 및 수출입공고상 품목구분

(1) 수출입 품목분류(HS코드)

수출입공고상의 품목분류는 1988년 1월 1일부터 신국제통일상품분류(The Harmonized Commodity Description and Coding Systen : HS) 방식을 채택하여 사용하고 있다. HS는 1988년 국제협약으로 채택된 국제통일상품분류체계(Harmonized Commodity Description and Coding System)의 약칭이다. 국제통일상품분류체계는 대외 무역거래 상품을 숫자 코드로 분류하여 상품분류 체계를 통일함으로써 국제무역을 원활하게 하고 관세율 적용에 일관성을 유지하기 위한 것으로, 관세나 무역통계, 운송, 보험 등 다양한 목적에 사용하고 있다.

국제협약에 따라 HS코드는 10자리까지 사용할 수 있다. 6자리까지는 국제 공통으로 사용하는 코드로서 앞의 1~2자리는 상품의 군별 구분, 3~4자리는 소분류로

8) 물품의 수출입에 관한 다른 법령에 특별한 규정이 있는 경우에는 특별법을 우선 적용하고 수출입공고에 따르도록 되어 있으며, 특별법을 관장하는 관계행정기관장은 통합공고에 필요한 대상품목 및 수출입요령을 산업통상자원부장관에게 제출하여야 한다.

9) 대외무역법 제18조 제2항.

동일류 내 품목의 종류별 · 가공도별 분류, 5~6자리는 세분류 동일호 내 품목의 용도 · 기능 등에 따른 분류이다. 7자리부터는 각 나라에서 세분화하여 부여하는 숫자인데, 우리나라는 한국통일상품분류방식(Harmonized System Korea : HSK)을 만들어 세계 공통인 HS 6단위에 자체 분류 4자리를 합하여 도합 10자리를 사용하고 있다.

〈표 4-3〉 품목분류방법의 비교

구 분	SITC	CCCN	HS
단위부여	국제공동 5단위	국제공통 4단위 자국용 4단위	국제공통 6단위 자국용 4단위
분류기준	1) 선 : 가공 단계별 2) 후 : 구성 재료별 ① 원료와 제품의 분류가 다름 ② 무역량이 많은 것 중심으로 세분 • 세율의 고저 불문 • 주요 교역품 ③ 무역량이 적은 것은 고관세 물품이라도 세분 안함	1) 선 : 구성재료별(83류 이하) 용도기능별(84류 이상) 2) 후 : 각 분류 내에서 가공단계별 분류, 원료와 제품이 동일한류에 일괄 분류 ① 무역량의 다소에도 불구하고 다음 조건으로 세분 • 사업보호, 관세징수용품 • 높은 부가가치품 • 귀중품 ② 무역량이 많아도 다음 품목은 세분 안함 • 저세율품 • 무세품	1) CCCN 분류원칙 원용 2) 보충(응용적 분류) • 응용기준 : 무역량, 신상품 개발, CCCN 분류상 문제점 등을 감안하여 CCC의 HS 전문위가 결정

(2) 수출입공고상의 품목구분

우리나라의 수출입공고는 1967년 GATT[10] 가입을 계기로 1967년 7월 25일부터 Positive List System에서 Negative List System으로 변경하여 공고하고 있다. Positive List System은 수출입가능품목만을 열거하는 방식인데 반하여 Negative List System은 수출입금지 또는 제한품목만을 수출입공고상에 열거하고 열거되지 않은 품목은 원칙적으로 수출입을 개방하는 제도이다.

① 수출입금지품목(export and import banned items) : 수출입을 전혀 할 수 없는 품목으로 현재 우리나라는 수출입공고에 의해 수출입금지품목으로 지정된 품목은 하나도 없다.

② 수출제한승인품목(export restricted items) : 일정한 제한조치(수출요령)에 따라 수출할 수 있는 품목으로 수출입공고상 수출요령에 명시된 관련기관의 추천을 받아야 수출이 가능한 품목을 말한다.

③ 수출자동승인품목(export automatic approval items) : 수출입공고상 관련기관의 수출추천품목표에 열거되어 있지 않은 품목으로 외국환은행장의 승인만으로 자유로이 수출할 수 있는 품목이다.

④ 수입제한승인품목(import restricted items) : 수출제한품목과 같이 일정한 제한조치(수입요령)에 따라 수입할 수 있는 품목으로 수입요령에 명시된 관련기관의 추천을 받아야 수입할 수 있거나 수입할 수 없는 품목이다.

⑤ 수입자동승인품목(import automatic approval items) : 수출입공고상 관련기관의 수입추천품목표에 열거되어 있지 않은 품목으로 외국환은행장의 승인만으로 자유로이 수입할 수 있는 품목이다.

---

10) 관세와 무역에 관한 일반협정(GATT: Generai Agreemenet on Tariffs and Trade)은 무역협정을 통한 세계경제 전체의 번영을 목적으로 1947년 10월 미국, 영국, 프랑스 등 23개국이 제네바에서 조인한 국제적인 기구이다. GATT는 국제무역의 확대를 위하여 상호주의 및 무차별주의를 지도원리로 하고 있으며, 국내산업의 보호는 세관에 의하여 행해져야 하고, 기타의 방법 특히 수입 수량제한을 금지하고 있다.

제5장 세계무역환경

제1절 무역환경의 변화와 WTO출범

2차 대전 이후 미국을 중심으로 한 주요국들은 세계 경제 질서의 확립이라는 취지로 GATT체제를 출범시켰다. 그러나 GATT체제는 상품무역의 자유화에만 초점을 맞춘 것이었다. 그런데 경제발전과 더불어 상품이외의 요소이동의 자유화와 더불어 서비스교역과 관련된 규제 및 아이디어 무역과 관련된 지적재산권의 침해 등 각 국들 간의 무역 분쟁이 끊임없이 제기되었다. 이러한 문제를 해결하기 위해 GATT의 8차 라운드 즉 UR협상에서 서비스 및 지적재산권 등의 의제를 포함시키고 이의 구체화에 필요한 협상이 무려 7년 반 동안 진행되었다. 그 후 1994년 4월 모로코의 마라케시에서 개최한 UR각료회의에서 마라케시 선언을 채택하였고, UR최종의정서, WTO설립협정, 정부조달협정 등에 서명하였다. 그 결과 GATT체제를 대신하여 새로운 세계무역질서를 세우고 UR협정의 이행을 감시하는 국제기구로서 1995년 1월1일 WTO가 설립되었다.

WTO는 UR협정의 사법부 역할을 맡아 국가 간 무역 분쟁에 대한 판결과 강제집행권이 있으며 규범에 따라 이를 조정하는 역할을 한다. 그리고 관세인하 요구,

수량제한의 금지, 반덤핑, 상계관세 등의 부과 등 GATT에 없었던 준사법적 권한과 구속력을 행사할 수 있도록 하였다. 따라서 GATT의 기능을 강화하여 서비스, 지적재산권 등 새로운 교역과제를 포함시켜 회원국의 무역관련 규범, 제도, 관행 등을 제고시켰다. 또한 의사결정방식은 과거 합의에 의한 만장일치방식에서 다수결 원칙을 도입하였다. 현재 WTO의 회원국은 2022년 현재 164개국이며 본부는 스위스 제네바에 두고 있다. WTO체제 출범 이후(1995.1.1) 세계무역질서는 근본적으로 변하고 있다. 이른바 국경없는 경쟁의 시대(bordless world), 기업중심의 경제(enterprise economy)시대가 가속화되고 있다. 비교우위론은 옛말이 되었고 절대우위론이 득세하는 시대가 된 것이다. 세계적인 경쟁에서 오직 최강자만이 살아남는 추세가 갈 수록 심화되고 있으며, 환경 · 노동 · 공정경쟁 등 새로운 통상이슈들이 단위국가를 떠나 세계적인 이슈로 부상하고 있다.

1. WTO체제의 특징

1) 규범성

WTO체제는 GATT체제하에서 빈번하게 발생했던 일방적이고 결과 지향적(result oriented)인 것이 아니고 다자적이고 규칙 지향적(rule oriented)인 체제이다. 이러한 다자적 규칙지향적인 관계설정은 GATT체제에서 결과에 의한 강대국에 의한 힘의 행사가 가능했던 일방적주의적 문제해결방식인 양자주의(bilateralism)에서 규칙지향적인 다자주의(multilateralism)로 바뀜에 따라 이전의 GATT체제의 약점을 보완하였다. 따라서 자의적이고 일방적인 무역규제조치를 엄격히 제한하였다. 이전의 GATT체제에서 자의적으로 운영되었던 반덤핑관세제도, 상계관세제도, 세이프가드 제도 등의 발동요건과 절차를 구체화, 명료화하였다. 특히, 수출자율규제(VERs), 시장질서 유지협정(OMA)등과 같은 회색지대조치의 발동이 전면금지됨으로써 공정무역질서가 확립되었다.

2) 포괄성

WTO는 기존의 GATT체제에서 배제되었던 서비스교역, 지적재산권, 무역관련투자조치 등 새로운 분야를, 상품교역분야에서 농업, 섬유분야를, 교역과 관련된 거의 모든 분야를 포함하고 있다. 그리고 마라케시선언에서 '무역과 환경에 관한 결정'에 따라 설치된 무역환경 위원회(CTE)에서 무역환경연계(trade environment linkage)가 논의 중이며, 또한 노동기준, 및 경쟁정책 등도 논의 중이다.

무역자유화의 확립을 위해 GATT체제에서 농업 및 섬유분야의 수량제한을 인정하였지만 WTO체제에서 이를 허용하지 않고 예외없는 관세화(tariffication) 원칙을 관철시켰다.

3) 정책의 검토 및 경제발전 단계별 고려

WTO체제는 무역정책검토기구(Trade Policy Review Body; TPRB)를 설치하고 모든 회원국의 무역과 관련된 정책, 제도, 관행 등을 주기적으로 검토 및 평가하도록 하였다. 이는 각 회원국들의 무역관련 법규, 정책, 제도 등이 다른 회원국들에게 투명하고 명료하게 나타나게 함으로써 개별국가의 자의적인 행동에 제한을 가하고 있다.

그리고 낙후된 회원국들에 대한 배려를 하도록 하였다. 특히 개발도상국, 최빈국들에 대해 경제발전 단계에 따라 협정시행의 유예기간을 연장할 수 있도록 하였다.

2. WTO체제의 기본원칙

1) 최혜국 대우 원칙

최혜국 대우원칙(Most-Favored Nations Clause : MFN)이란 특정회원국에 부여하는 최상의 혜택을 다른 모든 회원국들에게 차별 없이 동등하게 부여해야 하는 원칙이다. 이는 GATT 1994년 제1조에 명시되어 있다. 최혜국 대우원칙은 특별한 경우를 제외하고 단지 상품뿐만 아니라 서비스 분야에도 적용되며, 지적재산권 협정, 원산지 규정, 그리고 선적 전 검사, 무역관련 투자조치 및 위생검역조치 규정 등에도 명시되어 있다.

2) 내국민 대우원칙

내국민 대우원칙(National Treatment : NT)이란 어떤 상품이 한 국가의 시장에 수입되었을 때 당해 상품은 수입국 내에서 생산되는 동종의 상품(like product)과 동등한 조건으로 취급되어야 한다는 것을 말한다. 이는 GATT 1994년 제3조에 명시되어 있다. 이 원칙은 모든 상품에 대해 적용되지만 서비스의 경우에는 회원국들 간 협상결과에 따라 특정분야에 대해서만 적용될 수 있도록 하였다.

3) 시장접근 원칙

WTO는 예측가능하고 안정적인 시장접근(market access)을 보장하고 있다. WTO는 수량제한을 금지하고 있는 반면 관세는 허용하고 있다. 이는 수량접근에 비해 관세는 가격기능에 의한 정부의 제한이 수량규제보다 예측가능하고 안정적이라는 사고에 기초한 것이다. 이와 같은 원칙에 부합시키기 위해 UR협상에서 농산물분야의 수많은 비관세장벽을 거의 관세화시켰으며, 국경에서 관세조치가 불가능한 서비스 및 투자관련 조치 분야에 대해서도 WTO의 규제조치수준을 넘지 못하도록 규정하고 있다.

4) 공정경쟁 원칙

WTO체제는 GATT체제와 마찬가지로 공정성(fairness)에 그 기반을 두고 있다. 회원국이 덤핑이나 보조금을 지불하여 다른 회원국과 불공정무역관행을 시행하고 있을 경우 이에 대한 보복조치로 반덤핑조치 및 상계관세의 부과를 정당화하고 있다. 이러한 의미에서 개방적이며 공정하고 왜곡없는 경쟁을 촉진을 유도하고 있다. WTO협정에서는 공정경쟁을 촉진하기 위해 다양한 규정들이 있는데 그 예로서 농산물 협정, 지적재산권 협정, 서비스 협정 등을 들 수 있고 복수 간 협정 중에서 정부조달협정 등이 있다.

5) 경제개발 및 개혁 원칙

WTO에는 후진국(Less Developed Countries) 및 비 시장(Non-Market) 경제체제로서 경제개혁을 추진 중에 있는 국가들이 전 회원국의 3/4 이상을 차지하고 있다. 따라서 각 국의 상황을 고려하여 그 추진 속도에 유연성을 부여하고 있으며, 기술지원도 적극 장려하고 있다. GATT1994년 제4부에는 선진국들로 하여금 개도국에 대한 각종 경제지원 및 특혜조치(Generalized Special Preqerence : GSP)를 규정하고 있는데 이는 저 개발 국가들에 대한 WTO의 경제개발 및 개혁원칙을 보다 잘 반영하고 있다고 볼 수 있다.

3. GATT와 WTO의 차이

GATT는 체계성이 미비하고, 구속력이 미약하며, 불완전 협정으로 구성된 기구로 인식되고 있었다. 따라서 새로운 무역환경에 대응하기 위한 국제무역전담기구를 창설해야 한다는 주장에 따라 WTO가 등장하게 되었다. 이에 GATT와 WTO의 기본적인 차이점을 살펴보면 다음과 같다.

1) WTO의 특징

UR협상타결로 설립된 WTO는 기존의 GATT와는 달리 농산물, 서비스, 지적재산권, 무역관련투자 등 새로운 교역분야를 관장하고 있을 뿐만 아니라 상품교역에 있어서도 GATT체제의 한계점을 극복할 수 있는 새로운 다자간 규정을 제정하였다. 즉 WTO는 UR협정을 수행하기 위한 무역기구이므로 UR협정의 주요 결과인 공산품의 관세인하와 시장개방의 확대, 섬유류 및 농산물교역에 대한 다자간 협정체결, GATT기능 강화, 규범의 명료화 그리고 무역거래의 공정성 제고, 서비스교역에 대한 다자간 협정체결, 지적재산권 보호를 무역체제로 편입시키는 등의 내용을 다루고 있다.

2) 협정분야의 다양성

WTO는 기존 GATT 체제하에서는 논의가 배제되었던 서비스교역, 지적재산권, 무역관련 투자 등 새로운 분야에 대한 내용을 포함하고 있다. 또한 WTO는 상품교역분야에서도 GATT규정의 효력이 미치지 못한 농업 및 섬유분야를 WTO체제로 편입시킴에 따라 교역과 관련된 모든 분야를 관장하게 되었다.

3) 신속한 의사결정

WTO의 의사결정방식은 기본적으로 기존 GATT체제와 같은 만장일치제에 의한 합의제를 원칙으로 하고 있다. 그러나 GATT는 신속한 의사결정을 위해 회원국간에 합의가 이루어지지 못할 경우 다수결에 의한 표결방식을 채택하고 있을 뿐만 아니라, 의사결정 시한도 설정하고 있다.

4) 분쟁해결 및 조정능력 제고

WTO체제의 주요한 특징 중의 하나는 모든 회원국들이 WTO의 제반협정을 엄격히 준수할 것을 요구하고 있다는 것이다. 이에 따라 WTO는 특정회원국이 협약을 불이행할 경우 관련당사국들이 피해보상을 요구할 수 있으며, 만약 보상에 대한 합의가 이루어지지 못할 경우 WTO의 분쟁해결 절차를 통해 강력한 제재조치를 취할 수 있다. 이를 위해 WTO는 분쟁해결기구(Dispute Settlement Body : DSB)를 설치하였고, 동 기구를 통해 회원국간의 무역관련분쟁을 조정하고, 협정위반에 대한 제재조치를 강구하고 있다.

5) 무역정책의 주기적 검토

WTO는 관세 및 비관세장벽 등 모든 무역장벽을 대폭적으로 축소 · 철폐하고자 할 뿐만 아니라 산하에 무역정책 검토기구를 설치하여 모든 회원국의 무역과 관련된 정책, 제도, 관행을 주기적으로 검토 · 평가하고 있다.

4. WTO 협정

1) WTO 협정의 목적

WTO회원당사국들은 첫째, 회원국의 생활수준 향상과 완전고용 달성, 실질소득과 유효수요의 지속적인 확대를 추구하며, 상품과 서비스교역을 증진한다.

둘째, 지속가능한 개발과 조화되는 방법으로 세계자원의 효율적인 이용을 도모하고 회원국의 경제수준의 차이에 상응하는 환경보전의 노력과 보호수단을 허용한다. 셋째, 상호호혜성의 바탕위에 관세 및 여타 무역장벽의 실질적 제거와 함께 차별적인 무역상의 대우를 하지 못하게 한다. 넷째, 다자간 무역체제의 구축과 그 기본원칙을 유지한다. 이를 위해 GATT1994, 농산물 및 섬유협정, 동경 라운드의 다자간 무역협정, 서비스협정, 지적재산권협정, 분쟁해결양해, 무역정책검토위원 등 다자간 무역협정을 구성하였다.

2) WTO조직과 운영

WTO조직은 각 국 대표로 구성되는 각료회의(Ministerial Meeting)가 있고, 각료회의가 열리지 않는 동안 일반이사회가 각료회의 업무를 처리한다.

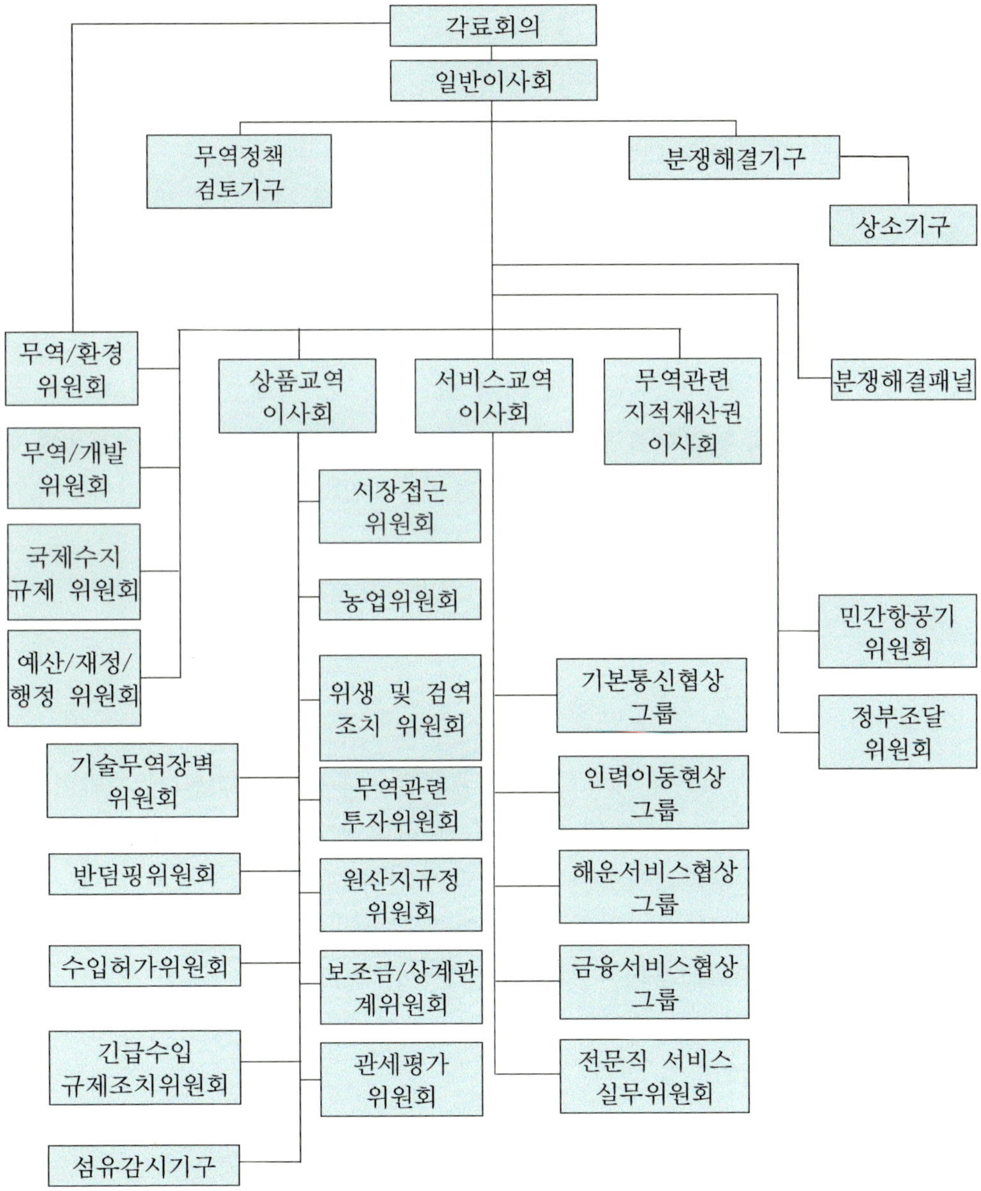

〈그림 5-1〉 WTO 조직

일반이사회는 분쟁해결기구(Dispute Settlement Body), 무역정책검토기구(Trade Policy Review Body)로서의 기능도 수행하게 되어 있다. 그리고 각료기구 산하에는 무역개발위원회, 무역수지위원회, 예산, 재정, 행정위원회의 3개 위원회를 설치하도록 규정되어 있고, 그 이외에도 필요한 위원회를 더 설치할 수 있도록 하였다. 그리고 일반이사회 산하에는 상품무역이사회, 서비스무역이사회, 무역관련 지적재산권이사회가 각각 설치되었다.

(1) 각료회의

각료회의는 모든 회원국 대표로 구성되며 최소 2년에 1회 이상 개최된다. 각료회의는 WTO의 기능을 수행하며 이를 위해 필요한 조치를 취할 수 있다. 만약 회원국이 요청하는 경우 WTO설립협정과 다자간 무역협정의 구체적인 의사결정요건에 따라 다자간 무역협정의 모든 사항에 대해 결정을 내릴 권한을 갖는다. 즉 각료회의는 WTO산하의 모든 문제에 대해 의결권을 갖는 최고 의결기구이다. 그리고 WTO는 산하에 위원회를 설치할 권한을 갖는다. 위원회는 앞의 조직표에 나타난 바와 같다. 이러한 규정에 따라 1994년 4월 15일 마라케시 각료회의에서 향후 무역환경 위원회를 설치하기로 합의하였다.

이들 위원회는 자신에게 부여된 기능 및 일반이사회가 자신들에게 부여하는 추가적인 기능을 수행한다. 위원회의 가입은 모든 회원국들에게 개방된다.

(2) 일반이사회

일반이사회는 모든 회원국 대표로 구성되며 필요에 따라 개최된다. 일반이사회는 각료회의 비회기중 각료회의의 기능을 수행하며 WTO설립협정에 부여된 기능을 수행한다. 따라서 일반이사회는 각료회의의 결정을 수행하는 상설기구로서 자체적으로 의사규칙을 정하고 각종 위원회의 의사규칙을 승인한다(설립협정 4조2항). 일반이사회의 주요이사회는 상품무역이사회, 서비스무역이사회, 지적재산이사회가 있으며, 회원국들의 무역정책수행과 분쟁에 관해 이를 관장하는 무역정책검토기구와 분쟁해결기구가 있다.

(가) 무역정책기구

무역정책기구의 목적은 다자간 무역협정이 적용가능 할 때 복수간 무역협정의 규칙, 규율 및 약속에 대한 모든 회원국의 준수를 개선하는데 기여하여야 한다.

그리고 회원국들의 무역정책 및 관행의 투명성을 확보하고 이해증진을 위해 노력하여야 하며 다자간 무역체제의 기능을 원활히 하여야 한다.

(나) 분쟁해결기구

분쟁해결기구(Dispute Settlement Body : DSB)는 WTO설립협정의 부속서2의 분쟁해결양해(Disputes Settlement Understanding : DSU)에 따라 회원국들간 무역분쟁을 해결하는 상설기구로서 의장을 둘 수 있으며 필요한 경우 의사규칙을 제정할 수 있다. 이 기구는 회원국들간 분쟁이 발생하였을 경우 패널을 설치하고 패널 및 항소보고서를 채택하며 권고 및 판정사항의 이행을 감시하고 관련 협정 상양허 및 기타 의무정치의 허가권을 갖는다. 그리고 모든 의사결정은 원칙적으로 합의에 의한다.

(3) 사무국

WTO는 본부에 사무총장을 최고책임자로 하는 사무국을 설치한다. 각료회의는 사무총장을 임명하고 사무총장의 권한, 의무, 근무조건 및 임기를 명시하는 규정을 채택한다. 사무총장은 각료회의가 채택하는 규정에 따라 사무국 직원을 임명하고 이들의 의무와 근무조건을 결정한다(설립협정 6조1-3항). 또한 사무총장은 예산, 재정운영위원회에 WTO의 연간 예산안 및 재정보고서를 제출하여야 하며, 예산, 재정위원회는 사무총장이 제출하는 연간 예산안 및 재정보고서를 검토한 후 이사회의 승인을 얻는 과정을 거쳐야 된다. 예산 재정위원회는 회원국들 간 분담금의 비율 및 체납회원국들에 취해야할 조치 등에 대해 의사결정을 할 수 있다. 이때 의사결정은 회원국의 2/3의 다수결에 의해 채택된다(설립협정 7조).

5. WTO 협정문의 구성

WTO설립협정은 본문과 6개의 부속서로 구성되어 있다. 6개의 부속서는 크게 다자간 무역협정과 복수 간 무역협정으로 구분된다. 다자간 무역협정 기구는 부속서1에서 3까지 구성되어 있으며, 부속서1은 부속서 1A, 부속서 1B, 부속서 1C로 구분되며, 부속서2는 분쟁해결관련 양해(DSU), 부속서 3은 무역정책검토로 구성되어 있다. 여기서 부속서 1A는 GATT1994, WTO로 복귀하는 협정으로 이에는 농산물, 섬유협정이 있으며, 동경라운드 다자간 협정 중 기술장벽, 반덤핑, 관세평가, 수입허가절차, 보조금 및 상계관세분야가 들어 있고, 마지막으로 새롭게 도입된 다자협정(위생, 검역조치, 무역관련 투자조치, 선적 전 검사, 원산지 규정, 긴급수입제한조치 등)이 있다. 복수 간 무역협정기구((Plurilateral Trade Agreement Body)는 설립협정안의 의해 부여된 기능을 수행하며 제도적인 틀 안에서 운용된다. 또한 이사회에 활동상황을 정기적으로 통보하여야 한다. 이를 그림으로 예시하면 다음과 같다.

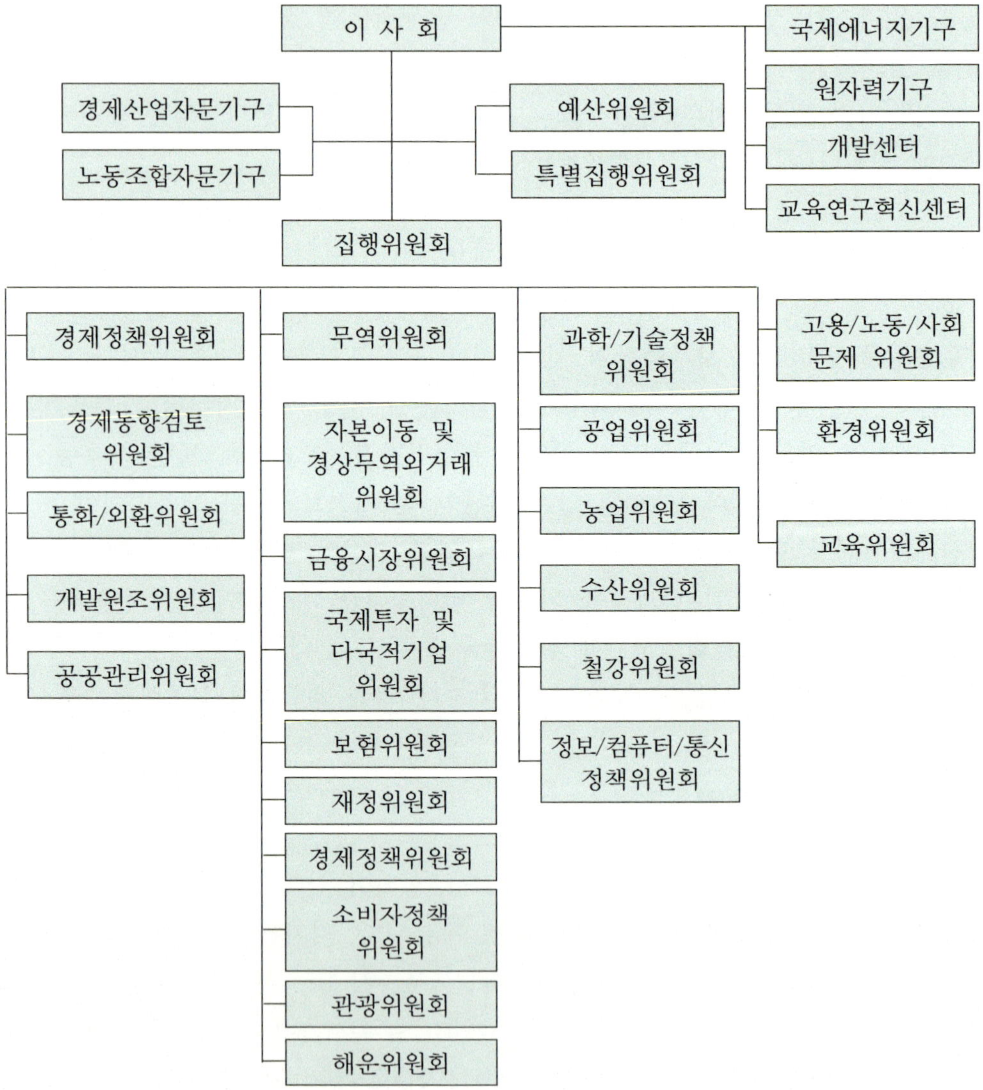

[그림 5-2] WTO협정문의 구성

제2절 통상마찰과 새로운 통상현안

1. 통상마찰의 기본개념

통상마찰이란 특정국이 어떤 이유로 무역에 대하여 영향을 주는 조치를 취했거나 또는 취하려고 했을 경우에 그 조치에 의해 불이익을 받거나 받을 우려가 있는 상대국과의 사이에서 발생한 분쟁이라고 할 수 있다.

즉, 한 국가의 특정품목에 대한 상대국 시장진출의 급격한 증가와 이에 따른 거래의 불균형이 발생 또는 확대되거나 상대국 시장에서 질서의 혼란과 불공정, 실업의 증대 등으로 위기감을 초래할 때, 상대국은 당해 국가로부터의 수입을 억제 또는 그 나라에 대해 수입확대 및 시장개방 등 대응요구가 나타나는 통상억제 메카니즘의 작용이라고 볼 수 있다.

이러한 마찰의 현상은 초기에는 개별상품 중심으로 야기되었으나 점점 제도, 관습에 이르기까지 광범위하게 파급되고 있다. 이에 대응하여 나라마다 규제조치를 취하고, 상품거래에만 한정하지 않고 서비스 · 금융 · 직접투자 등 경제 전체를 포함할 뿐 아니라, 국가의 정책적 대립에서부터 국민 감정적 대립으로까지 전개되고 있다. 이러한 현상을 국제정치경제라고 부르기도 한다.

2. 통상마찰의 요인

통상마찰을 둘러싼 논의와 배경 그리고 그 마찰을 야기시킨 요인은 시대와 지역 및 환경에 따라 여러 측면으로 분석될 수 있으나 여기서는 주로 통상마찰을 야기시키는 일반적인 요인을 살펴보기로 한다.

① 무역수지의 불균형심화　② 산업구조조정의 지연
③ 교역상품구조의 변화　④ 이해관계자의 마찰

이와 같이 오늘날 국제무역은 상호이익을 바탕으로 복잡하게 형성되고 또한 국가간의 경제외적 요인 등으로 인해 거래당사자나 정부가 직접 분쟁의 정면에 나타나지 않고, 특수 이익집단, 즉 노동조합이나 관련산업연합회 등을 앞세워 산업보호라는 미명하에 수입규제를 요구하게 된다.

제6장 지역경제통합

제1절 지역경제통합의 개념과 단계

1. 지역경제통합

최근 들어 경제통합이 세계적으로 급속히 확산되면서 이에 대한 체계적인 이론과 경험적인 분석이 여러 학자들에 의해 제시되어 왔지만, 아직까지 통일된 정의는 없는 실정이다. 그러나 대체적으로 경제통합이란 "경제적으로 상호의존성이 높은 국가들이 협정을 결성하고, 역외국에 대해서는 기존의 관세 및 비관세장벽을 그대로 유지하면서 협정국 상호간의 재화 및 생산요소의 자유이동을 도모하는 경제협력체"라고 정의할 수 있다.

경제통합은 지리적으로 인접해 있고 이해관계가 비슷한 소수 국가 간의 자유무역을 지향하는 것이므로, 다자간 자유무역협정에 비해 실현가능성이 크다. 그리고 이러한 소수 국가 간의 지역별 자유무역협정이 인근 국가로 파급될 경우, 이는 궁극적으로 전 세계적인 자유무역을 달성하는 데에도 기여할 것이다.

이러한 경제통합은 역내국가의 입장에서는 역내국간에 경제교류의 증대 등 경제적 힘을 결집함으로써 역외국에 대한 대외교섭력을 향상시킬 수 있으나, 역외국의 입장에서는 경쟁조건의 악화를 가져오는 지역통합체제들 간의 새로운 보호무역주의 움직임으로 볼 수 있다.

1) 경제통합의 형태

경제통합체의 경우 대부분 초기에는 역내국간 경제협력강화 및 관세를 철폐하는 단순한 형태로 시작하나 장차 결합의 정도를 강화해 나가고 있으며, 통합의 정도와 진행과정에 따라 다음과 같이 5단계로 구분하고 있다.

(1) 자유무역협정(free trade agreement)

자유무역협정이란 통합에 참가한 각 가맹국 상호간에는 상품이동에 대한 일체의 무역제한조치를 철폐하여 역내에서는 자유무역을 보장하는 한편, 역외의 비가맹국에 대해서는 각국이 독자적인 관세정책 및 무역제한조치를 취하는 형태의 경제통합이다. 자유무역협정에서는 역외의 상품이 역내 저관세국을 통하여 수입되어 역내 다른 국가로 수출될 가능성이 있어, 각 가맹국의 무역정책에 혼란을 가져올 수 있다. 이를 방지하기 위해 수입물품의 원산지규정과 같은 국가 간 협력적인 무역정책이 채택되고 있다.

세계 각국은 다자자유무역체제를 위한 도하개발어젠다(DDA)가 정체된 뒤 자유무역협정(FTA)을 중심으로 하는 체제로 빠르게 옮아가고 있다. FTA는 특정국가 간에 배타적인 무역특혜를 서로 부여하는 협정으로서 가장 느슨한 형태의 경제통합 형태이며, 지역무역협정(RTA: Regional Trade Agreement)의 대종을 이 루고 있다. 미국-멕시코-캐나다협정(USMCA : United States Mexico Canada Agreement), 중남미통합 연합(LAIA : Latin American Integration Association) 등이 이의 대표적인 예이다.

(2) 관세동맹(customs union)

관세동맹은 자유무역지역에서 한 걸음 더 나아가 역외공동관세(common external tariff)를 부과하는 형태의 경제통합이다. 즉 가맹국 상호간에는 상품의 자유이동이 보장될 뿐만 아니라, 역외 비가맹국으로부터의 수입에 대해서는 공통의 수입관세를 부과한다. 그러므로 이것은 관세에 관한 한 단일 경제단위가 되는 상태이며, 간접수입의 가능성은 배제된다. 중앙아메리카공동시장(CACM : Central American

Common Market), 카리브공동시장(CARICOM : Caribbean Community and Common Market) 등이 이에 속한다.

(3) 공동시장(common market)

공동시장은 관세동맹이 더 발전하여 역내국간 생산요소의 자유이동이 보장되고 있는 형태의 경제통합이다. 즉 가맹국 상호간에는 재화뿐만 아니라 노동, 자본과 같은 생산요소의 자유이동이 보장되며, 역외 비가맹국에 대해서는 각국이 공동의 관세제도를 채택한다. 이의 예로서는 유럽공동시장(EC : European Community)을 들 수 있다.

(4) 경제동맹(economic union)

공동시장이 더욱 발전된 형태로 역내 가맹국들 사이에 재화 및 생산요소의 자유이동과 대외 공통 관세정책을 실시하는 이외에도 금융, 재정, 운수, 통신, 사회복지 등 여러 분야에 걸쳐 통합을 이루게 되는 지역경제 통합을 뜻한다. 유럽공동체가 지향했던 단계라고 할 수 있다. 결국 이 단계에서는 어느 정도의 정치적인 통합을 필요로 하게 된다.

(5) 완전경제통합(complete economic union)

가맹국간에 초국가적 기구를 설립하여 그 기구로 하여금 가맹국들의 금융·재정 그리고 기타 사회정책을 조정·통합·관리하는 형태의 통합을 말한다. 이는 가장 강력한 경제협력 형태로서 실질적으로 정치적 통합이 이루어져야만 가능하다고 볼 수 있다.

2) 경제통합의 효과

경제통합의 정태적 효과로는 역내국간의 무역창출효과와 무역역전환효과가 있다. 즉 역내국 간의 관세장벽 철폐로 인해 교역량이 늘어나는 무역창출효과와 역외국에 대한 공 동의 관세장벽이 설정됨으로써 역내국가 상품의 절대가격이 역외국가의 가격보 다 높을지라도, 관세효과가 이를 상회하는 경우 역내로부터 상품을 수입하게 되 는 무역전환효과가 발생하게 된다. 교무역창출효과는 역내국간에 자원이 효율적으 로 배분되는 결과를 가져오는 반면, 무역전환효과는 역외국에 대한 인위적인 관세장벽으로 인해 자원배분이 비효율적으로 배분되는 결과를 초래할 수 있다.

(1) 역내국에 미치는 긍정적 효과

① 무역창출효과
② 기업의 체질강화
③ 규모의 경제효과
④ 역내투자의 촉진

(2) 역외국에 미치는 부정적 효과

① 무역전환 효과로 인한 수출감소
② 통합지역내 기업들과 치열한 경쟁에 직면
③ 배타적인 지역통합은 세계교역 자유화를 저해

3) 지역경제블록화

1990년대 국제 통상시스템 중 두드러진 움직임은 세계적인 규모로 지역연계가 진전되고 있다는 사실이다. 유럽통합, 북미 자유무역 협정 등 세계 도처에서 자유무역협정과 같은 움직임이 일고 있다. 이와 같은 지역연계가 활발해진 배경중의 하나는 경제적 요인이다. 각국 경제의 해외의존도가 높아지는 가운데 상호 의존관계가 긴밀해짐에 따라 최종 제품이 수출입될 뿐만 아니라 경제 활동이 국경을 초월해 이루어지고 있다. 특히 지리적으로 가까운 이웃 나라들간에는 경제적인 연결이 더욱 강해지고 있다.

현재의 지역 연계 움직임은 1930년대 블록 경제화와는 몇가지 점에서 상이하다. ① 지역 연계에 앞서 이미 역내의 경제적 상호의존성이 높아졌다는 점, ② 지역 연계를 하면서도 WTO 등 다자 체제를 유지하려는 노력도 계속되고 있다는 점, ③ 세계 도처에서 나타나고 있는 지역연계 움직임 중에는 지역적으로 겹치는 것도 많다.

(1) 유럽연합(EU)

지역적인 경제 자유화에서는 유럽이 가장 앞서가고 있다. 유럽 국가들의 경제통합 움직임은 1958년 1월 프랑스, 독일, 이탈리아 및 베네룩스 3국(벨기에, 네덜란드, 룩셈부르크) 등 6개국이 유럽경제공동체(EEC)를 결성한 때로 거슬러 올라간다. 1986년에는 유럽공동체(EC)로서 관세동맹을 맺고 공통의 농업정책을 실시했다. 1992년 2월에는 마스트리히트 조약에 조인했다. 이에 근거해 1993년에는 시장통합을 이루었다. 그리고 통화 통합의 촉진, 공통의 외교·방위 정책을 지향하는 유럽연합이 출범하였다. 이후 추가 회원국의 가입과 수차례의 조약 수정이 이루어졌고, 2021년 1월 영국의 유럽연합 탈퇴 선언인 브렉시트가 발효되어 27개 회원국으로 구성되어 있다.

유럽연합은 스위스를 제외한 유럽자유무역연합(EFTA)과 유럽경제공동체(EEC)를 결성하여 유럽의 상품·서비스·노동·자본의 시장경제를 통합하고 있다. EU는 경제 뿐만 아니라 안전 보장 등에서도 통일된 정책을 목표로 하고 있다. 무역, 통화, 외교 등의 분야에서 정치 통합, 경제 통합을 실현하는 등 보다 완전한 통합을 지향하겠다는 것이다.

(2) 경제협력개발기구(OECD)

경제협력개발기구(OECD ; Organization of Economic Cooperation and Development)는 제2차 세계대전 후 유럽경제의 복구 및 경제현안해결을 위해 1948년 설립된 유럽경제협력기구(OEEC)를 모체로 61년 9월 미국, 캐나다가 회원국이 되면서 OECD로 확대, 개편되었다. 회원국의 지역별 분포를 보면 유럽 21개국, 미주 3개국, 오세아니아 2개국, 서아시아 및 아시아 각 1개국 등 모두 28개국이며 우리나라 가입함에 따라 아시아가 2개국이 됐다.

설립목적은 자유시장경제, 다원적 민족주의, 인권존중을 이념으로 하여 ① 회원국의 경제성장 도모 및 세계경제 발전에의 공헌, ② 개발도상국 원조를 통한 세계경제발전 기여, ③ 세계자유무역 확대 공헌 등으로 자유·시장경제체제를 신봉하는 국가들의 모임이다. 이 기구에서 합의된 사항은 회원국간의 상호협력을 통해 이행토록 하는 것이 원칙이며 세계무역기구(WTO)분쟁해결절차 등과 같은 불이행에 대한 제재수단을 없다.

(3) 미국·캐나다·멕시코 협정(USMCA)

북미자유무역협정(NAFTA)은 그 협정의 조인 이전부터 역사적, 정치경제적 상호의존성을 배경으로 출범하였다. 미국 · 캐나다 · 멕시코 등 북미의 3개국으로 구성된 자유무역협정으로 1994년 정식 발효됐다. 그러나 도널드 트럼프 미국 대통령은 이 협정이 미국의 일자리를 뺏는다며 2017년 8월 상대국들과 재협상을 시작했고, 발효된 지 24년 만인 2018년 9월 30일 새롭게 합의한 무역협정을 USMCA라고 명명했다. 3국은 새로운 무역협정에 합의하면서 나프타(NAFTA)라는 이름은 24년 만에 역사 속으로 사라지게 됐다. 협정 이후 가장 주목받는 분야는 자동차 산업이다

(4) 아시아태평양경제회의(APEC)

아시아태평양경제협력체(APEC:Asia Pacific Economic Cooperation)는 세계 인구의 40%, GDP의 52%, 교역량의 45%를 차지하는 세계 최대의 지역협력체로 아시아 태평양지역의 무역 및 투자자유화를 추진함으로써 역내의 경제협력을 강화하는 동시에, 그로부터의 이익을 실현하고자 1989년 11월 한국, 미국, 캐나다, 일본, 오스트레일리아, 뉴질랜드, 아세안 6개국(말레이시아, 브루나이, 싱가포르, 인도네시아, 태국, 필리핀) 등 12개국이 참가하여 결성되었다. 1991년에 중국, 대만, 홍콩 등 3개의 중화경제권, 1993년에 멕시코와 파푸아뉴기니아, 1994년에는 칠레, 그리 고 1998년에는 러시아, 베트남, 페루가 각각 추가로 가입함으로써 현재 총 21개 회원국으로 구성되어 있다.

가입국은 환태평양 국가라는 공통점을 제외하고는 역사 · 문화 · 경제발전 단계 등이 모두 상이하다.

APEC은 출범 후 지금까지 느슨한 경제협력 수준에 머물러 있는 상태이다. 그 이유는 APEC이 경제협력체로서의 필요조건인 지리적 근접성을 충족시키지 못할 뿐만 아니라 경제발전단계, 소득수준, 문화적 이질성 등 다양한 특징을 포괄하는 국가 간의 협력체이기 때문이다.

(5) 동남아시아국가연합(ASEAN)

동남아시아국가연합(ASEAN ; Association of South East Nations)은 1967년 방콕 선언에 의해서 인도네시아, 말레이시아, 필리핀, 싱가포르, 태국의 5개국이 가맹국으로 결성되었다. 그 후 1984년 브루나이 1995년에 베트남이 강비하여 7개국이 되었으며, 1997년 7월 라오스와 미얀마를 받아들여 9개국 체제를 출범시켰다. 캄

보다아는 가입이 유보되었다. 9개국, 5억 인구 아세안의 출범은 EU, NAFTA에 이어 주요 경제블럭으로 부상했음을 의미한다.

〈표 6-1〉 세계의 주요 경제통합

지역	경제 블록 및 유형
유럽	EU(유럽연합: 경제동맹), EFTA(유럽자유무역지대), EEA(유럽경제지역: 공동 시장), BSECP(흑해경제협력기구: 경제협력체), CISFTA(CIS자유무역지대)
미주	USMCA(미국 · 멕시코 · 캐나다협정), CACM(중미공동시장: 공동시장), ANCOM(안데스공동시장: 관세동맹), MERCOSUR(남미공동시장), LAIA(중남미통합연합: 자유무역지대), G-3(자유무역지대)
중동	GCC(걸프협력위원회: 지역경제협의체), AMU(아랍마그레브연합: 자유무역지대), ACC(아랍협력위원회: 지역경제협의체)
아프리카	ECCAC(중앙아프리카경제공동체: 지역경제협력체), SEAPTA(동남부아프리카 특혜관세지대: 지역경제협력체), SADDC(남부아프리카개발조정회의: 지역경제협력체), ECOWAS(서아프리카제국경제공동체: 지역경제공동체)
아시아 · 태평양	ASEAN(동남아국가연합: 지역경제협력체), AFTA(ASEAN자유무역지역), ANZCERTA(호주 · 뉴질랜드경제협력긴밀화협정: 자유무역지역), APEC(아시아 · 태평양경제협력: 지역경제문화협력체), 한 · 칠레자유무역지대

제2절 우리나라의 FTA 추진 현황

1. FTA의 추진 배경

우리나라가 적극적으로 FTA를 추진해야 하는 이유는 크게 두 가지로 나누어볼 수 있다. 우선 1992년 EU의 출범과 1994년 NAFTA의 발효를 계기로 지역주의가 세계적으로 확산되면서 FTA 네트워크 역외국가로서의 피해를 최소화하고, 나아가 이러한 도전에 적극적으로 대응하기 위해 FTA를 추진하게 되었다는 점을 지적할 수 있다. 특히 우리의 대외경제 규모가 국내총생산(GDP)의 80% 이상을 차지하고 있는 점을 고려할 때, 주요 경쟁국이 FTA를 앞다투어 추진하고 있는 통상환경하에서 우리나라가 기존 수출시장을 유지하고 새로운 시장에 진출하기 위해 FTA 확대에 전력을 다하는 것은 당연하다고 할 수 있다. 주요 교역국이 여타 국가와 먼저 FTA를 체결한다면 우리 상품은 고관세 적용에 따른 가격경쟁력의 저하로 점차 그 시장을 잃을 수밖에 없기 때문이다. 따라서 우리 상품의 수출경쟁력을 유지하고 안정적인 해외시장을 확보하기 위해서는 주요 교역국들과의 FTA 체결이 필수적이다.

둘째로 보다 적극적인 측면에서, 능동적인 시장개방과 자유화를 통해 국가 전반의 시스템을 선진화하고 경제체질을 강화하기 위해 FTA 추진이 필요하다. 우리 경제가 양적인 성장뿐만 아니라 질적인 발전을 통해 진정한 선진 경제로 거듭 나기 위해서는 우리의 주요 통상정책으로 자리 잡은 FTA를 능동적 · 공세적으로 활용할 필요가 있는 것이다.

전 세계적으로도 각국은 산업경쟁력과 국가경쟁력을 신장시키는 주요 정책수단으로서 FTA 및 이에 수반되는 무역자유화(trade liberalization)가 효과적임을 깨닫고 적극적으로 FTA 네트워크 구축에 나서고 있다. 최근에 우리 정부가 동시다발적으로 FTA를 추진하고 있는 것도 바로 이러한 개방의 혜택에 대한 인식의 연장선상에 위치해 있다.

2. FTA의 추진 현황

우리나라는 세계적인 FTA 확산추세에 대응하여 안정적인 해외시장을 확보하고 개 방을 통해 우리 경제의 경쟁력을 강화하기 위해 동시다발적으로 FTA를 추진한 결과, 칠레(04.4.1), 싱가포르(06.3.2), EFTA(06.9.1), ASEAN(07.6.1), 인도(10.1 포괄적 동반자협정), EU(11.7.1), 페루(11.8.1), 미국(12.3.15), 터키(13.5.1), 호주(14.12.12), 캐나다(15.1.1), 중국(15.12.20), 뉴질랜드(15.12.20), 베트남(15.12.20), 콜롬비아(16.7.15) 중미5개국(21.3.1), 영국(21.1.1)등 17개 FTA, 즉 58개국과의 FTA가 발효된 상태이다. 또한 인도네시아, 한 · 중 · 일, RCEP(아세안 10개국, 한국, 중국, 일본, 호주, 뉴질랜드, 인도),에콰도르, 이스라엘 등 5건에 대하여 FTA협상을 진행하고 있다. 그리고 일본 · 멕시코 · GCC(6 개국) 등 3건에 대해서는 FTA 협상재개

여건조성 중이며, MERCOSUR(4개국)·중 미(6개국)·말레시아 등 3건에 대해서는 FTA 협상준비 공동연구 중에 있다.

〈표 6-2〉 한국의 발효된 FTA 현황

(2022년 1월 1일 기준)

상대국	추진현황			의의
	협상개시	서명	발효	
칠레	1999.12	2003.02	2004.04.1	최초 FTA, 중남미시장의 교두보
싱가포르	2004.01	2005.08	2006.03.2	아세안 시장의 교두보
EFTA(4개국)	2005.01	2005.12	2006.09.1	유럽시장의 교두보
아세안(10개국)	2005.02	2006.08 (상품협정)	2007.06.1 (국별상이)	제2의 교역대상
인도	2006.03	2009.08	2010.1.1	BRICs 국가, 거대시장
EU(27개국)	2007.05	2010.10	2011.7.1	세계 최대 경제권
페루	2009.03	2011.03	2011.8.1	자원부국, 중남미시장의 교두보
미국	2006.06	2007.06	2012.3.15	거대 선진 경제권
터키	2010.04	2012.08	2013.5.1	유럽 ·중앙아 진출 교두보
호주	2009.05	2014.04	2014.12.12	자원부국, 오세아니아 주요시장
캐나다	2005.07	2014.09	2015.1.1	북미선진시장
중국	2012.05	2015.06	2015.12.20	우리의 제1위 교역대상
뉴질랜드	2009.06	2015.03	2015.12.20	오세아니아 주요시장
베트남	2012.09	2015.05	2015.12.20	우리의 제4위 투자국
콜롬비아	2009.12	2013.02	2016.07.15	자원부국, 중남미 신흥시장
중미 5개국	2015.06	2018.02.21.	2021.03.01.	중미 신시장 창출
영국	2017.2.	2019.08.22.	2021.01.01	브렉시트 이후 한영 통상관계 지속

* EFTA : 스위스, 노르웨이, 아이슬란드, 리히텐슈타인
아세안 : 말레이시아, 싱가포르, 베트남, 미얀마, 인도네시아, 필리핀, 브루나이, 라오스, 캄보디아, 태국
EU : 오스트리아, 벨기에,체코, 키프로스, 덴마크, 에스토니아, 핀란드, 프랑스, 독일, 그리스, 헝가리, 아일랜드, 이탈리아, 라트비아, 리투아니아, 룩셈부르크, 몰타, 네덜란드, 폴란드, 포르투갈, 슬로 바키아, 슬로베니아, 스페인, 스웨덴, 불가리아, 루마니아, 크로아티아

제7장 국제경영

제1절 기업의 글로벌화

1. 기업의 글로벌화

기업의 글로벌화라 함은 기업활동이 해외지향, 현지지향, 세계지향으로 그 방향을 점진적으로 증진시키고 반복적이고 계속적으로 전개해 나아가는 과정을 말한다. 기업의 글로벌화는 '기업활동이 세계의 여러 나라로 확대되어가는 과정을 말하며, 이는 기업의 부가가치창출이 점차 세계화되는 과정 '을 뜻한다. 그러므로 기업은 글로벌화를 통해서 시장의 다변화, 제품의 다양화 및 기업활동의 다각화 방향으로 경영활동을 확장한다. 기업은 이러한 글로벌화를 통해 기업이 보유하고 있는 내부자원과 능력을 해외로 이전시킴으로써 현지시장에 대한 진출기회를 확대하고, 국내에서뿐만 아니라 해외에서도 기업의 성장. 발전의 기반을 마련할 수 있게 된다. 이러한 기업글로벌화는 여러 가지 의미를 내포하고 있다.

즉, 기업의 글로벌화란 기업의 활동이 국내에서 해외시장으로 이전되어 나가는 과정과 이에 따른 기업의 변화 및 경영관리의 국제화를 의미한다. 여기서 기업활동이란 기업의 모든 부가가치 창출활동을 가리키며 원료수송, 생산, 배급, 판매,

애프터서비스 등의 본원적 활동과 연구개발, 원료구매, 인적자원관리, 기타 자원 활동 등 보조 활동으로 나눌 수 있다.

이러한 기업활동은 국내에서 뿐만 아니라 해외에서 수행될 수 있고, 이때 기업은 국제화되어 간다고 한다. 이는 기업들이 시장, 제품, 진출형태의 측면에서 국제적인 개입수준을 점차적으로 증대시켜 나가는 과정, 즉 해외시장다변화, 국제상품의 다양화, 진출방법의 다각화 등을 포괄한다.

2. 기업의 글로벌화 동기

기업이 자국의 국경을 넘어 해외로 진출하는 전략적 동기는 매우 다양하다. 협소한 국내시장을 탈피하기 위해서 해외로 진출하기도 하며, 국내에서는 확보할 수 없는 자원 및 원료를 찾아서 해외로 나가기도 한다. 경우에 따라서는 해외로 진출할 의사가 없음에도 불구하고 해외의 소비자나 구매선이 요구해서 수동적으로 해외시장과 관련을 맺기도 한다. 이처럼 다양한 해외진출 동기는 다음과 같이 시장확대, 자원확보, 시장 및 공급원의 다각화, 경쟁위험의 최소화같이 요약할 수 있다.

1) 시장확대

기업의 이익은 두 가지 요인에 의해 결정된다. 그 하나는 수입(revenue)이고 다른 하나는 비용(cost)이다. 수입의 대부분을 차지하는 것은 매출(sales)이다. 매출을 결정하는 중요한 요인의 하나는 소비자의 구매력이다. 구매력은 소비자 개개인의 구매능력 뿐 아니라 소비자의 수라는 측면에서 그 크기를 살펴 볼 수 있는데, 소비자의 수는 단일 국가보다는 여러나라를 합할 때, 당연히 커지기 마련이다. 이러한 이유로 기업은 국경을 넘어 해외시장까지도 자신의 제품이나 서비스에 대한 목표시장으로 설정함으로써 매출을 증대시킬 수 있다. 해외로까지 시장을 확대함으로써 매출을 증대시킬 수 있다면 이익 또한 증가할 수 있다.

일반적으로 매출증대에 따라 생산이 증가하게 되면 생산에 있어서 규모의 경제를 누릴 수 있게 되며, 그 결과 생산비용 또한 낮출 수 있다. 이는 곧 해외로 시장을 확대한다는 것은 단순히 매출만 증대시키는 것이 아니라 매출 증대에 비례 하는 것 이상의 이익을 얻을 수 있다는 것을 의미한다. 이러한 이유로 해외시장으로의 시장확대는 기업이 국제경영활동을 수행하는 중요한 전략적 동기의 하나가 된다.

2) 자원확보

기업의 경영활동에는 다양한 자원이 필요하다. 생산의 기초가 되는 원료, 부품, 설비 등과 같은 물리적 자원뿐 아니라 자금, 인력, 기술 등과 같은 재무적, 인적 자원 또한 필요하다. 그런데 이처럼 기업활동에 필요한 모든 자원을 기업은 단일 국가 내에서 모두 확보할 수 있는 것은 아니다. 설령 국내에서 모든 자원의 확보가 가능하다고 해도 외국에서 들여올 때에 비해 상대적으로 높은 가격을 지불해야 할 수도 있다. 이러한 이유로 기업은 자신이 필요로 하는 자원을 국내에서뿐 아니라 해외에서 도입하는 방법도 추진하고 있다. 비슷한 예로 우리나라 관광지에서 판매되고 있는 기념품은 노동집약적 제품이 대부분인데, 임금이 비싼 우리나라보다는 상대적으로 저렴한 중국이나 동남아시아와 같은 외국에서 만들어지는 것이 요즈음의 현실이다.

최근 들어, 기술은 급속한 발전으로 인하여 첨단의 고급기술을 보유하고 있는가의 여부에 따라 기업의 생존이 결정될 정도로 그 중요성이 커지고 있다. 그런데 기술은 단시일에 획득가능한 자원이 아니다. 오랜 기간에 걸친 투자는 물론 낮은 성공가능성에 따른 리스크까지 감수해야한다. 또한 기술은 일개 기업의 노력으로만 이루어지는 것은 아니며, 기술창출에 필요한 대학, 연구소 등의 하부구조가 갖추어질 때 비로소 가능하다. 이러한 이유로 상대적으로 기술수준이 낙후된 국가나 기업은 빠른 기간 내에 필요한 기술의 획득을 위해 첨단기술을 보유한 외국의 기업이나 연구소를 매입하거나, 또는 Silicon Valley와 같이 첨단기술의 원천지에 연구소나 기술센터를 설립하는 등 기술 확보를 위한 해외진출을 적극 추진하기도 한다.

3) 시장 및 공급원의 다각화

일반적으로 경기는 고정되어 있는 것이 아니라 호황과 침체를 거듭한다. 게다가 세계의 경기는 모든 나라가 동시에 호황과 침체를 맞는 것이 아니며, 특정 국가시장에만 의존하고 있는 경우보다는 여러 시장에 진출하고 있을 때 경기변화로 인한 매출이나 이익의 감소로 인한 피해를 회피할 가능성이 높다. 원료를 공급받는데 있어서도 어느 하나의 공급원에 의존하는 경우 파업이나, 전쟁등과 같이 예기치 못한 사태로 인해 원료나 부품에 대한 공급이 원할 치 못할 가능성이 높다. 이러한 위험을 회피할 수 있는 방법의 하나는 복수의 공급원을 여러 나라에 확보하고 있는 것이다. 이처럼 기업은 매출이나, 이익, 안정적 원료공급원의 확보라는 차원에서 해외로 진출할 수 있다.

4) 경쟁위험의 최소화

대부분의 기업은 경쟁자를 갖기 마련이다. 현재의 경쟁자나 잠재적경쟁자가 새로운 이익의 원천을 확보하는 경우 기업은 상대적으로 경쟁력이 약화될 수 있다. 이러한 경우 경쟁위협을 느끼는 기업은 새로운 이익기회를 찾음으로, 기존의 경쟁자나 잠재적 경쟁자로부터의 위협을 봉쇄할 필요가 있다. 특히 경쟁자나 잠재적 경쟁자가 해외에서 새로운 이익의 기회를 확보하는 경우, 이러한 위험에 대처하기 위해서는 자신도 해외로 진출할 수 있다. 글로벌 경쟁을 벌이고 있는 기업들간에는 상대방의 주요거점시장으로 상호 침투하는 경우가 빈번하게 나타난다. 이는 나의 거점시장으로 진출한 상대의 힘을 약화시킬 수 있는 가장 손쉬운 방법은 나 역시 상대의 시장으로 진출하는 것이기 때문이다. 즉 상대로 하여금 자신의 시장에 보다 많은 노력과 자원투입을 유도함으로써 나의 시장에 대한 관심을 낮출 수 있기 때문이다. 이와 같은 해외진출동기는 해외시장을 개척하고자하는 공격적 동기에서 이루어지기보다는 자신의 시장을 보호하기 위한 방어적 동기에서 이루어진다는 점에서 앞에서 언급한 해외 진출동기와 구별된다.

5) 기타 해외 진출동기

기업은 자신의 의지와는 무관하게 해외에 있는 구매자로부터의 거래 제안을 받을 수 있다. 자신이 생산하는 제품이나 서비스에 대한 정보가 자신도 모르는 사이에 해외로까지 알려지고, 제품이나 서비스에 대한 관심을 갖는 해외구매자가 나타날 수 있다. 이 경우 기업은 자신의 적극적 노력에 의해서가 아니라 해외구매자의 요청에 의해 해외시장으로 진출 할 수 있다. 특히 정보기술의 발전으로 최근에는 규모가 작은 중소기업도 자신의 정보통신기술을 활용하여 자신의 제품과 서비스를 널리 알리고 있는데, 이는 곧 세계 어느 곳에 있는 구매자나 공급자는 어느 때이든지 인터넷을 통해 거래가 가능하도록 자신을 노출하고 있는 것이라 할 수 있다. 따라서 인터넷을 통해 제공된 제품이나 서비스에 대한 정보에 관심을 갖는 외국의 구매자나 공급자로부터 거래 제안이 있을 경우, 기업은 적극적 노력이 없이도 해외시장과 관련을 맺게 되고 국제경영활동을 수행하게 된다.

3. 기업의 글로벌화 과정

기업의 글로벌화는 기업활동의 확장에 수반된 조직, 문화 및 자원의 변화과정을 내포한다. 먼저 기업 국제화의 진전에 따라 기업조직이 어떻게 변화하는가를 살펴보면 다음과 같다.

해외시장진출의 초기단계에서 기업은 수출과나 수출부를 두게 되며, 수출비중이 확대되어 수출의 중요성이 증대되면 수출부에서 수출사업부로 규모가 커지게 된다. 국제경영활동이 더욱 확대되어 범세계적인 경영시각이 필요하게 될 경우 기업은 제품별 또는 지역별로 생산, 마케팅, 이익 등의 책임을 지는 국제사업부 구조를 갖추게 된다. 여기서 더 발전하여 기업이 범세계적인 활동과 안목을 갖게 되면 국내사업은 여러 지역에 걸친 사업단위 중의 하나에 불과하게 되며, 이에 따라 조직구조도 세계시장을 염두에 두고 범세계적 조직구조로 편성되게 된다.

다음으로 기업글로벌화의 진전은 기업문화에 영향을 미치게 된다. 즉, 본국 및 해외시장에 대한 최고경영자의 태도에 따라 여러 의사결정들이 달라질 수 있는데, 챠크라바티와 펄뮤터(Chakravarthy & Permutter, 1985)는 글로벌화에 대한 기업의 태도를 다음과 같이 4가지로 분류하였다.

1) 본국시장중심(ethnocentric)

이는 모든 해외사업들의 활동(자재조달, 생산, 마케팅, 인사, 연구개발 등과 관련된 모든 의사결정의 기본철학이 본사의 가치와 이익하에 본사 중심으로 이루어지는 형태이며, 국제화 수준이 낮은 수출기업들이 많이 채택하고 있다.

2) 해외시장중심(polycentric)

이는 단일민족중심주의와는 반대로 해외사업의 활동과 관련된 의사결정에 있어서 각 현지국의 독특한 특성(정치, 경제, 사회, 문화 등)이 최대한 반영되도록 회사의 의사결정의 기본철학이 현지자회사 중심으로 이루어지는 형태를 말하며, 초기단계의 다국적기업들이 많이 채택하고 있다.

3) 지역시장중심(regiocentric)

이는 북미, 유럽, 아시아 등 지역별로 지역본사제를 도입하여 각 지역특성에 적합한 경영정책을 수립하도록 하는 형태를 말하며, 후기단계 다국적기업들이 많이 채택한다.

4) 세계시장중심(geocentric)

이는 글로벌 네트워크시스템에 의거하여 글로벌시장의 특성을 통합하고 조정하여 표준화된 경영정책을 수립, 적용시켜 나가는 방식, 즉 회사의 모든 조직간의 의사결정에 있어서 지리적, 민족적 선입관을 버리고 상황에 맞게 글로벌 전략시스템으로 의사결정하는 것을 말하며, 글로벌기업들이 많이 채택하고 있다.

기업의 글로벌화가 진전됨에 따라 기업은 국제경영활동에 대한 물적자원이나 인적자원 모두를 증대할 필요성을 느끼게 될 것이다. 즉, 국제경영활동이 증대함에 따라 좀 더 많은 물적 자원의 투입이 요망되며 국제 경영인의 양성이 기업글로벌화의 필수적인 요인으로 작용하게 된다. 이와 같이 기업의 해외활동이 증대되고 진출방식이 다각화되는 한편 기업의 구조, 문화, 자원 등이 변화된다는 것은 필연적으로 생산관리, 마케팅관리, 재무관리, 인사관리, 회계 및 정보관리 등 경영관리 제 분야의 국제적 확장, 다시 말하면 경영의 국제화를 가져온다.

4. 해외시장 진출전략

1) 해외시장 진출전략

해외시장 진출전략은 기업이 해외시장에 진입하고 해외시장에서 사업활동을 발전시키는 것에 관한 전략이다. 기업은 해외시장진입 방법에 따라 물적자원, 인적자원, 기술 및 자본을 해외로 이전시키는 정도가 달라진다.

해외시장이 선정되면 해외시장에 어떤 사업형태로 진출할 것인가를 결정해야 하는데 이것이 해외진입전략의 과제이다. 해외시장진입형태는 제조업의 경우 우선 생산거점에 따라 국내생산 · 해외판매와 해외생산 · 해외판매로 구분된다. 국내에서 생산하지 않고 해외에서 생산하는 경우는 다시 회사가 직접 제조거점을 설립하여 제조하느냐 또는 현지기업으로 하여금 생산하도록 계약을 체결하느냐 아니면 제휴관계를 맺어 제조·판매하느냐에 따라 해외직접투자, 전략적 제휴 및 계약형태로 나뉘며 계약형태에는 다양한 진출형태가 있다. 직접 생산하는 경우에도 타사와 공동생산하느냐 단독생산하느냐에 따라 합작투자와 완전소유자회사형태로 구분된다.

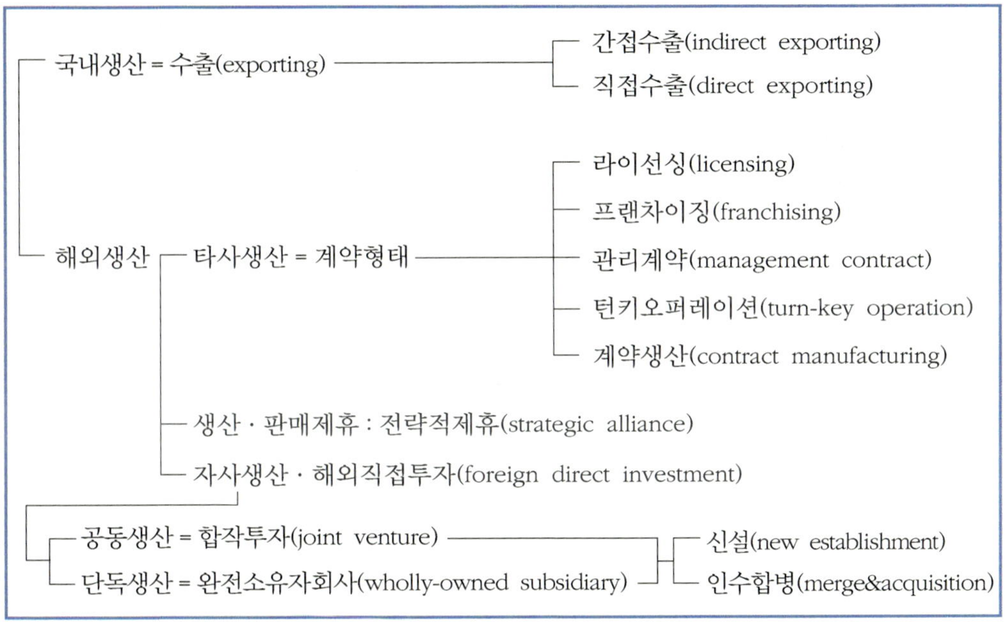

〈그림 7-1〉 해외시장진출형태

2) 수출을 통한 해외시장 진입

본국에서 제품을 생산하여 외국시장에 판매하는 것으로 해외시장 진입방식 중 위험이 가장 적은 방식이다. 기업이 수출을 통해 해외시장에 진출하기 위해서는 간접수출과 직접수출로 구분하여 설명하면 다음과 같다.

(1) 간접수출

간접수출(indirect export)이란 종합무역상사, 수출대행업자, 수출조합 또는 국내에 거주하고 있는 외국상인 등을 통하여 수출함으로써 수출국내에서 요구되는 수출관련 기능을 제조업체가 스스로 수행하지 않고 제품을 해외에 판매하는 방법이다.

(2) 직접수출

직접수출(direct export)은 제조업체가 본사의 수출전담부서나 계열무역회사를 통해 수출과 연관된 제반 업무와 기능의 대부분을 타인에게 위임하지 않고 자기 자신의 명의와 책임하에 직접 수행하는 수출방법이다.

3) 계약방식에 의한 해외시장 진입

기업 소유의 기술이나 지식을 외국의 기업에 일정 로열티를 받고 이전시키고 현지에서 제품을 생산하여 현지에서 판매할 수 있도록 허용하는 방식이다. 수출과는 달리 물품이 국제적으로 이동되지 않으며 기술이전 계약에 의하여 기술 또는 지식만 이전된다.

(1) 라이슨싱(licensing)

라이슨싱은 특정기업이 보유하고 있는 특허상표 및 상호 · 노하우 등을 외국에 있는 기업으로 하여금 일정한 조건하에서 활용할 수 있도록 허가하는 대신에 로열티(royalty) 또는 기타 형태로 그 대가를 지급하기로 당사자간에 계약을 체결하는 것을 말한다.

(2) 프랜차이징(franchising)

프랜차이징은 광의의 라이슨싱의 한 형태로서 상표나 상호의 사용권을 갖고 있는 특정기업이 다른 개인이나 기업에게 이 사용권을 허락하는 동시에 원료 및 관리시스템까지 일괄 제공하여 양자가 직접 · 간접으로 다같이 경영에 참가하는 방식이다.

프랜차이저(franchiser, 공동기업)는 프랜차이지(franchisee, 수취기업)에게 자사의 상호, 상표를 제공하고 회사가 가지고 있는 정책과 절차 및 노하우 등을 지원하며, 프랜차이지는 이에 대한 대가로 수수료, 로얄트 등을 지불하게 된다.

(4) 관리계약(management contract)

관리계약은 계약을 통해 현지국 기업의 일상적인 영업활동을 관리할 권한을 부여받고 이러한 경영서비스를 제공하는데 대해 일정한 대가를 수취하는 방식이다. 이는 기업의 소유와 경영을 분리하여 전문경영인에게 기업경영을 위임하는 오늘날의 세계적 경영현실을 국제경영에 적용시킨 것으로 볼 수 있다.

(5) 턴키계약(turn-key contract)

턴키계약은 플랜트 수출이나 해외건설에 많이 이용되고 있으며, 설비시설이 완성된 후에도 시험가동, 기술자훈련, 경영관리 등의 서비스를 제공하는 계약을 말한다. 턴키프로젝트는 대체로 규모가 크고 기술적으로 복잡하여 상당한 자본과 시간을 요하는 사업이기 때문에 턴키프로젝트는 다국적 컨소시엄(consortium)에 의하는 경우가 많다.

제2절 다국적기업

1. 다국적기업

1) 다국적기업의 정의 및 특성

(1) 다국적기업의 정의

다국적기업이라는 용어는 1959년 '국적을 초월한 경영이념으로 세계적 규모의 경영활동을 전개하는 기업'이라는 의미의 세계기업이란 용어를 사용한 것을 시작으로, 1960년 릴리엔달(D. E. Lilienthal)이 다국적기업이라는 용어를 처음 사용하였다.

다국적기업이란「범세계적 시야를 가지고 2개국 이상에서 제품을 생산·판매하고 최소한 한 개 이상의 해외 자회사에 대한 운영을 통제하는 기업으로서, 기업 전체로서의 이익극대화와 성장에 그 목표를 두고 사업활동을 전개하는 사기업이나 국영기업, 또는 혼합형태의 기업」을 의미한다. 다국적기업 또는 국제기업과 동의어로 사용되고 있는 용어로는 국제회사(international firm), 범세계기업(global corporation), 다국적제조기업 (multinational production enterprise), 초국적기업 (transnational corporation), 우주기업(cosmocorp) 등이 있다.

(2) 단일국적기업과 다국적기업과의 차이

① 단일국적기업은 생산 및 판매활동을 한 국가에서만 수행하고 있는데 반해, 다국적기업은 생산 및 판매활동을 여러 국가에서 수행한다.
② 단일국적기업은 한 가지 통화만을 가지고 경영활동을 수행하는 데 반해, 다국적기업은 복수통화를 가지고 경영활동을 수행한다.
③ 다국적기업은 단일국적 기업의 경우보다 연구개발 활동의 수준 및 범위가 훨씬 넓다.

결국 다국적기업은 단일국적기업보다 대규모이고, 연구개발비 지출이 훨씬 많을 뿐만 아니라 기술집약적이고 차별화된 제품을 판매, 관리, 마케팅 능력이 훨씬 앞선 기업이라고 할 수 있다.

(3) 다국적기업의 특성

① 기업소유권의 다국적성
② 세계지향적 경영활동.
③ 인적구성의 다국적성
④ 기업조직구조의 분권화
⑤ 국제협력체제의 모색
⑥ 이윤의 재투자

2) 다국적기업의 생성동기

단일국적기업이 다국적기업으로 성장 발전하게 된 동기는 직접투자 동기의 연장으로 생각되지만 단일국적기업과는 다른, 다음과 같은 동기를 들 수 있다.

다국적기업의 해외진출은 그 모국(母國)보다 경제성장이 빠른 나라에 많이 진출하고 있으며, 이러한 다국적 기업의 성장을 가능하게 한 주체적 조건으로서 기술 · 경영 · 시장개척 · 자금조달 등 여러 가지 능력의 발전을 들 수 있다. 다국적기업의 해외진출 동기는,

① 다국적기업은 해외시장의 확보 및 시장의 확대를 위하여 외국으로 진출한다.
② 현지국들이 자국산업을 보호하기 위하여 보호무역정책을 실시하는 경우가 많으므로 이러한 무역장벽을 피하기 위하여 현지국에서의 생산활동이 필요하게 된다.
③ 다국적기업은 자원 및 노동의 저코스트(low cost)를 이용하여 당해 제품의 비교우위를 차지하기 위하여 해외로 진출한다.
④ 다국적기업은 각국간의 경제발전 수준의 격차를 이용한 이윤을 극대화시키기 위하여 외국으로 진출한다.
⑤ 다국적기업은 외국에서 일정한 기간 동안 세제의 혜택을 받을 수 있기 때문에 이 혜택을 얻기 위하여 외국으로 진출한다.
⑥ 해외시장에 대한 상품의 운송비 절감, 원자재의 확보, 자사제품에 대한 현지국민의 저항 배제 등의 이유를 들 수 있다.

3) 다국적기업의 기준

다국적기업의 기준에 대한 일률적인 규정은 기업체마다의 이질성 때문에 불가능하다. 아하로니(Yair Aharoni)가 제시한 ① 구조적 기준(structual criterion), ② 성과척도(performance yardstick)에 의한 기준, ③ 행동적 특성(behavioral characteristics)에 의한 기준에 구분하면 다음과 같다.

(1) 구조적 기준

① 해외운영 대상국가의 수
② 소유권
③ 최고경영자의 국적
④ 조직구조

(2) 성과척도에 의한 기준

절대적 측정이란 어떤 기업체가 얼마만큼의 절대자본이나 절대자원을 해외사업을 위해 투입하느냐에 따라 다국적기업의 기준이 된다.

(3) 형태적 특성에 의한 기준

다국적기업이란 국제적 관점에서 사고하는 최고경영층을 지닌 기업으로 본사가 특정국에 있더라도 그 조직 · 운영내용 · 운영범위 등이 범세계적이며, 또한 본사의 최고경영자의 관심도 어떤 국제적 기업인으로 사고하고 행동한다면 그 기업체는 다국적기업이라 할 수 있다.

(4) 기타 기준

이 외에도 다국적기업의 개념적 구조를 설명할 수 있는 기준으로는 경영전략적 기준, 발전단계별 기준, 구비요건별 기준이 있다.

① 경영전략적 기준

② 발전단계별 기준

기업발전 단계는 ㉠ 국내시장 지향적(domestic market oriented) 경영관리 단계, ㉡ 국내시장 지향적 단계에서 일단 해외라이선싱과 노하우의 해외이전단계, ㉢ 조립 · 제조를 위해 해외단독 및 합작투자를 수행하거나 기존업체의 매수단계, ㉣ 해외투자 비중과 해외수익이 해외 지향적인 동시에 초국적 접근방식에 이르는 단계로 나눈다.

4) 다국적기업의 경제적 효과

(1) 투자국에 미치는 효과

① 긍정적 효과

a) 해외 자회사로부터의 이윤 송금과 로열티 수입 등으로 국제수지가 개선된다.

b) 해외소득에 대한 과세로 정부수입이 증대된다.

c) 국제경영 활동에 필요한 전문적 관리인에 대한 새로운 고용기회의 창출을 통해 경제의 안정을 가져다 준다.

d) 자원의 효율적 이용으로 높은 수익성을 실현하고 국민소득을 증대시킨다.

② 부정적 효과

a) 자본의 유출로 인하여 생산직의 실직이 늘어나 고용수준이 저하된다.
b) 조세피난처의 활용, 이전가격의 조작 등을 통한 절세 또는 탈세행위로 조세수입이 감소될 수 있다.
c) 선진기술의 유출로 투자국의 기술적 우위가 잠식되어 국제 경쟁력을 악화시킬 우려가 있다.

(2) 투자수용국에 미치는 영향

① 국제자원 이전의 측면에서 다국적기업은 투자수용국에 자본, 기술, 경영 노하우 등을 공급함으로서 투자수용국의 경제성장과 안정에 기여한다.
② 국제수지 효과면에서 다국적기업의 직접투자에 따른 자본유입으로 단기적으로 투자수용국의 국제수지가 개선될 수 있으나, 장기적으로는 원리금 상환, 이익과 배당금의 송금, 기술이전에 대한 대가 지급, 다국적기업에 의한 자본재 · 중간재 · 원자재의 수입증가 등으로 국제수지가 오히려 악화될 경우도 있다.
③ 다국적기업의 진출로 인한 경영에 대응하여 투자수용국의 기업들은 경영합리화에 전력을 경주하는 등 투자수용국의 경제적 효율이 제고될 수 있으나, 다국적기업의 경제적 우위가 현저하여 투자수용국의 기업이 경쟁에서 살아남지 못하게 되어 경쟁의 약화에 따른 비용을 초래할 수도 있다.
④ 다국적기업에 의한 해외직접투자는 투자수용국이 개발국인 경우에는 국민소득, 고용, 국제수지 등에 걸친 총체적인 효과가 보다 긍정적인 방향으로 나타나고 있으나, 개발도상국인 경우에는 긍정적 효과가 부정적 효과에 의해 상쇄되거나 오히려 부정적 측면이 강한 것으로 생각되고 있다.

5) 다국적기업 경영자의 경영전략

(1) 글로벌 경영자들의 기업환경 인식

다국적기업이 세계적으로 성공하고 세계 무역의 크나큰 비중을 차지하고 있는 기본적인 이유는 글로벌기업의 경영자들이 기업에 영향을 미치는 기업환경의 변화를 인식하고 이에 적절히 대응하였기 때문이다. 그들은 기업환경에 대한 낡은

패러다임(paradigm)을 버리고 새로운 패러다임을 받아들였기 때문이다. 모란(Moran)과 리젠버거(Riesenberger)가 실시한 다국적기업의 최고경영자 조사에서 밝혀낸 변화된 기업환경은 다음과 같다.

① 세계적 자원조달 : 과거에는 국내 부존자원에 의존하였으나 지금은 운송과 정보의 발달로 원료와 부품을 포함한 자원의 해외공급의 의존도가 높아졌다. 다국적기업은 자원의 국제조달로 국내자원의 부존을 극복한다.

② 새로운 시장의 출현과 성장 : 지금은 선진국 시장뿐 아니라 아시아, 라틴아메리카 등에서 새로운 시장이 출현하고 있으며 급속도로 성장하고 있다.

③ 규모의 경제효과의 범위 확대 : 과거에는 규모의 경제효과를 생산량에만 의존하여왔으나 지금은 제조, 구매, 연구개발, 마케팅, 판매력 및 유통을 포함한 모든 기업활동 부문에서 규모의 경제효과가 기대된다.

④ 제품 · 서비스에 대한 동질적 요구 : 과거에는 각국에 제공되는 제품과 서비스가 이질적(異質的)이었으나 정보통신 및 교통의 발달과 세계가 하나의 지구촌화 됨으로써 세계는 제품과 서비스의 동질성이 높아지고 있다.

⑤ 세계운송비용의 인하 : 20세기 후반의 운송혁명으로 해상, 육상, 항공 모든 부문에서의 운송비가 낮아졌다. 이는 완제품의 수출을 증가시키는 요인이 되었으나 원료의 수출도 원활하게 되었다.

⑥ 관세 및 비관세장벽의 인하 : 과거에는 보호무역주의의 영향으로 관세 및 비관세장벽이 높았으나 UR 이후 자유무역주의의 영향으로 관세 및 비관세장벽이 역사상 가장 낮은 수준으로 인하되어 다국적기업들로 하여금 수출과 동시에 자회사 설립을 촉진하게 하고 있다.

⑦ 원거리 통신의 비용인하와 통신량의 증대 : 원거리 통신발달로 요금이 크게 하락하였고 이에 따라 원거리 통신량이 증대하여 다국적기업의 통신비용이 감소하였다.

⑧ 기술의 표준화 : 과거에는 기술의 표준이 국가별로 혹은 지역별로 혹은 지역별로 다양하였으나 지금은 ISO 9000, EU표준규격 등의 세계적 확산으로 기술이 세계적으로 표준화되고 있다.

⑨ 외국경쟁자들의 위협 : 국내기업들은 세계시장에 진출하지 않아도 수입, 인수합병(M&A), 제휴 방식으로 끊임없이 외국경쟁자로부터 위협을 받는다.

⑩ 환율변동의 위험 : 과거 브레튼우즈체제 하에서는 환율이 안정되었으나 1970

년대 이후 세계는 변동환율제하에 있으므로 외환위험이 커졌다.

⑪ 소비자들의 글로벌화 : 과거에는 소비자들이 국산제품과 서비스를 선호하였으나, 지금은 글로벌 제품과 서비스를 선호한다.

⑫ 세계기술의 급속한 변화 : 과거에는 본국에서 R&D가 이루어졌으나 지금은 기술의 발달속도가 빠르므로 R&D활동이 해외현지에서 직접 이루어지고 있다.

이상의 12가지 기업환경의 변화에 대하여 다국적기업은 유연성 있게 적응할 수 있으나 국내기업은 그렇지 못하므로 생존성이 낮아질 수 밖에 없다.

(2) 글로벌 경영자들의 효과적 대응책

모란(Moran)과 리젠버거(Riesenberger)는 이상의 12가지 기업환경의 변화에 효과적으로 대응할 수 있는 글로벌 경영자의 대응능력을 제시하였다.

① 글로벌 사고방식을 가진다.
② 다양한 배경을 가진 사람들과 동등하게 일한다.
③ 장기지향적인 관점을 가진다.
④ 기업의 변화를 촉진한다.
⑤ 학습시스템을 창출한다.
⑥ 직원들에 대한 최고지향의 동기를 부여한다.
⑦ 갈등을 능숙한 협상으로 해결한다.
⑧ 해외주재원의 근무주기를 효율적으로 관리한다.
⑨ 다양한 문화팀을 육성하고 이에 참여한다.
⑩ 자신의 문화와 가치관을 이해한다.
⑪ 상대방의 조직과 문화를 이해한다.

제8장 무역금융과 외국환

제1절 무역금융의 기초

1. 무역금융의 의의와 특징

1) 무역금융의 의의

무역금융이란 다양한 국제무역거래에 따른 소요자금의 조달 및 대금결제와 관련하여 무역당사자, 금융기관 또는 국가가 제공하는 수출 또는 수입과 관련된 금융을 말한다.

국제무역에 있어서 수출업자의 최대 관심사는 가급적 저렴한 비용으로 수출물품을 확보하여 조기에 수출대금을 회수하는 것이며, 이와 반대로 수입업자는 가능하면 수입대금의 결제를 늦추는 것이다. 이와 같이 상반되는 수출업자와 수입업자의 요구에 따라 대금결제의 시기를 조절하는 수단을 제공하는 것이 무역금융이다. 무역금융은 무역대금결제의 시기 및 수단 등 무역대금결제 형태와 밀접한 관련이 있으며, 통상 수출업자와 수입업자는 무역계약의 체결과 동시에 다양한 형태로 무역금융의 활용 가능성을 모색하게 된다. 이러한 무역금융은 순수한 상업적 견지에서 이루어지는 것과 정책적인 차원에서 이루어지는 특혜적인 무역금융이 있다. 상업적 무역금융은 융자기관이 허용하는 한 원칙적으로 융자자격의 제한이 없는 반면, 정책적 무역금융은 일정한 자격과 요건을 갖춘 경우에만 제한적으로 허용되고 있다.

2) 무역금융의 특징

무역금융은 일반금융과는 달리 다음과 같은 특성을 지니고 있다.

(1) 자동결제기능

무역금융의 자동결제기능이란 수출을 통해 회수된 판매대금으로 원자재구매 · 제조 · 판매기간 중에 사용한 금융을 즉시 상환할 수 있다는 것을 말한다. 무역금융은 운송중의 화물자체가 담보의 구실을 하므로 상환불능의 위험이 적다.

(2) 다양한 자금공급원

무역금융은 은행, 팩토링회사, 리스회사, 종금사(綜金社) 등의 국내금융기관은 물론 국외금융기관, 보험회사, 수출지원기관 등 다양한 기관으로부터 보다 유리한 조건에 금융을 얻어 쓸 수 있다.

(3) 높은 신용위험

무역금융의 경우에는 거래당사자가 서로 멀리 떨어져 있고, 자금조달의 시간적 차이 때문에 수입자의 대금지급불능과 수출자의 수출이행불능 등의 신용위험이 국내금융과는 비교할 수 없을 정도로 높다. 따라서 철저한 신용조사와 수출보험 등을 통해 이러한 신용위험을 완화할 필요가 있다.

(4) 환위험

무역금융에 수반되는 또 다른 위험은 바로 환위험이다. 무역금융은 통상 그 기초가 되는 무역거래의 가격조건과 일치하는 국제통화로 표시되므로 자연히 환율변동에 따른 환차익이나 환차손이 발생하게 된다. 특히 결제통화와 무역금융통화가 자국통화와 각각 다른 경우에 무역업자는 세심한 주의를 기울여 환위험에 대처할 필요가 있다.

제2절 무역금융제도

1. 무역금융의 의의

무역금융의 성격은 수출물품의 제조 또는 조달과 관련 금융지원을 원활히 하여 수출증대에 기여함을 목적으로 취급되는 선적전 금융이면서 무역금융을 융자 취급한 외국환은행은 융자금의 일정 비율을 중앙은행으로부터 총액한도 대출제도에 의하여 다시 융자받을 수 있는 정책금융이다.

2. 무역금융의 융자대상

무역금융의 융자대상으로는 수출신용장, 선수출계약서(D/P · D/A), 외화표시 물품공급계약서(산업설비 수출계약서 등), 내국신용장 등 융자대상증빙의 보유자와 단순송금방식수출(대금영수 후 30일 이내에 수출된 분), 대금교환도(COD 및 CAD 조건 수출방식에 의한 수출), 국내 보세판매장을 통한 내국수출, 팩토링(factoring) 방식에 의한 수출거래에 의한 과거 실적을 보유한 자이다.

3. 무역금융의 특징

무역금융은 일반금융과 달리 정책금융이므로 수혜자가 이를 악용하는 사례를 사전에 봉쇄하고 효율적인 수출지원을 도모할 수 있도록 다음과 같은 특징을 가지고 있다.

1) 양적인 우대

일반금융의 경우 여신공급계획에 따라 그 지원폭에 제한을 가하여 통화량을 조절하나 무역금융은 정책금융으로서 융자의 적격성만 인정되면 무제한 지원되고 있다. 따라서 수출업체의 경우 무역금융수혜[11] 자격만 구비하면 쉽게 무역금융을

---

11) 무역금융 수혜를 위해서는 1996. 9. 16 개정 전까지는 1개의 주거래 외국환은행을 반드시 지정하고 필요시 부거래 외국환은행을 지정하도록 하였으나, 개정 이후에는 신용장기준금융 및 실적기준금융에서는 주거래 외국환은행, 부거래 외국환은행 지정제도가 없어지고, 포괄

받을 수 있다. 이는 자금이용 측면에서 외국환은행의 무역금융 융자취급액에 대해서는 50% 해당액을 중앙은행인 한국은행이 낮은 수준의 재할인율로 자동지원하기 때문이다.

2) 우대금리적용

무역금융은 수출업체에 대하여 금융부담을 적게하여 국제경쟁력을 향상시키는데 있다. 무역금융의 금리는 일반 자금대출금리보다 낮은 금리 수준으로 지원되고 있다.

3) 선적전 금융

무역금융은 수출물품을 제조 · 가공하기 위하여 소요되는 수출용원자재의 조달에 소요되는 자금이다. 수출용 원자재 조달자금으로 융자받은 자금은 반드시 당해 연도에만 사용되어야 하며, 그 융자금은 당해 원자재를 사용하여 생산된 수출물품을 선적하고 수출대금을 회수하는 과정에서 수출환어음 매입(nego) 대전으로 상환되어야 한다.

따라서 무역금융 융자금을 보유할 수 있는 기간은 수출용 원자재를 조달하는 시점부터 대응 수출물품이 선적되는 시기까지이므로 이를 '선적전 금융'이라 한다.

4) 대응수출의 의무화

무역금융을 융자받은 업체는 동 융자금을 수출용 원자재 확보자금 또는 수출품 생산자금으로만 사용하여야 하며, 이를 위해 융자금에 상응하는 대응수출을 이행하도록 의무를 부여하고 있다.

따라서 수출이행을 못한 경우 소정의 제재조치를 받음과 동시에 금융수혜자격이 정지된다.

금융의 경우에만 주거래 외국환은행, 부거래 외국환은행 지정제도가 있게 되었다. 따라서 무역업체가 무역금융을 수혜받고자 할 경우에는 각 외국환은행과 거래약정을 체결한 후 이용하여야 한다. : 한국무역협회, 「알기쉬운 무역실무 길라잡이」, 2021.4, p.262.

5) 자금의 소요시기별 지원

무역금융은 수출물품확보 단계로 각 단계마다 소요시기에 따라 필요한 자금을 분할 지원하고 있다.

4. 무역금융의 종류

무역금융의 종류는 지원대상자금에 따라 다음과 같이 생산자금, 원자재금융 및 포괄금융으로 나누어진다.

1) 생산자금

수출품생산업체가 수출용 완제품 또는 원자재의 직접 제조, 가공에 필요한 자금으로 신용장 등의 금액(FOB 기준)에서 원자재 수입액(CIF 기준) 및 국제원자재 구매액을 차감한 가득액을 지원하게 된다. 신용장기준금융은 소요원자재의 확보[12]가 확실한 경우 융자되며, 실적기준금융은 원자재 확보와 관계없이 거래 외국환은행이 과거 수출실적에 의하여 융자된다.

2) 원자재금융

① 원자재 수입자금 : 수출용 원자재를 해외에서 수입하는 데 필요한 자금, 즉 수출신용장이나 실적기준 원자재금융한도에 의하여 수출용원자재를 수입하기 위하여 수입신용장을 발행 후 선적서류가 내도 하였을 때 동 수입대금이나 수입어음을 결제하기 위하여 지원되는 자금을 말한다.

② 원자재 구매자금 : 수출이행에 필요한 국산원자재를 국내에서 구매하는데 소요되는 자금, 즉 수출신용장이나 실적기준 원자재 금융한도에 의하여 수출용원자재 구매를 위한 내국신용장 개설 후 대금회수를 위해 발행한 어음의 결제를 위하여 지원되는 자금을 말한다.

12) 원자재 확보여부는 원자재 수입시에는 수입신용장 사본 또는 수입승인서(I/L), 원자재 국내구매시에는 내국신용장 사본, 현금 구매시에는 물품대금영수증, 송장 사본 및 세금계산서, 자가생산시에는 원자재의 생산능력보유 입증서류로 증빙된다.

3) 포괄금융

기업규모가 작은 중소기업(전년도 수출실적이 1,000만 달러 미만)에 대하여 수출물품의 제조에 필요한 자금용도의 구분없이 포괄적으로 융자취급하는 금융취급방식이다. 포괄금융은 수출신용장 등 금액의 일정비율 또는 과거 수출실적의 일정비율에 대하여 현금으로 융자된다.

5. 무역금융의 융자방법

무역금융의 융자방법에는 신용장기준 금융과 실적기준 금융이 있으며 수출업체는 원자재금융과 생산자금의 경우 임의로 선택하여 이용할 수 있다.

1) 신용장기준 금융

과거 수출실적에 관계없이 매 신용장건별로 적정금액을 산출하여 소유자금범위내에서 융자하고 당해 수출대금으로 융자금을 회수하는 방법이다. 신용장기준 무역금융을 수혜할 수 있는 업체는 금융수혜지점에 수출신용장 등 융자대상증빙서류를 보유하여야 한다.

2) 실적기준 금융

과거 일정기간 동안의 수출실적을 기준으로 산정된 융자한도범위내에서 대출 및 지급보증을 수혜받을 수 있는 방법이다. 실적기준금융의 수혜자격, 이용방법, 융자취급제한 등은 별도로 정하고 있다.

6. 무역금융의 선택

무역금융을 융자받고자 하는 모든 수출업체는 전술한 융자방법 중에서 한 가지를 선택할 수 있다. 실적기준에 의한 융자는 융자신청업체의 과거수출실적을 근거로 산정된 무역금융 한도를 초과하지 않는 범위내에서 취급되므로 과거 수출실적이 전혀 없는 업체는 실적기준을 이용할 수 없다. 실적기준으로 무역금융을 융자받고자 하는 업체는 최소한 과거 3개월간의 자가제품 수출실적을 보유하고 있어야 하는데, 이것은 실적기준 금융한도 산정에 사용되는 수출실적이 최소 3개월이기 때문이다. 신용장기준과 실적기준 중에서 한 가지를 선택한 업체는 다시 용도별 금융과 포괄금융 중에서 하나를 선택하여야 한다.

한편 포괄금융은 과거 1년간 수출실적이 미화 2억달러 미만인 업체만 이용할 수 있으므로 이에 해당되지 않는 업체는 용도별 금융에 따라 융자받아야 한다. 수출실적요건이 포괄금융 융자대상에 해당되는 업체라 하더라도 포괄금융을 이용하지 않고 용도별 금융방식에 따라 융자받을 수 있다.

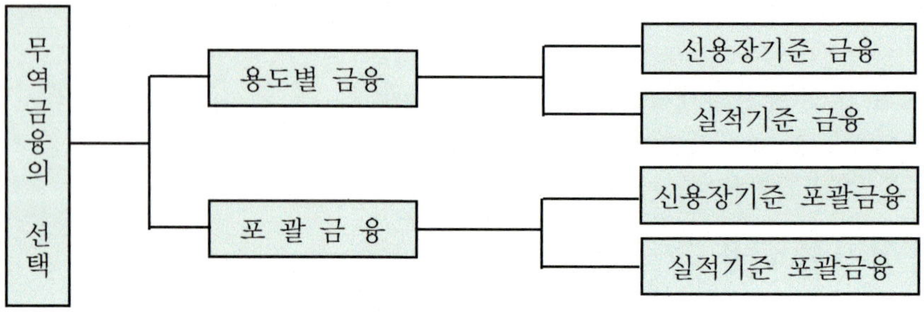

〈그림 8-1〉 무역금융의 선택

제3절 외국환

1. 외국환의 기본개념

1) 외국환의 의의 및 특징

(1) 외국환의 의의

외국환(foreign exchange)은 환(exchange)의 일종이다. 환(換)이란 격지자간에 경제거래에 따른 화폐적 채권·채무 관계를 현금으로 수송되지 않고 제3자를 통하여(금융기관) 지급위탁의 방법에 의하여 결제되는 수단으로 격지자가 국내인간의 거래를 국내환 또는 내국환이라 하고, 내국인과 외국인간의 환거래를 외국환이라 한다.

외국환은 국가와 국가간에 재화·용역·자본의 거래로 인하여 발생되는 대차관계(貸借關係)를 결제하는 데 사용되는 일체의 대외거래수단(對外去來手段)을 의미하는 것으로 송금환, 전신환, 추심환, 환어음 등이 주로 사용된다. 이러한 외환이 내국환과 다른 점은 다음과 같다.

① 거래당사자가 서로 다른 나라에 속해 있고, 서로 다른 화폐단위를 사용한다.
② 결제에 상당한 시간이 소요되어 금리문제가 발생된다.
③ 환시세의 변동으로 인한 환위험(exchange risk)이 따른다.
④ 각국의 외환통제로 자금의 이동이 자유롭지 못하다.

(2) 외국환의 특징

외국과의 대차관계를 결제하는 외국환거래는 국내에서 행해지는 내국환거래와 그 기본적 원리는 동일하다. 그러나 외국환거래는 국내의 지역간에 이루어지는 것이 아니라 국가간에 이루어진다는 점에서 다음과 같은 특징을 가지고 있다.

① 외국환거래는 국제수지에 영향을 미친다

내국환거래는 동일국내에서 거래되기 때문에 그 나라의 국제수지에는 전혀 영향을 미치지 못하게 된다. 그러나 외국환거래는 외국과의 채권·채무를 결제하기 때문에 일국의 국제수지에 큰 영향을 초래하게 된다.

② 환거래의 발생원인이 상이하다

환거래의 발생원인이 되는 채권·채무관계는 내국환의 경우 거래 자체가 한나라 안에서 일어나므로 채권자와 채무자가 모두 국내에 있으며, 그 거래 자체도 당해 국가의 법률의 적용을 받게 된다.

③ 외국환에는 환시세의 문제가 발생한다

내국환의 경우에는 환거래의 대상이 되는 통화가 한 가지뿐이나, 외국환의 경우에는 환거래가 국가간에 이루어지는 관계로 환거래의 대상이 되는 통화가 여러 가지로 많게 된다.

④ 외국환은 그 결제구조가 복잡하다

환거래가 발생하면 내국환의 경우에는 일국내의 환거래인 관계로 중앙은행과 같은 중심기관에 의해 그 결제가 청산된다.

2) 외국환의 종류

(1) 순환과 역환

채무자가 그 채무를 은행을 통하여 채권자에게 상환하는 방식을 순환(順換 ; remitance by draft) 또는 송금환이라 하고, 채권자가 그 채권을 은행을 통하여 채무자로부터 회수하는 방식을 역환(逆換 ; negotiation by draft) 또는 추심환이라 한다.

(2) 매도환과 매입환

이것은 환 매매의 중개기관인 외국환 은행 측에서 환을 매각하느냐 또는 매입하느냐에 따른 구분으로 매각하는 경우가 매도환(selling exchange), 매입하는 경우가 매입환(buying exchange)이다.

(3) 보통환과 전신환

외국환의 국제적 이동은 환어음(Demand Draft ; D/D), 우편송금(Mail Transfer ; M/T) 및 전신송금(Telegrapic Transfer ; T/T) 등의 방법으로 이루어지는데, 환어음과 우편송금에 의한 것을 전신환과 구별하여 보통환이라 한다.

(4) 현물환과 선물환

외환거래가 매매계약과 동시에 결정되는 것을 현물환(現物換)이라 하고, 일정기간 후에 이루어지는 것을 선물환(先物換)또는 예약환(豫約煥)이라 한다.

2. 외국환시장

1) 외국환시장의 의의

외국환시장이란 외국환을 거래할 목적으로 외국통화를 대상으로 다수의 매도자와 구매자가 접촉하는 장소를 외환시장이라 한다. 여기서 장소의 개념은 런던의 외환거래소처럼 일정한 장소를 개설하는 경우와 특정장소에 거래소를 설치하지 않고 다만 외환취급은행들이 중심이 되어서 실질적으로 외환의 수급과 환시세의 결정이 지배되는 단순히 추상적인 범위를 의미하는 경우가 있다. 전자를 부스(Exchange Bourse)형태라 하고, 후자를 오픈 마케트(Open Market)형태라 한다.

거래의 범위에 따라 외환시장을 국내시장과 국제시장으로 나눌 수도 있다. 국내시장은 자국 내의 외환거래가 이루어지는 시장이며, 국제시장은 각국 외국환은행 간의 외환거래에 따른 대차관계를 결제하고 기업이나 국가가 필요로 하는 자금수요를 국내외 금융기관을 통해 조달할 수 있는 장소를 말한다. 국제시장으로서 유명한 곳으로는 런던과 뉴욕 등이 있다.

2) 구성요소

외국환 시장의 구성요소는 은행을 중심으로 하는 외환취급업자(Dealer)와 고객(Customer) 및 중개인(Broker)의 삼자가 있다. 외환취급업자로는 은행 이외에 외환판매업자, 할인업자(Discount House) 및 어음인수업자(Acceptance House) 등이 있고, 외환시장에 참여하는 고객으로는 결제를 목적으로 하는 실수요자(End User)와 외환투기를 목적으로 하는 투기업자(Speculator)가 있다.

특히 외환시장에서는 중개인의 활약이 요청되는데 외환중개인 중에는 자기계산으로 중개하는 환브로커(Exchange Broker)와 수수료만을 얻기 위해 외환매매를 중개하는 Running Broker등이 있다.

3) 외환시장의 기능

(1) 청산(Clearing) 및 결제

외환시장의 가장 기본적인 기능으로서 각국 통화의 거래로 인한 수요와 공급을 일치시켜서 외환시장의 안정된 균형을 유지시키기 위한 기능을 말한다. 예를 들어, 외환시장 내에서 특정 통화에 대한 수요와 공급의 불일치가 발생되게 되면 외환시장 내에서의 수급불균형으로 인하여 먼저 환율이 변동하게 되고 이러한 환율변동은 곧 특정 통화에 대한 수급불균형을 해결하는 방향으로 작용하게 된다는 것이다.

(2) 헷징(Hedging)

헷징이란 기업이 보유하고 있는 외화자산의 자산가치변화에 대응하기 위한 기업의 행위로 국제거래에 따르는 환율의 불확실성에서 오는 외환위험을 제거하기 위하여 현물시장에서 상품을 보유하거나 보유하려고 하는 자가 선물시장에서 상황과 반대되는 포지션을 취하는 거래를 통하여 위험을 강조시키고자 하는 행위를 말한다.

(3) 투기(Speculation)장소로 이용

각국 통화의 교환가치인 환율이라는 것은 고정되어 있는 것이 아니라 수요와 공급의 조건 등에 따라 변화하게 되며 이에 대한 정확한 예측은 어렵다고 할 수 있다. 따라서 이러한 환율변동의 예측에 따라 외환거래를 행하려는 개인이나 기업이 투기의 장소로서 외환시장을 이용할 수 있다.

기업의 입장에서는 거래 대금의 지급 시기나 수취시기를 조정함으로써 환율변화에 따른 위험을 전자시킬 수 있다. 즉, 외상거래나 장래의 외화거래시 발생될 수 있는 환율변화를 예측하여 지급통화나 수취통화를 변경함으로써 환위험을 조정할 수 있다.

(4) 환재정 및 이자율재정의 기능(Exchange and Interest Arbitrage)

일반적으로 재정거래(Arbitrage)란 동일재화나 자산의 각 시장별 가격 차이를 이용한 거래를 지칭한다. 동일재화라 하더라도 거래의 장소나 시간의 차이로 인하여 각 시장 간에는 거래가격의 차이가 존재하게 된다.

환재정(Exchange Arbitrage)이란 외환시장의 가격차이를 이용한 화폐의 교환을 통하여 시장간의 환율차이를 통한 이익을 추구하는 것을 지칭한다. 이러한 환재정에는 양국간의 환율차이를 이용하는 직접재정과 세 나라 통화 사이에 성립하는 환차이를 이용하는 간접재정 등이 있다.

이자율재정(Interest Arbitrage)이란 양국 사이의 환율이 결정된 현 시점에서 양국간의 이자가 지급되는 각종 자산의 이자율차이와 일정기간(만기) 경과 후의 환율변동을 고려하여 만기 시 결정되는 환율에 따라 환차익을 노리는 행위를 지칭한다. 즉, 각국 시장에서의 이자율과 환율의 차이를 이용하여 이익을 얻고자 거행되는 거래를 지칭한다.

4) 외국환거래의 위험

국제상거래 활동은 국내 상거래 활동과는 달리 외국통화로 표시되는 상거래가 대부분인 까닭에 국제기업의 영업성과는 환율의 변동에 크게 영향을 받게 된다. 따라서 국제상거래 활동에 종사하는 모든 기업들은 헷징기법을 이용하여 외환위험으로부터 그들의 영업활동을 보호하고 있다.

3. 환율의 기본개념

1) 환율의 의의

우리가 생활에 필요한 모든 물건을 외국과의 경제적 거래에 따라 대금을 주고받기 위해서는 외국화폐와 우리나라 화폐와의 교환이 이루어져야 한다. 환율(foreign exchange rate)이란 한 나라의 통화가치를 다른 나라의 통화가치로 표시한 것으로서 양국 통화간의 교환비율을 말한다. 즉, 이종통화간의 교환비율을 환언하면 한 나라의 통화가치, 즉 그 통화가 외국에서 갖는 구매력(purchasing power)을 말한다. 결국 환율이란 외국통화로 표시된 상품의 가격이므로 해당 통화간의 수요와 공급에 의하여 결정되게 된다.

2) 환율의 표시방법

환시세인 환율, 즉 이종(異種)통화간의 교환비율은 교환될 대상이 다같이 통화이므로 어느 나라의 통화를 기준으로 하느냐에 따라 자국통화표시방법과 외국통화표시방법으로 구분할 수 있으며, 기타 특수한 경우에는 할증(premium : P) 또는 할인(discount : D)표시방법이 이용되기도 한다.

(1) 자국통화표시 환율(Rate in Home Currency)

외국통화의 한 단위에 대한 가격을 자국통화의 수로서 나타내는 환율을 방화표시환율이라고 한다. 예를 들어 우리나라에서와 같이 「1달러 = 1,100원」으로 표시하는 방법으로, 이 경우에 환율이 외국통화의 한 단위를 얻기 위하여 지급해야 하는 자국통화의 수를 나타내고 있기 때문에 이를 지급계정환율(rate in payable account, giving quotation)이라고도 한다.

(2) 외국통화표시 환율(Rate in Foreign Currency)

자국통화의 한 단위에 대한 가격을 외국통화의 수로서 나타내는 환율이 외화표시환율이다. 예를 들면 「1원 = 1/1,100달러」이라고 표시하는 경우를 외화표시환율이라고 한다.

이 환율은 또 자국통화의 한 단위를 대가로 수취할 수 있는 외국통화의 수를 나타낸다고 하는 의미에서 수취계정환율(rate in receivable account, receiving quotation)이 라고도 한다.

(3) 할증 또는 할인 표시방법

환율의 표시방법은 기본적으로 방화표시환율과 외화표시환율로 구분되지만, 기타 특수한 환율의 표시방법으로서 할증(premium : P)과 할인(discount : D)의 표시방법이 있다. 이들 방법은 2가지로 구분될 수 있는데, 그 하나는 미국과 캐나다 또는 영국과 남아연방의 경우처럼 동일한 화폐단위를 사용하고 있는 국가간에 주로 사용하는 방법이다.

우리나라는 방화표시환율방법을 사용하고 있으므로 「US$ = 1,100원」에서 「US$ = 1,200원」으로 변동되었다면 환율이 인상되었다고 말하며, 이 때 원화의 대외가치는 하락(평가절하 ; depreciation)된 것이다.

즉, 환율은 일국통화의 대외가치를 나타내고 있으므로 일국통화의 대외가치가 증가하는 것을 「appreciation」이라고 하며, 반대로 대외가치가 하락되는 것을 「depreciation」이라고 한다.

특히 고정환율제도하에서 환평가의 변경에 의한 일국통화의 대외가치가 증가하면 평가절상(revaluation)이라 하고, 대외가치가 하락하면 평가절하(devaluation)라고 한다.

〈표 8-1〉 환율의 표시방법과 환가치의 변동

구 분	환 율	자국통화의 환가치
자국통화 표시방법	인 상	환가치 하락 또는 평가절하
	인 하	환가치 상승 또는 평가절상
외국통화 표시방법	인 상	환가치 상승 또는 평가절상
	인 하	환가치 하락 또는 평가절하

3) 환율의 종류

환율은 거래의 종류에 따라 여러 가지 형태로 나누어 볼 수 있다.

(1) 매도환율과 매입환율

사고자 하는 사람과 팔고자 하는 사람의 환율은 서로 다르며 사고자 하는 환율을 매입환율(bid rate), 팔고자 하는 환율은 매도환율(offer rate)이라고 한다. 그리고 매도환율과 매입환율의 차이를 스프레드(spread)라고 하며 이 「스프레드」가 외환거래수익의 원천이 된다.

(2) 현물환율과 선물환율

외환의 매매계약에 따른 결제를 언제 행하느냐에 따라 현물환율(spot exchange rate)과 선물환율(forward exchange rate)로 구분된다. 현물환율은 외환 매매계약일로부터 제2영업일 이내에 외환의 결제가 이루어지는 외환거래에 적용되는 환율이며, 계약일로부터 제2영업일을 초과하여 외환의 결제가 이루어지는 외환거래에 적용되는 환율은 선물환율이라 한다.

(3) 은행간 환율

국제외환시장에서 외환거래란 은행간 거래를 의미하며 이러한 은행간 거래에서 자유롭게 형성될 수 있는 외환시세를 은행간 환율(exchange rate)이라 하며, 통상 은행간 거래에 있어서는 전신환이 허용되기 때문에 은행간 환율은 실제로는 전신환율을 의미한다.

제4절 국제수지와 국제수지표

1. 국제수지의 기본개념

1) 국제수지의 의의

국제수지(balance of international payment)란 일정한 기간에 (매년 1월 1일에서 12월 31일까지)있어 재화 및 서비스의 수출과 수입 등 경상거래의 내용과 금융자산의 수출, 수입 등 자본거래의 내용을 자국 거주자의 입장에서 복식부기의 원리원칙에 따라 수입과 지출의 일정한 양식에 의거 체계적으로 파악해 놓은 것이다. 즉, 보통 1년 동안 한 나라의 국제 거래에서 생기는 화폐지급과 화폐수취를 체계적으로 분류하여 총괄표시하는 하나의 명세서이다.

2) 국제수지표의 의의와 목적

국제수지표(statement of the balance of international payment)란 한 나라의 국제수지 관계를 한 표에 집계한 것, 즉 국제간에 발생하는 각종 수입과 지출의 종합한 대조표를 말한다. 국제수지표란 일정기간 ① 한 나라의 국민경제가 대외거래에서 발생한 재화, 서비스 및 소득거래, ② 화폐용 금, 특별인출권 (SDR : Spesial Drawing Rights) 및 대외채권 채무의 소유권 변동, ③ 이전거래 및 복식부기 원리상 수지균형을 취하기 위한 대응거래를 기록한 통계표라 하고 있다.

국제수지표의 가장 중요한 목적은 그 나라의 대외결제상태를 명백히 하고 외환의 원천과 용도를 밝히는 데 있다. 특히 외환관리가 실시되고 있는 경우에는 외환배분계획의 자료로서 국제수지표는 필요한 것이다.

3) 국제수지표의 내용

국제수지표상 계정별 주요 내용을 보면 다음과 같다.

① 재화 및 용역계정에서는 상품수출과 수입, 운임 및 보험, 여행, 투자수익, 정부거래, 기타 용역 등으로 되어 있다. 재화 및 용역계정에서 대변(credit)은 수입항목으로서 재화 및 용역의 수출이 기록되고, 차변(debit)에는 지급항목

으로서 재화 및 용역의 수입이 기록된다.

② 이전거래계정에는 반대급부를 수반하지 않는 증여, 원조 등이 주요 내용으로, 이전거래는 거래주체에 따라 민간과 중앙정부로 구분되고 있다. 그리고 대변에는 거주자가 취득한 이전수입을 기록하고 차변에는 거주자가 공여한 이전지급액을 기록한다.

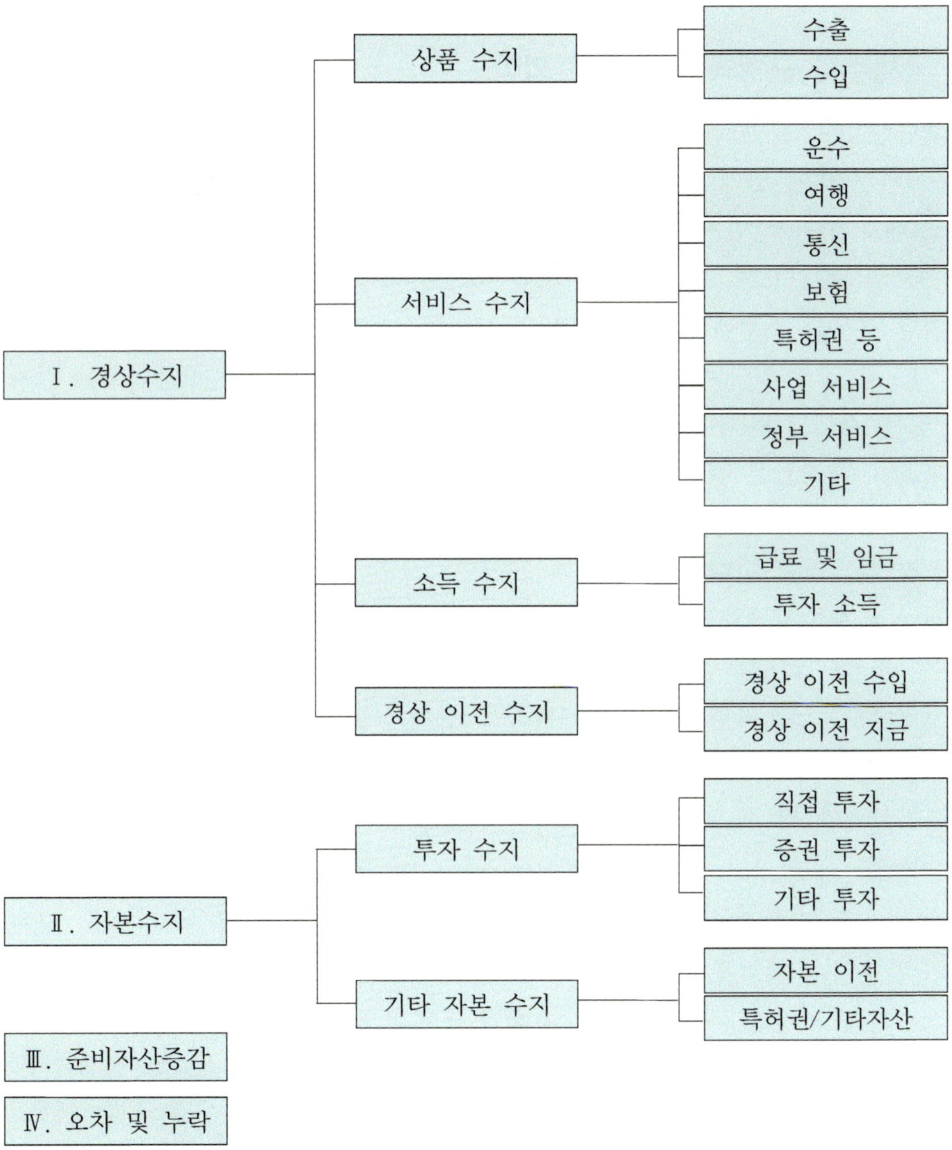

〈그림 8-2〉 국제수지표의 구성

③ 자본 및 화폐종금계정에는 금융상의 청구권과 화폐용 금의 흐름을 기록하게 된다.

이상의 3가지 기본적 거래항목 외에 조정항목으로서 오차 및 누락계정이 있다.

2. 국제수지의 조정

1) 국제수지 균형과 불균형의 의미

개념상으로 볼 때는 국제수지표의 표준 분류항목 전체의 순계는 언제나 영(zero)의 상태에 있게 된다. 왜냐하면 국제수지표의 작성원리는 복식부기의 원리를 그대로 따르고 있기 때문에 하나의 경제적 거래에 대하여 차변과 대변에 동시에 계상되고 있으며, 또한 경상수지와 자본수지의 합계가 금융계정의 합계와 불일치할 경우를 조정하기 위한 오차 및 누락항목도 설정되어 있기 때문이다. 따라서 사실상 몇 개의 분류집단으로 구분할 경우에는 수입합계와 지급합계는 일치하지 않는 것이 보통이다. 이때 그 차이를 수지(balance)라고 하며 순수입은 흑자(surplus), 순지급은 적자(deficit)라고 하고 이것을 우리는 국제수지의 불균형상태라고 한다. 물론 흑자도 적자도 아닌, 즉 양변의 합계가 일치할 경우를 국제수지의 균형상태라고 한다.

결국 국제수지는 사후적(ex post)으로는 언제나 균형상태에 놓이게 되지만 그것은 불균형 상태를 인위적으로 조정되므로 국제수지표의 자체적인 성질로 보면 전체적으로는 한 나라의 대외경제활동을 정확하게 파악할 수 없다.

2) 국제수지의 조정정책

국제수지가 흑자가 되던 적자가 되던 일단 불균형상태가 되면 바람직하지 않으므로 각국은 국제수지균형을 위해 여러 가지 정책을 시행하며, 이와 같이 국제수지가 불균형이 되었을 때 균형을 이루도록 하는 것을 국제수지의 조정이라 한다. 국제수지의 조정과정에는 자동적 조정과 조정정책의 2가지가 있다.

(1) 국제수지의 자동적 조정

변동환율제도 하에서는 국제수지의 불균형이 생기면 환율의 신축적인 변동에 의하여 자동적으로 국제수지의 균형이 이루어지게 된다. 그러나 고정환율제도하에서는 환율이 고정되어 있거나 그 변동의 폭이 제한되어 있으므로, 환율 이외에 물가수준이나 국민소득의 변동에 의하여 조정되는데 이 과정을 설명하는 이론으로 다음의 2가지가 있다.

① 가격조정이론 : 무역수지 적자국에서는 수입대금의 결제에 의한 통화환수 → 통화량 감소 → 수요감소 → 재화의 가격인하의 과정을 거치게 되는데, 이 상태를 외국의 입장에서 보면 무역수지 적자국의 재화가 상대적으로 저렴하게 된 것이므로 외국수요가 증가되고 있는 무역흑자국의 수출을 증가시키는 결과를 초래한다.
한편 무역적자국의 입장에서 보면 외국의 재화가 상대적으로 비싸게 되므로 수입상품에 대한 수요가 감소되어 수입감소의 효과를 가져와 결국 균형에 도달된다는 이론이다.

② 소득조정이론 : 무역수지 흑자국에서는 통화량증대 → 수요증대 → 국민소득 증대 → 수입증대의 과정을 거쳐 평균 균형에 도달한다는 이론이다.

(2) 국제수지의 조정정책

① 재정 · 금융정책 : 이는 환율은 그대로 두고 유효수요의 관리를 통해 국제수지를 조정하려는 정책이다.

a) 재정정책 : 조세나 재정지출의 증감을 통해 국제수지를 조정하는 정책으로 만약 국제수지가 적자인 경우 조세증가, 재정지출감소로 민간부문의 총수요를 감소시키고 이는 수입을 감소시켜 국제수지가 균형을 이루게 된다.

b) 금융정책 : 이자나 지급준비율의 조정을 통해 국제수지를 조정하는 것으로서, 만약 국제수지가 흑자인 경우 금리를 인하시키면 구매력이 증대되고 이는 수입을 증대시켜 국제수지가 균형을 이루게 된다.

② 외환정책 : 이것은 환시세의 조정을 통해서 국제수지를 조정하는 수단이다. 환시세를 조정하면 이는 곧 바로 수출입 가격에 영향을 주게 되고 이에 따른 수출입량의 변동을 통해 국제수지가 조정되는 것이다. 그러나 오늘날 대부분의 국가가 채택하고 있는 변동환율제는 환율이 완전한 외환시장의 수급에 의해서 결정되는 형태가 아니고 통화당국이 개입할 수 있는 일종의 관리

변동환율제이다. 따라서 통화당국의 개입에 의한 환율조정이 중요 정책수단이 될 수 있다.

③ 무역정책 : 수입관세, 수입할당제, 수출보조금, 외환통제 등의 무역정책을 통한 수입규제는 인위적으로 대외지불을 억제하고 외환수취를 촉진함으로써 국제수지를 개선시키는 점에서는 전술한 재정, 금융정책이나 환율조정정책과 동일하다.

그런데 관세 등을 통하여 정부가 개별산업에 관여하여 개별상품의 가격형성과 자원배분에 영향을 주는 이러한 정책수단은 대부분 국제수지개선이라는 단기적 목적뿐 아니라 국내산업보호나 비교우위산업의 대외경쟁력 배양 등 보다 장기적이고 산업구조적인 차원에서 이루어지며, 또한 이러한 제도들은 한번 실시되면 철회하거나 후퇴시키키기가 사실상 곤란하여 단기적인 국제수지조정정책으로서는 그만큼 경직된 정책이라 할 수 있다.

※ SDR(Special Drawing Rights) : 특별인출권

1969년 7월에 IMF에 의하여 국제무역증대에 따른 국제유동성의 부족을 보전하기 위하여 가맹국간에 준비통화와 같이 유통되는 국제통화이다.

제9장 무역업무와 관련 법규

제1절 무역업무

1. 수출업무

1) 수출의 정의

"무역"은 국가와 국가 사이에 서로 필요한 물품, 자본, 기술 등을 거래하는 경제활동을 의미하는데, 여기서 수출(export)이란 대외판매의 목적물이 되는 상품을 대상으로 하여 외화 또는 그에 상응하는 물품의 대가로 외국에 물품을 매각하는 행위를 말한다.

(1) 대외무역법상의 개념

대외무역법상 수출이라 함은 매매 · 교환 · 임대차 · 사용대차 · 증여 등을 원인으로 국내에서 외국으로의 물품의 이동(우리나라 선박에 의하여 외국에서 채취 또는 포획한 광물이나 수산물을 외국에 매도하는 것을 포함)과 또는 유상으로 외국에서 외국으로 물품을 인도하는 것(현지 인도방식수출이나 중계무역에 의한 수출입)을 말한다.

(2) 관세법상의 개념

관세법에서는 수출의 개념에 대하여 다음과 같이 밝히고 있다. 즉, 수출이란 "내국물품을 외국으로 반출하는 것"을 말하여, 여기서 내국물품이라 함은 "우리나라에 있는 물품으로서 외국물품이 아닌 것과 우리나라 선박에 의하여 공해에서 채포한 수산물"을 말한다.

(3) 행정법상의 개념

행정법에서는 "위조 또는 변조한 외국화폐 · 지폐 · 은행권을 행사하거나 행사를 목적으로 수출입한 자는…"이라고 규정하고 있는데, 여기서의 수출은 국경의 이월(移越) 또는 이출을 말한다.

이상에서 보듯이 대외무역법은 수출입의 최초단계에서 마지막 단계까지 일련의 과정을 중시하면서 외화획득에 중점을 두고 있으며, 관세법은 수출입면허 시점을 중시하여 관세 확보를 목적으로, 그리고 행정법은 국경을 기준으로 각각 수출입에 대한 정의를 내리고 있다.

2) 수출절차

수출절차란 수출행위를 할 수 있는 자격(무역업등록 등)을 얻은 자가 수출이 허용된 물품을 외국의 수입업자와 수출계약을 체결하고 물품의 수출에 관한 기본사항을 관리하는 대외무역법과 수출대금의 결제방법을 정한 외국환관리법에 따라 수출승인을 받은 후 통관절차 등을 규정한 관세법에 따른 세관통관절차를 거쳐 운송수단 등에 적재하고 최종적으로는 물품대금을 회수하게 되기까지의 일련의 행정적 · 법규적 · 상관습적 흐름의 단계를 의미한다.

이러한 수출절차는 국내무역관련 법규(대외무역법, 외국환거래법, 관세법 등)와 국제상관습(Incoterms, 신용장통일규칙 등)의 상호연관 속에서 유기적으로 적용되게 된다.

수 출 절 차

참 고 사 항

신용장내도 시 주요 확인사항

① 계약내용과의 일치여부
② 취소불능신용장인지의 여부
③ 개설은행 신용상태
④ 특수조건 및 지장을 초래할 수 있는 내용검토
⑤ 지급확약 문구
⑥ 오자, 탈자의 존재여부, 단가와 합계의 정확여부 등

수출승인 대상

수출입공고, 별도공고에 의해 수출이 제한되는 물품
(중계무역, 외국인수 수입, 외국 인도수출, 선용품은 제외)
- 특별법에 의해 수출제한이 되는 경우도 있음

원산지증명서 발급기관

① 원산지증명서(C/O)
  : 상공회의소
② GSP원산지증명서
  : 각 시, 도청

관세 환급을 위한 수출이행

수출용원재료 또는 내수용으로 수입하였는지 여부에 불문하고 수입면허일로부터 2년 이내에 수출하여야 함.

환급신청기간

수출신고수리일로부터 2년 이내에 환급신청

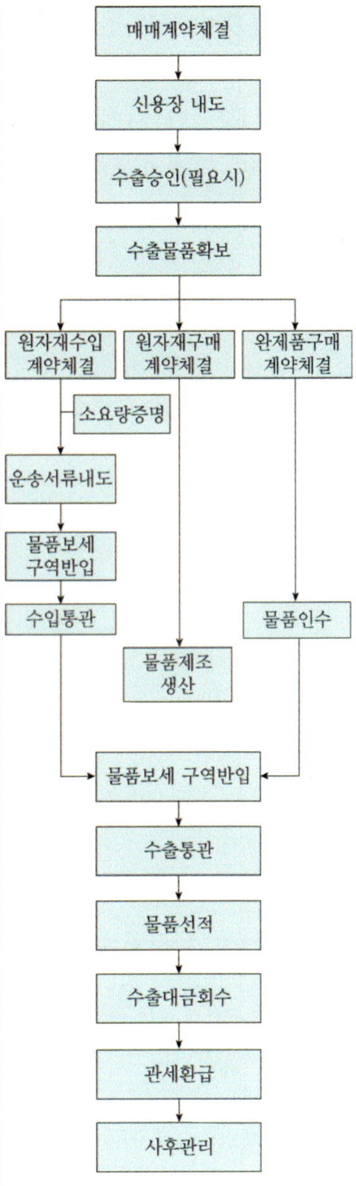

구 비 서 류

수출승인 시 구비서류

① 수출승인신청서 4부
② 수출신용장 또는 계약서 사본 1부
③ 기타 수출승인기관에서 요구하는 서류

비고 시, 품목의 소용량 증명서 신청서류

① 소요량증명신청서 1부
② 수출신용장, 내국신용장, 구매승인서, 수출면장 등 소요량증명서 발급에 필요한 근거서류
③ 소요원자재 산출기초명세서
④ 견품, 카탈로그, 용도설명서 등 소요량 증명발급에 필요한 최소한의 증명서류

수입신고 시 구비서류

① 수입신고서(EDI신고)
② 수입승인서(해당되는 경우)
③ 가격 신고서(INVOICE)
④ 기타 수입통관에 필요한 서류

수출신고 시 구비서류

① 수출신고서(EDI 신고)
② 수출승인서(해당되는 경우)
③ 상업송장 및 포장명세서
④ 기타 수출통관에 필요한 서류

수출대금 회수 시 구비서류

① 환어음
② 선하증권(B/L)
③ 상업송장(Commercial Invoice)
④ 포장명세서(Packing List)
⑤ 보험증권 원산지증명서 GSP 등 (수입자 요구 시)

〈그림 9-1〉 수출절차(L/C방식)

3) 수출절차의 주요 내용

(1) 수출계약의 체결

수출을 하고자 하는 자는 취급하고자 하는 물품에 대하여 국내 무역관련 법규에 의해 수출이 허용되는 물품인지 여부를 확인한 다음, 거래시장을 탐색 및 시장조사 단계를 거쳐 그 시장에서 가장 적절한 거래선을 물색한 후, 상대방에 거래를 제의하여 거래선의 동의를 얻게 되면 거래관계개설을 위한 수출계약을 체결하게 된다. 수출계약은 수출업자가 선정된 외국의 수입업자에게 물품의 소유권을 양도하여 물품을 인도할 것을 약속하고, 수입업자가 이를 받아들여 그에 상응하는 대금을 지급할 것을 약정하는 계약으로, 수출계약은 그 자체가 사적자치에 따라 수출업자가 계약목적물인 상품의 종류, 품질, 수량, 가격, 인도조건, 대금결제방법 등의 계약조건을 외국의 수입업자에게 서면이나 기타의 방법으로 제시하고 수입업자가 이를 승낙하게 되면 성립하게 된다.

(2) 신용장의 수취

수출계약이 체결되면 수입업자는 신용장을 수출업자 앞으로 개설하게 되고 신용장을 수취한 수출업자는 동 신용장이 계약내용과 일치하는지 여부를 검토해야 한다. 수출업자는 검토결과 일치하지 않는 사항이 있으면 즉시 통지은행을 통하여 수입업자에게 L/C정정을 요구해야 한다. 또한 L/C의 취소가능 및 양도가능여부, 매입은행의 제한여부 등의 확인을 하여야 한다.

(3) 수출승인

물품을 수출하고자 하는 자는 무역업의 허가를 받았다 하더라도 개개의 수출거래마다 거래품목이 수출 가능한 품목인지 등을 산업통상자원부 장관으로부터 검토 받아야 하는데 동 수출승인은 대부분 외국환은행장에게 위임되어 있다.

이렇게 수출승인을 받은 수출업자는 승인된 내용에 따라 유효기간 내에 수출물품의 선적이 이루어져야 한다. 종전의 수출입승인제는 원칙적으로 모든 물품에 대하여 승인대상으로 하고 있었으나, 현재에는 수출입승인대상의 관리체계를 Positive System(원칙규제 · 예외허용)에서 Negative System(원칙허용 · 예외규제)으로 전환함으로써 수출입공고, 수출입별도공고에 해당하는 물품과 외화획득용 원료 · 기재의 수입 및 산업설비 수출물품에 대해서만 승인대상으로 하고 있다.

(4) 수출물품의 확보

수출신용장을 수취하고 난 후 외국환은행장의 수출승인을 받았으면 수출물품을 확보하는 방법으로는 수출업자가 직접 제조 · 생산하는 방법과 수출물품 자체를 국내에서 구매하는 방법이 있을 수 있다. 수출물품을 제조 · 생산하기 위해서는 당해 물품의 생산에 소요되는 원료를 확보하여야 하며 그 원료를 확보하는 방법에는 외국에서 원료를 수입하는 방법과 동 원료를 국내에서 구매하는 방법이 있다.

(5) 수출검사

수출물품에 대한 제조생산이 완료되면 수출통관절차를 밟기 전에 수출검사를 받게 된다. 수출검사란 수출하고자 하는 물품을 수출신고(수출면허)하기 이전에 실시하는 법적 강제검사로서 수출품의 품질 향상을 도모하여 건전한 무역을 조성하는 데 그 목적이 있다.

(6) 수출화물의 운송 및 보험계약체결

수출물품에 대한 수출검사가 완료되면 수출업자는 수출물품을 수출계약조건이나 신용장 등에서 정한 소정의 선적기한 내에 물품을 선적하여야 하므로 계약조건이 CIF나 CFR이면 적합한 선박회사를 선정, 운송계약을 체결하여 이 계약에 따라 수출화물을 선적할 준비를 하게 되며, FOB조건일 경우에는 수입업자가 지정하는 선박에 수출화물을 선적할 준비를 하면 된다. 또한 수출업자는 계약조건이 CIF조건인 경우에는 수출계약서 및 수출물품의 특성 등을 감안하여 적합한 해상보험약관을 선택하여 해상보험계약을 체결하게 된다. 이상의 절차가 끝나게 되면 수출업자는 관세법 규정에 의한 수출통관절차를 거쳐 당해 수출물품을 선박(항공기)에 적재하고 선하증권(또는 Air Waybill)을 수취하게 된다.

(7) 수출통관

수출물품의 생산이 완료되거나 수출물품의 구매 등을 통하여 수출물품을 확보한 수출업자는 당해 수출물품을 지정된 선박(항공기)에 선(기)적 하기 전(수출검사대상품목이면 수출검사완료 후)에 관세법에 의한 수출통관절차를 밟아야 한다.

수출통관절차란 수출면허의 의미로서 내국물품을 외국으로 반출하는 것을 허용하는 세관장의 처분을 말한다.

물품장치 → 수출신고 → 검사 → 분석 → 심사 → 수출신고수리 → 선적 → 대금결제 → 관세 환급

〈그림 9-2〉 수출통관절차의 개요

(8) 수출대금의 회수

수출물품의 세관통관절차를 거쳐 선적이 완료되면 수출업자는 제반 운송서류를 갖추어 수출대금의 회수단계에 이르게 된다.

수출대금을 회수하기 위해서는 먼저 거래 외국환은행과 화환어음 거래약정을 체결하고 선적을 이행한 후 수출신용장 또는 계약서의 조건에 따라 환어음과 운송서류를 작성하여 이의 매입(negotiation) 또는 추심을 거래외국환은행에 의뢰하게 된다.

외국환은행은 화환어음을 지급인(주로 수출신용장 개설은행 또는 수입자) 앞으로 송부함으로써 수출대금의 회수가 이루어진다.

수출대금의 회수행위는 수출 승인된 결제방법에 의하여 수출승인의 유효기간 내에 전액 회수하도록 의무화하고 있다.

(9) 사후관리

사후관리란 수출업자가 수출승인을 받고 난 후 수출품의 제조 · 생산을 위하여 원자재를 수입하였을 경우 당해 수입된 원료가 수출이행이 되었는지 여부 등을 관리함으로써 수출입질서를 유지하고 나아가 국내산업의 보호와 물자의 국내수급을 원활히 하고자 하는 것이다. 무역거래에 따른 사후관리는 수출승인의 사후관리 및 외화획득용 원료의 사후관리로 구분된다.

2. 수입업무

1) 수입의 정의

무역거래에서 수입(import)은 매매의 목적물인 물품을 외국으로부터 구매하는 것으로서, 대외무역법 시행령에서는 ① 매매 · 교환 · 임대차 · 사용대차 · 증여 등을 원인으로 외국으로부터 국내로 물품을 이동하는 것, ② 유상으로 외국에서 외국으로 물품을 인수하는 것으로서 산업통상자원부장관이 정하여 고시하는 기준에 해당하는 것이라고 수입을 정의하고 있다.

한편, 관세법에서는 수입이란 ① 외국으로부터 우리나라에 도착된 물품(외국의 선박 등에 의하여 공해에서 채취한 수산물 등을 포함), ② 수출신고가 수리된 물품을 우리나라에 인취하는 것(보세구역을 경유하는 것은 보세구역으로부터 인취하는 것)을 말한다고 규정하고 있다.

2) 수입절차

수입절차는 원칙적으로 무역업을 신고한 자가 수입 가능한 품목에 대해 대외무역법의 수입승인 등을 받아 국내로 수입할 경우에 관세법에 근거한 수입통관절차를 걸쳐 최종적으로 인취하는 일련의 절차를 의미한다.

물론 이러한 수입절차는 국내무역법규(대외무역법 등)와 국제무역관습규정(신용장통일규칙 등) 등 상호 연관 속에서 각 절차에 적용되고 있으며, 수입업자는 각 단계별로 가장 적합한 법규 등을 신중히 검토하여야 한다.

3) 수입절차의 주요 내용

(1) 수입계약의 체결

수입계약이란 국제간에 발생되는 매매계약으로서 수출업자가 수입업자에게 상품의 소유권을 양도하여 인도할 것을 약속하고 수입업자는 그 대금을 지급할 것을 약정하는 계약이다. 이러한 국제매매거래는 격지간의 물품과 대금의 이전이기 때문에 당사자의 의무, 책임의 범위 및 한계, 가격조건 등을 양당사자가 명확히 정하여 두는 것이 사후에 발생될 수 있는 분쟁을 막을 수 있다.

일반적으로 수입계약은 수입업자가 수출업자로부터 청약(offer)을 받고 수입업자가 이에 대한 승낙(acceptance)을 하게 되면 계약이 성립되게 된다. 현재 국내 수입계약은 한국무역협회장에게 무역업 신고를 하여 무역법 고유번호를 부여 받은 업체는 해외 당사자간에 무역계약을 체결할 수 있다.

수 입 절 차

참 고 사 항

• **수입승인 유효기간**

수입승인의 유효기간은 승인일로부터 원칙적으로 1년임

•**신용장개설시 주의사항**

① 대금결제방법, 선적항, 도착항의 6계약서와의 일치여부
② 품목, 규격, 단가, 원산지, 가격조건의 계약서와의 일치여부
③ 선적기일과 유효기일이 계약서상의 유효기일 이내이며 선적기일은 유효기일 이내인가 확인
④ 분할선적과 환적의 허용여부

• **L/G 발급 시 유의사항**

① L/G발급 후엔 도착하는 서류에 하자가 있더라도 클레임을 제기할 수 없음
② 일람 후 정기출급조건의 기한부신용장인 경우 기간 개시의 기산일이 L/G발급일임(최장 20일 인정)

• **수입신고 시기**

반입신고 후 30일 이내에 수입신고 해야 함(기간 경과 시 최고 2%이내의 가산세부과)

절차

수입계약체결 → 수입승인(필요시) → 신용장 개설 → 선적서류내도 및 대금결재 (L/C) → 물품보세 구역반입 → 수입신고 → 사후관리

구 비 서 류

수입승인신청 시 구비서류

① 수입승인신청서 4부
② 수입계약서 또는 물품매도 확약서
③ 수입대행계약서(대행 시)
④ 기타 수출입공고 등에서 규정한 요건을 충족하는 서류

신용장개설시 구비서류

① 수입신용장 개설신청서
② 상업신용장 약정서
③ 수입승인서(필요 시)
④ 물품매도 확약서
⑤ 기타 필요한 서류
: 담보제공증서 등

L/G발급신청 시 구비서류

① 발급은행 소정의 선취보증서 및 보증서 발행신청서 각1부
② 선하증권 사본
③ 상업송장 사본
④ 화물도착통지서(Arival Notice)
⑤ 기타 필요로 인정되는 서류(각서분)

수입신고 시 구비서류

① 수입신고서
② 수입승인서(필요 시)
③ 가격신고서(송품장 포함)
④ 선하증권 사본
⑤ 기타 필요서류(C/O, 도입물품 명세 확인서 등)

〈그림 9-3〉 수입절차(L/C방법)

(2) 품목의 수입요건

대외무역법 제6조는 무역을 물품의 수출입으로 정의하고 물품의 범위 및 수출입의 형태에 대해서도 각각 정의하고 있다. 그러나 이러한 규정은 물품의 수출입에 대한 포괄적인 대상을 선정한 것이지 실질적인 물품의 수입여부 관리는 하부 규정인 고시·공고 등에 의하여 세부적으로 규정·운영하고 있는 것이다.

현행 품목 관리체계를 보면 크게 수출입공고 등과 49개 특별법의 통합공고 등으로 구분하고 수출입공고를 별도공고 등으로 다시 세분하여 그 목적에 맞게 운용하고 있다.

(3) 수입승인

수입승인은 산업통상자원부장관이 수입행위 이전에 대외무역법상 수입승인요건인 수입자격, 수입품목, 수입지역, 거래형태 등 제반사항의 적법성에 관해 심사하여 신청자에게 최종적으로 동의 또는 승낙하는 것으로 수입하고자 하는 자가 수입승인을 얻으려면 우선 수입요건을 충족하는 품목에 대해 수입승인 신청서류를 작성하여 수입승인 기관장에게 신청하여야 한다.

(4) 수입신용장 개설

수입자는 수입물품에 대한 수입승인을 받은 다음 그 유효기간 내에 신용장개설을 신청하게 된다. 신용장 개설은행은 신용장 개설에 관한 심사 및 기타의 절차를 완료하고 개설의뢰인이 제출한 의뢰서의 내용을 점검하여 타당하다고 인정되면 신용장을 개설해 주게 된다. 개설은행은 신용장을 개설한 후 이를 통지은행에 통지를 요청하고 통지은행은 수익자에게 신용장 개설을 통지하고 이를 전달하게 된다.

한편 수익자인 수출업자는 상품의 선적을 완료하고 운송서류 등 신용장에서 요구하는 서류들을 준비하여 지정된 매입은행에 제시하면 매입은행은 수입대금을 지불하고 이 서류를 개설은행으로 송부하게 된다. 서류를 송부 받은 개설은행은 신용장의 조건과 일치되는 서류를 제시받은 경우 매입은행에게 지급을 이행하고 개설신청인에게 서류를 인도한 후 보상받게 된다.

(5) 운송서류수취와 대금결제

수입업자가 거래 외국환은행을 통하여 수입신용장을 개설하면 신용장 수혜자는 당해 신용장조건에 따라 물품을 선적한 후, 수입업자 또는 개설은행 등을 지급인으로 하는 환어음을 발행하여 관계운송서류(선적서류)를 지급 또는 매입은행에 제시하고 물품대금을 회수한다.

이 운송서류(선적서류) 및 환어음을 매입한 은행은 신용장에 제시된 바에 따라 이 운송서류들을 개설은행 앞으로 송부하며, 개설은행은 접수한 후 수입업자에게 운송서류 도착통지를 하게 된다.

이때 개설 은행은 운송서류(선적서류)를 심사한 결과 신용장조건과 불일치한 점이 발견되면 개설의뢰인에게 「신용장조건 상이에 따른 조회」를 송부하여 이 서류의 인수여부를 조회하게 된다. 이 경우 수입업자가 이 서류를 인수할 의사가 없거나, 인수가 불가능한 경우에는 즉시 이를 개설은행에 통고하여 거래상대방 매입은행에 이의신청하도록 하여야 한다.

운송서류(선적서류)를 인수받은 수입업자는 자기자금이나 일반수입금융 및 거래계약 당시 제공한 담보 등을 처분하여 수입대금을 결제한 후 선적서류를 인도받아 수입통관 절차를 밟게 된다.

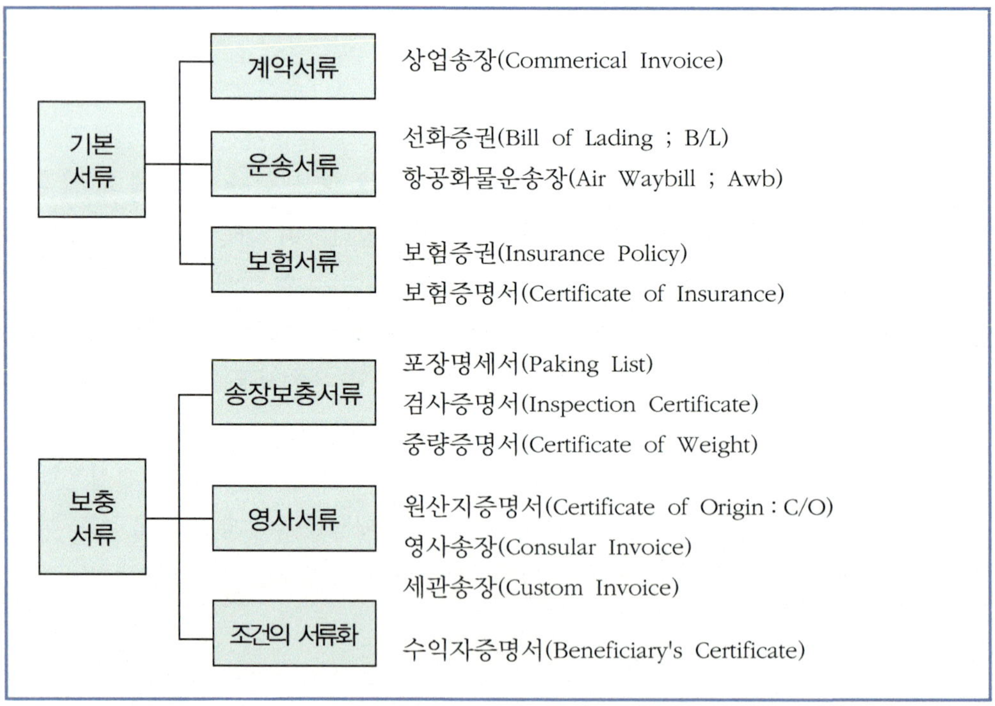

〈그림 9-4〉 운송서류의 종류

(6) 수입통관

수입통관이란 외국물품을 우리나라에 인취하는 일련의 과정을 말하는 것으로 수입물품을 장치장소에 반입한 후 수입신고를 하고 소정의 절차를 걸쳐 수입면허를 받은 후 장치장소로부터 물품을 반출하는 절차이다.

외국으로부터 수입되는 물품이 우리나라에 도착하면 수입업자는 동 물품을 보세구역에 반입하여 장치한 후 수입통관을 하기 위하여 세관에 수입신고를 하게 된다.

세관은 수입 신고된 물품과 실제로 수입된 물품이 동일한 것인가를 확인하고 신고사항을 심사한 후 수입업자에게 납부서를 발급한다. 수입업자는 제반세금을 납부하고 세관으로부터 수입신고필증을 교부받음으로써 그 물품은 외국물품에서 내국물품으로 바꾸게 되어 보세구역으로부터 반출할 수 있다. 수입업자는 물품을 보세구역으로부터 반출한 후 세관에서 세액심사를 받고 세금을 정산함으로써 기본적인 수입통관절차를 마치게 된다.

입항 → 하역 → 입항지보세구역 → 장치확인 → 수입신고 → 검사 → 분석 → 통관심사 → 세금납부 → 수입신고수리 → 수입물품인취 → 감면물품 등 사후관리

〈그림 9-5〉 수입통관절차의 개요

(7) 사후관리

① 일반수입승인 사후관리

대외무역법에서는 수출을 진흥하여 대외무역의 건전한 발전을 촉진하기 위하여 수출입의 거래방법, 거래지역, 거래가격 등에 관한 사전관리와 함께 수입이 법령대로 실시되었는지의 여부를 심사하는데 이를 수입승인 사후관리라 한다. 사후관리는 수출입질서의 확립을 통해 수입관리의 목적을 달성하기 위하여 산업통상자원부장관이 수출입의 승인을 얻은 자가 그 유효기간 내에 물품의 수입 또는 수입대금의 지급을 승인된 내용에 따라 이행하였는지의 여부 등을 확인하는 행정절차이다.

② 외화획득용 원료의 사후관리

우리나라는 수출의 증대를 통하여 국제수지 균형과 안정적인 국민경제성장을

도모하고자 외화획득용 원료의 수입 시 상역, 금융, 외환, 관세 등의 측면에서 각종의 혜택을 부여하고 있다.

이와 같은 외화획득용 원료에 대한 차별적인 혜택은 수출용으로 수입된 원자재를 제조·가공하여 일정기일 내에 합법적인 절차에 따라 대응수출을 이행할 것을 전제로 부여되고 있는 것이므로 외화획득용 원료를 수입한 자가 이러한 조건들을 성실히 이행하는지의 여부를 사후관리 할 필요가 있다.

무역정책상 외화획득용 원료의 수입 시에는 수출입공고 등의 수입금지제한 등의 품목제한 및 수량제한을 받지 아니하고 수입할 수 있으므로 이와 같은 혜택에 대응하는 사후관리를 규정할 필요가 있어 대외무역법상 외화획득용 원료를 수입한 자와 그 수입을 위탁한 자나 외화획득용 원료로 생산된 물품을 구매한 자는 정하여진 기간 내에 대응수출을 완료하여야 하며, 이러한 의무이행이 불가능한 경우에는 상사 간 양도승인이나 사용목적 변경의 절차를 거쳐 사후관리 의무를 면하도록 규정하고 있다.

제2절 무역관리제도

1. 무역관리의 의의

무역관리란 국가가 제도·기구 또는 법규에 의하여 무역거래 행위에 대하여 직·간접적으로 간섭·통제 또는 규제하는 것을 말한다. 국민경제를 무시한 기업의 영리행위는 자국의 국민경제를 저해하고 국가 전체의 국제경쟁력을 약화시키는 결과를 초래하므로 세계 각국은 정도의 차이는 있으나 국민경제의 균형유지를 목표로 민간무역에 대하여 통제 및 관리를 하고 있다.

무역관리의 목적은 국민경제의 발전에 기여하는 데 있으며 그 방법과 수단으로는 대외무역을 진흥하고 공정한 거래질서를 확립하여 국제수지의 균형을 꾀하고 통상의 확대를 도모하는 데 있다.

1) 무역관리

(1) 무역관리의 개념

무역업자가 무역거래 행위에 대하여 정부가 직접 또는 간접적으로 개입 또는 간섭을 통하여 무역거래의 질서를 유지하는 수단이다. 동시에 자기 나라의 산업 정책에 부응하여 수출을 촉진하고 수입을 적정하게 조정하는 것을 말한다.

우리나라의 무역관리는 무역의 3대 기본법인 대외무역법, 관세법, 외국환거래법을 근거로 하여 이루어지고 있다.

(2) 무역관리의 목적

대외무역을 영위하고 있는 모든 국가들은 표현이나 정도의 차이는 있을지 모르나 어느 정도의 수출입관리를 국가에서 맡고 있다. 이는 정부의 관리와 감독이 없이는 질서가 문란해질 수 있으며, 많은 외화와 노력의 낭비가 초래될 우려가 있기 때문이다.

우리나라의 헌법 제125조에는 "국가는 대외무역을 육성하여 이를 규제 · 조정할 수 있다"라고 뚜렷이 규정하고 있으며 무역거래를 통제 및 관리하는 목적은 다음과 같다.

① 수출입을 적절히 촉진 및 조정하여 국제수지의 균형 내지 개선을 도모하여 외화보유고를 적정선에서 유지한다.
② 국내의 유치산업(幼稚産業)을 보호하고, 성숙산업의 국제경쟁력을 강화한다.
③ 국내의 물자수급의 원활화 및 소비형태의 건전화를 기한다.
④ 환율의 안정과 재정수입의 확보를 꾀한다.
⑤ 각종 국제기구(IMF, IBRD, WTO 등)에의 참여와 함께 세계경제의 일원으로서 무역자유화와 국제적 조류에 영향을 미치는 것 등이다.

(3) 권한의 위임에 의한 대외무역의 관리기구

수출입행정의 신속화와 효율적인 운영을 도모하기 위하여 무역에 대한 주무행정기관인 산업통상자원부장관은 대통령령이 정하는 바에 의하여 대외무역법에 의한 권한의 일부를 소속기관의 장, 서울특별시장 · 광역시장 또는 도지사에 위임하거나 관계행정기관의 장, 세관장, 한국은행총재, 한국수출입은행장, 외국환은행의 장 또

는 대통령령이 정하는 법인 또는 단체에 위탁할 수 있다.(대외무역법 제65조)

2. 무역관리기관 및 주요 기능

무역관리기관이란 무역관련법규에 따라 대외무역거래를 조정 또는 규제하는 행정기관이나 민간기관기구와 무역관리를 하는 관리조직을 말한다. 무역관리기관의 기능은 공공기관에 의한 관리와 무역업체에 대한 관리 그리고 수출입물품에 대한 관리 등으로 구분된다.

1) 공공기관에 의한 관리

무역행정을 신속하고 능률적으로 운영하기 위하여 무역관리에 관한 권한의 일부 또는 전부를 국가의 행정기관이나 외국환은행 등과 같이 공공성을 띠고 있는 기구에 위임하거나 위탁하여 관리하는 것을 말한다.

(1) 산업통상자원부

무역관리의 최상급 중앙행정관청으로서 무역에 관한 일체의 사무를 관장, 통괄하며 대통령이 정하는 바에 따라 권한의 일부를 소속기관이나 타 기관에 위임 또는 위탁하고 있다.

(2) 협조중앙행정기관

무역행정에 관한 주무부서인 산업통상자원부의 협조중앙행정관청으로 각기 소관업무에 대한 특별법을 관장하여 운영하고 있다.

(3) 무역정책에 관한 심의기관

무역정책에 관한 심의기관으로는 무역위원회(산업통상자원부 소속 대외무역법 위반 심의 · 의결기구), 무역정책심의회(산업통상자원부 소속 무역정책심의기구)가 있다.

(4) 산업통상자원부장관 권한 위임 무역관리기구

산업통상자원부장관 권한 위임하는 무역관리기구로는 중소벤처기업청장, 서울특별시장, 직할시장 또는 도지사, 수출자유지역관리소장 등이 있다.

2) 무역업체에 대한 관리

무역업과 무역대리업 등 무역주체에 대한 관리를 말한다.

3) 수출입추천과 승인

(1) 수출입추천

수출입공고상 수출자동승인품목이나 수입자동승인품목은 별도의 제한없이 외국환은행에서 수출승인(export licence : E/L) 또는 수입승인(import licence : I/L)을 받을 수 있다.

(2) 수출입승인

수출입승인은 무역절차의 기본이 되는 것으로 물품을 수출 또는 수입하고자 하는 자는 대통령이 정하는 바에 따라 산업통상자원부장관의 승인을 받아야 한다. 또한 승인된 사항을 변경할 때도 소정의 승인을 받아야 한다. 수출입승인의 의미는 수출의 경우 유효기간 내에 수출신고를 하고 수출대금을 회수하여야 하며, 수입의 경우 유효기간 내에 수입신고를 하고 수입대금을 지급하여야 함을 말한다.

수출입승인의 권한은 산업통상자원부장관에게 있으나 절차의 간소화 및 무역업무의 효율화와 신속화를 위하여 대부분을 외국환은행장에게 위탁하고 있다. 그러나 무역정책상 필요한 경우에는 산업통상자원부장관이나 외국환은행장 또는 수출추천기관장을 수출입승인기관으로 하고 있다.

제3절 무역관련제도

1. 무역업의 분류

우리나라 무역관리를 위한 기본법인 대외무역법에서는 무역관련 업종을 무역업과 무역대리업으로 구분하고 있다.

무역업이란 영리를 목적으로 무역을 업으로 영위하는, 즉 자기명의로 수출과 수입을 반복적 · 계속적으로 행하는 것으로 1997년 3월 1일부터 등록제에서 신고제[13]로 전환하여 운용하였으며, 이러한 무역업의 신고는 무역업을 영위할 수 있는 요건을 충족하였음을 의미하는 것으로 개별법상 별도요건이 있는 경우 이를 충족하여야 하였다.

그러나 2000년 1월 1일부터는 종전에 신고제로 하던 것을 사업자 등록증이 있는 자라면 누구나 무역업을 할 수 있도록 완전 자유화하였다.

한편, 무역대리업은 외국 수출입업자의 위임을 받은 자(지사 및 대리점 포함)가 국내에서 외국업자의 대리인 자격으로 수출물품의 구매 또는 수입계약의 체결과 이에 부대되는 행위를 업으로 하는 경우로 갑류무역대리업과 을류무역대리업으로 구분된다.

무역대리업자는 대리권 위임약정에 의하여 외국의 수출자 또는 수입자를 대리하여 국내에서 오퍼(offer)의 발행 또는 수출물품의 구매계약체결과 같은 중계업무를 수행하게 된다. 이들은 자기명의로 수출입을 할 수 없다는 점에서 무역업과 구별된다. 무역대리업 역시 그 동안 등록제를 관리하던 것을 1995년 7월 1일부터 신고제로 전환하였고 2000년 1월 1일부터 완전 자유화 되었다.

1) 무역업

(1) 무역업의 경영

무역은 물품의 수출 · 수입을 말하며[14], 무역업이란 이러한 무역을 업으로 영위하는 것을 말한다.[15] 업으로 영위한다 함은 영리를 목적으로 하는 행위를 계속적으로 반복하는 것을 의미한다. 자본주의 시장경제체제하에서는 민간기업인 무역업자가 무역업을 영위하는 것이 일반적이다. 따라서 무역업자라고하면 영리를 목적으로 대외무역을 영위하는 민간업자를 말한다. 국영기업이 무역을 하는 경우에도 민간기업의 무역행위와 다를 바가 없으므로 구분할 실익이 없다.

13) 사업개시일은 법인은 법인설립등기일, 개인은 제조업의 경우는 제조장별로 재화의 제조를 개시한날, 광업의 경우는 광물의 채취 · 채광을 개시한 날, 기타의 사업인 경우는 재화 · 용역의 공급을 개시하는 날부터이다.

14) 대외무역법 제2조 제1호.

15) 대외무역법 제2조 제4호.

따라서 대외무역법상의 무역업은 바로 이러한 전업 무역업 이외에도 제조업 등 주된 업종을 영위하면서 부수적으로 무역을 하는 경우에도 포함하여 무역업으로 보고 있다.

(2) 무역업의 자유화

정부는 무역업을 포함한 다양한 업태에 대하여 여러 가지 형태로 직접 관리한다. 그 관리수준이 강하느냐 약하느냐에 따라서 그 나라 행정이 정부주도인가 민간자율화인가를 평가할 수 있다. 정부의 기업에 대한 관리방법은 각종 행정법에서 규정하는 바에 따라 인 · 허가(승인포함), 등록, 신고 등으로 구분된다.

민간의 자율적 성숙도가 낮거나 정부의 행정권 남용이 심한 경우는 인 · 허가제 중심이고 그 반대의 경우는 신고제 또는 사업자 등록만으로 기업 활동을 할 수 있도록 하는 것인바, 인 · 허가는 행정기관의 재량행위이고 등록은 요건구비에 따르는 기속행위이며 신고는 단순한 사실의 제출 또는 보고라고 할 것이다. 사실 무역업을 누가, 어떻게 영위할 수 있는가에 대한 규정은 무역관리의 주요한 영역이 아니다. 따라서 대외무역법에서는 종전에 신고제로 하던 것을 2000년 1월 1일부터 사업자등록증이 있는 자이면 무역업을 할 수 있도록 완전 자유화하고 있다.

2) 무역업 고유번호 신청

무역업 신고제가 2000년 1월 1일부터 폐지되고, 이에 따라 기존의 무역업신고번호 대신 무역업 고유번호가 신설되었다. 개정된 대외무역 관리규정 제3-5-1호의 규정에 의거하여 산업통상자원부장관은 동법시행령 제30조 및 제31조의 규정에 의한 전산관리체제의 개발 · 운영을 위하여 무역거래자별 무역업 고유번호를 부여한다. 무역거래자는 관세법 제137조 규정에 의한 수출(입)신고 시 무역업 고유번호를 수출(입)자 상호명과 함께 기재하여야 한다. 무역을 업으로 하고자 하는 자는 무역업 고유번호를 한국무역협회장에게 신청하여야 한다.

2. 무역관련 법규

1) 무역관련 법규

우리나라의 대외무역은 다음과 같은 법률적 근거에 의하여 이루어지고 있다.

첫째, ① 헌법, ② 대외무역법, 동 시행령 및 관리규정 등,
둘째, 대외무역과 직접적으로 관련이 있는 법률로는 ① 관세법, ② 외국환거래법, ③ 외자도입법, ④ 수출품품질향상에 관한 법률, ⑤ 수출보험법
셋째, 이들 외에 특별법에 근거한 무역거래 관계 법률로는 ① 마약법, ② 식품위생법, ③ 검역법 등이 있다.

이 중에서도 대외무역법, 관세법, 외국환거래법은 이른바 무역의 3대 기본법이라고 하고 우리나라 무역관리제도의 근간을 이루고 있다.

2) 대외무역법

(1) 대외무역법의 개념

대외무역법은 수출입거래에 관한 기본법으로 종전의 무역거래법에 수출조합법, 산업설비수출촉진법을 통합시켜 1986년 12월 31일 법률 제3895호로 제정 · 공포되어 1987년 7월 1일부터 시행되고 있다.[16] 이 법에는 그동안 별도로 시행되어 왔던 무역거래법, 산업설비수출촉진법, 수출조합법이 통합되었다.

동 법의 제정 목적은 대외무역을 진흥하고 공정한 거래질서를 확립하여 국제수지의 균형과 통상확대를 도모함으로써 국민경제의 발전에 이바지함을 목적으로 하고 있다. 구성은 전문 59조와 부칙으로 구성되어 있으며, 이하 동법 시행령, 대외무역관리규정으로 체제를 갖추고 있다.

16) 대외무역법은 1989년 12월 21일 법률 제4145호로 1차 개정된 이후 1990년, 1992년, 1993년, 1994년, 1996년, 1999년, 2000년에 걸쳐 개정되었으며 현행의 대외무역법은 2020년 2월 4일 법률 제16929호로 개정되어 현재에 이르고 있다.

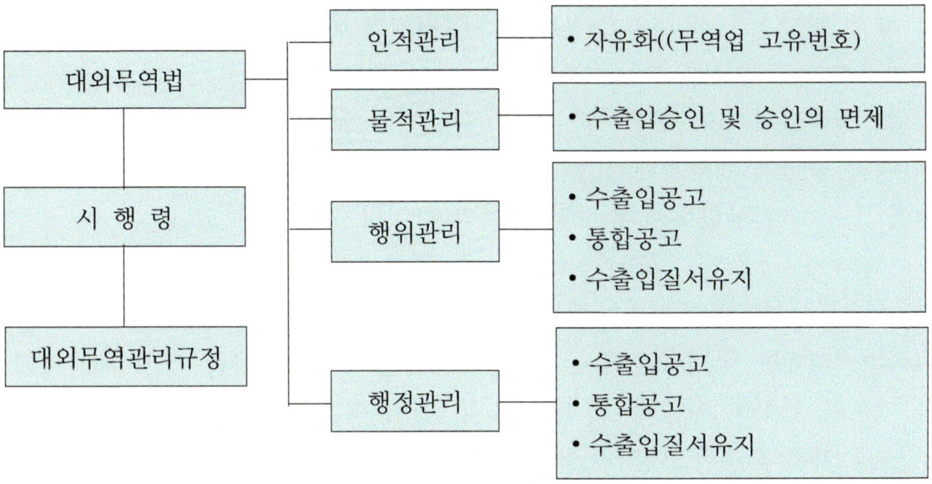

〈그림 9-6〉 **대외무역법의 체계**

대외무역법의 기능 및 성격은 수출입관리를 위한 기본법으로 국제성을 인정하여 국제상관습이나 국제조약을 준수하되, 국제법규나 협정에서 무역에 관한 제한규정이 있을 경우 최소범위 내에서 운영하도록 하고 있다.

대외무역법의 관리체제는 무역업의 고유번호부여(인적관리), 수출입의 승인(물적관리), 수출입공고 및 통합공고(행위관리), 외화획득용 원료의 승인, 수입에 의한 산업 영향조사, 불공정 수출입의 금지(행정관리), 벌칙 등이다.

(2) 대외무역법의 목적

대외무역법 제1조에서는 "대외무역법은 대외무역을 진흥하고 공정한 거래질서를 확립하여 국제수지의 균형과 통상의 확대를 도모함으로써 국민경제의 발전에 이바지함을 목적으로 한다"고 규정하고 있다.

4) 외국환거래법

(1) 외국환거래법의 개념

외국환거래법은 외국환과 그 거래, 기타 대외거래에 따른 채권과 채무관계를 규제하는 법이다. 1961년부터 '외국환관리법'으로 운영되어 오다가 199년부터 현행과 같이 '외국환거래법'이라는 명칭이 사용되고 있다.[17]

동 법은 전문 8장 32조와 부칙으로 구성되어져 있으며, 이하 동법시행령, 외국환거래규정의 체제를 갖추고 있다.

외국환거래법의 목적은 외국환과 그 거래 기타 대외거래를 합리적으로 조정 또는 관리를 통하여 대외거래의 원활화를 기하고 국제수지의 균형화와 통화가치의 안정을 도모하여 국민경제의 건전한 발전에 이바지하는 데 있다.

(2) 외국환관리수단

외국환거래법은 국제수지의 균형, 통화가치의 안정과 외화자금의 효율적인 운용을 기함을 위하여 환율의 조작, 환율의 공정, 외국환의 집중, 외화채권의 회수의무, 자본이동의 제한, 대외지급의 제한, 거래의 비상정지 방법 등을 통하여 관리의 효율성을 제고시키고 있다.

(3) 외국환관리의 대상

외국환거래법은 외국환관리의 적용대상으로 인적대상과 물적 대상으로 구분하고 전자는 다시 거주자와 비거주자로 나누어 관리하되 거주자에 대한 관리를 비거주자보다 강화한다. 물적 대상은 대외지급수단, 외화증권, 외화채권, 내국지급수단 및 대외지급준비로서의 잠재적 능력이 있는 귀금속이 이에 해당한다.

(4) 외국환관리기구

우리나라 외국환 관리기구는 정책수립 등 고차원적인 관리업무는 중앙행정관청으로서의 기획재정부장관이 담당하고 현실적이고 세부적이며 기술적(技術的)인 사항은 외국환관리의 점진적인 자유화 흐름에 따라 한국은행 · 외국환은행 · 세관 및 체신관서에 위임하고 있다.

---

17) 외국환거래법은 1991년 그리고 1995년 12월 29일 법률 제5040호로 최종 개정되어 시행되어 오다가 외국환관리법을 폐지하고 1998년 9월 16일 법률 제5550호로 외국환거래법이 제정되어 1999년 4월 1일부터 시행하였다. 현재 외국환거래법은 2021년 6월 15일 법률 제18244호로 이 제정되어 2021년 9월 16일부터 시행되고 있다. 외국환거래법의 주요내용은 총칙과 외국환업무취급기관, 외국환 평등기금, 외국환의 지급과 거래 등이다.

5) 관세법

(1) 관세법의 개념

관세법은 관세의 부과 · 징수 및 수출입물품의 통관을 적정하게 하여 국민경제의 발전에 기여하고 관세수입의 확보를 기하기 위하여 1967년 12월 29일 법률 제1976호로 제정되었다.[18)]

동 법은 관세법시행령과 시행규칙의 체제를 갖고 있으며 별표로서 관세율표가 있다. 관세법을 보완하는 법규로서는 국세징수법과 국세기본법이 있고 관세법상의 규정에 대한 특례로서 관세 등 환급에 관한 특별법을 갖고 있다.

관세법은 관세의 부과 · 징수 · 요건 · 대상 · 절차를 규정하고 있어 조세법적 성격과 수출입물품의 통관에 대하여 규정하고 있는 통관법적 성격 및 벌칙과 조사처분에 관하여 규정하고 있는 형사법적 성격을 갖고 있다.

(2) 관세법의 특징

관세법은 타 법과는 달리 국제성, 경제통제성, 총합산성, 즉물성(수출입되는 현물에 즉응해서 규제), 탄력성 내지 위임입법성, 기술성(技術性) 등의 성질을 가진 법이다.

6) 기타 무역법규

기타의 무역법규로는 수출품의 품질 및 대외성가의 유지향상을 도모하여 건전한 수출무역을 목적으로 하는 수출검사법, 수출무역 및 대외거래에서 발생하는 위험과 재산상의 손실을 보상하는 수출보험법, 사법상의 분쟁발생시 중재인의 판정에 의하여 신속한 해결을 목적으로 하는 중재법 등이 있다.

이 외에도 무역에 관한 일반법인 대외무역법에 대하여 예외적으로 우선 적용되는 특별법으로서 농업협동조합법, 수산업협동조합법, 물품의 수출입에 관하여 특별한 규정이 있어 그에 따라 수출입을 하여야 하는 약사법, 마약법, 식품위생법, 공산품품질관리법, 전기용품안전관리법, 고압가스안전관리법, 폐기물관리법 등 40여 종의 법률이 있다.

18) 관세법은 1970년 1월 1일 법률 제2162호로 1차 개정된 후 수차에 걸쳐 개정되어 오면서 새로운 입법형식을 취하였으며 1978년 12월 5일 다시 전면적인 개정을 하여 지금까지 부분적인 개정을 하였고, 현행 관세법은 2022년 1월 1일 법률 제18583호로 최종 개정되어 현재에 이르고 있다.

PART

02

무역실무

제10장 무역계약의 거래조건

제1절 무역계약의 기초

1. 무역계약의 의의 및 성격

1) 무역계약의 의의

일반적으로 계약(contract)이란 국내계약이나 국제계약여부를 불문하고 채권·채무관계의 형성을 목적으로 매매당사자간의 의사의 일치에 의하여 성립되는 법률행위로서 당사자 간의 법률상의 권리·의무관계를 규정한 것이다. 따라서 오늘날 행하여지고 있는 무역계약의 개념은 계약에 관한 본질적 개념과 국제간에 이루어지는 물품매매가 중심이 되고 있다.

2) 무역계약의 성격

무역계약은 합의적계약이고 쌍무적계약이며 또한 유상적계약이라는 성격을 가지고 있다. 이를 자세히 살펴보면 다음과 같다.

첫째, 낙성 또는 합의계약(consensual contract)이란 매도인의 청약에 대하여 매수인의 승낙만으로 성립하는 계약으로서 특별히 계약문서의 작성이나 교부가 필요하지 않는 계약이다. 그러나 후일의 업무이행을 원활하게 하기위하여 계약의 증거로써 문서에 의한 계약내용을 확인 및 확증해 두는 경우도 있다.

둘째, 쌍무계약(bilateral contract)은 매도인인 수출업자는 합의된 매매조건에 따라 상품을 인도할 의무가 발생하는 동시에 매수인인 수입업자는 이에 대한 대가로서 대금을 지급할 의무가 발생하는 계약을 말한다. 따라서 매도인은 매수인으로부터 대금을 지급받을 권리가 발생하는 동시에 매수인은 매도인으로부터 상품을 인도받을 권리가 있다.

셋째, 유상계약(remunerative contract)의 경우 계약당사자가 상호 대가적 관계에 있는 급부를 목적으로 성립된 계약으로서 대부분 물품의 급부에 대한 화폐의 반대급부를 통하여 계약의무가 이행되고 있다.

넷째, 무역계약의 성격은 불요식계약(informal contract)으로 무역계약은 특정한 요식을 필수조건으로 하는 것은 아니다. 즉 매매 당사자의 합의가 있으면 그 자체로 계약이 성립되는 것으로 문서의 작성이나 교부가 계약성립의 요건이 되는 것은 아니다. 다만 추후 발생할 클레임 등에 대한 근거로서 계약서의 작성이 권장되고 있다.

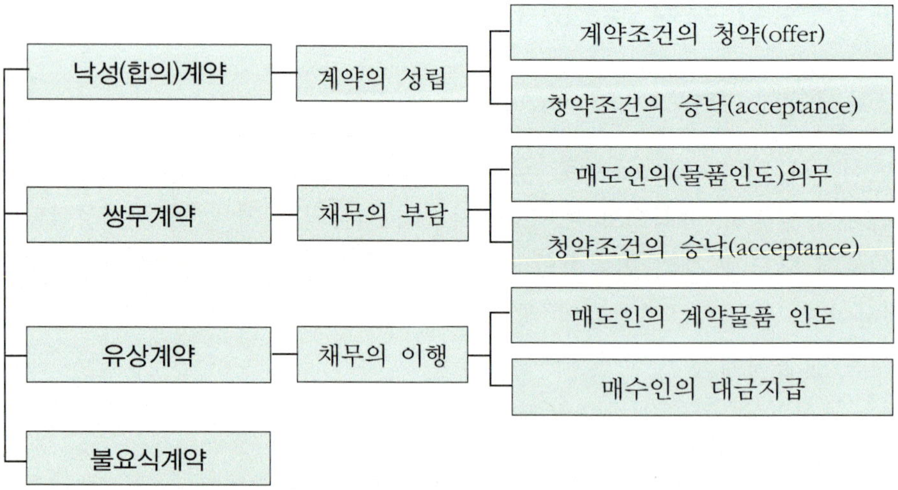

〈그림 10-1〉 무역계약의 법적 성격

2. 무역계약의 종류와 특징

1) 무역계약의 종류

(1) 개별계약(case by case contract)

개별계약은 매 거래시 마다 매도인과 매수인 간에 어떤 품목에 대한 거래가 성립되면 품목별거래에 대하여 계약서를 작성하고 그 계약에 대한 거래가 종결되면 그것으로써 계약이 종료되는 것으로서 Sales Note나 Purchase Order가 이 범주에 해당한다.

(2) 포괄 또는 장기계약(master contract)

포괄 또는 장기계약은 매매당사자간에 상호 장기간동안 거래를 하였거나 동일한 상품을 계속적으로 거래할 때, 매 거래시 마다 개별적으로 계약하는 것이 피차간에 불편하므로 연간 또는 장기간 기준으로 계약을 체결하고 필요시 마다 거래상품을 선적해 주는 경우의 계약, 이를 일반거래협정서(agreement on general terms & condition of business)라 한다.

(3) 독점계약(exclusive contract)

독점계약은 어떤 특정품목의 수출입에 있어서 수출업자는 수입국의 지정 수입업자 외에는 동일품목을 Offer하지 않으며, 또 수입업자 역시 수출국의 다른 수출업자로부터는 동일품목을 취급하지 않겠다는 조건으로 맺어지는 계약이다.

2) 무역계약의 특징

물품매매는 국내 물품매매계약과 국제 물품매매계약으로 구분되나 매도인은 물품의 인도를 약속하고 매수인은 그 대가로서 대금지급을 약속한다는 계약의 본질적인 면에서는 큰 차이는 없다.

무역계약은 그 성질상 국내계약과는 달리 다음과 같은 특징들을 가진다.

첫째, 무역계약은 국가마다 언어, 상관습, 화폐, 법이 서로 상이하고, 시간적·공간적으로 원격성이 존재할 뿐 아니라 상이한 주권국가에 속하는 당사자간에 일어나는 현상이다. 따라서 당사자들은 자사의 상관습을 중시하는 경향이 있고 당사국의 경제질서에 영향을 줌으로써 주권적 간섭이 내재할 수 있어, 분쟁이 발생되었을 때 준거법의 적용문제가 발생하기 때문에 명시계약을 보완하기 위하여 상관습을 정형화한 정형거래조건을 사용하고 있다.

둘째, 무역계약은 이동 가능한 가동재, 즉 유체동산인 물품을 매매의 대상으로 하여 매매계약의 형태로 이행된다. 통상적으로 물품인 현물과 체결후의 제조 또는 획득될 물품인 선물(先物) 양자를 포함하는 것이나 일반적으로 선물매매가 대부분을 차지한다.

셋째, 무역계약의 성립에는 우선 목적물에 대한 품질, 수량, 가격이 중심적인 조건이 되며, 그 다음에 물품인도를 위한 선적, 보험, 대금결제 등이 부수적인 조건이 된다. 또한 무역계약의 이행에는 수출입업자, 제조업자, 금융업자, 보험업자 등 여러 관련 당사자가 필연적으로 개입하게 됨으로써, 무역계약은 매매계약을 주 계약으로 하고 운송계약, 보험계약, 신용장계약, 환계약 등을 종속계약으로 하여 이행된다.

넷째, 무역계약의 이행에 있어서는 매도인의 물품인도가 그 기본이 되는 것으로, 별도의 약정이 없는 한 매도인의 물품인도에 의해 그 소유권 및 위험부담이 매수인에게 이전하게 되고 그 결과 매수인의 대금지급의 의무가 발생하게 된다.

다섯째, 무역계약의 성립은 실무적으로 상대국의 시장조사를 통하여 신용조사를 하는 첫 단계와 선정된 거래처와 거래교섭을 하는 두 번째 단계 그리고 통신수단을 이용하여 청약과 이에 대한 승낙에 의해 거래교섭이 체결되는 세번째 단계를 거쳐서 이루어지게 된다.

3. 무역계약의 종속계약

무역계약이 원만하게 이행되기 위해서는 우선, 매도인과 매수인간의 무역계약이 있어야 하며 이 계약이 물품의 수출입거래에 가장 기본적이고 중심적인 계약이 된다. 무역거래는 기본적인 무역계약 이외에도 운송계약, 보험계약, 환계약(특히 신용장계약) 그리고 기타의 개별계약 등의 종속계약이 반드시 필요하다.

1) 운송계약(contract of transportation)

매도인은 매수인에게 물품을 인도하여야 하는 것이 가장 중요한 의무이다. 그런데 무역거래는 격지자간의 매매거래이므로 이의 이행을 위해 운송계약이 필수적이다. 운송계약은 그 운송의 방법에 따라 해상, 육상, 항공, 복합운송 등으로 구분되며, 운송계약의 내용은 통상 매매계약서에 나타나는 정형거래조건(trade terms)에 따라 결정된다.

2) 보험계약(contract of insurance)

무역화물의 운송 중에 발생하는 제 위험으로부터 보호받기 위해서는 보험계약의 체결이 필수적이다. 그런데 무역거래에서는 매도인과 매수인 중에서 과연 누가 보험계약을 체결하고 보험료를 납부하여야 하는가 하는 문제가 발생하게 된다. 무역거래의 관행에서는 보험계약체결의 당사자나 보험료부담자 및 물품의 위험부담시점 등이 정형거래조건(trade terms)에 따라 결정되게 된다. 따라서 FOB, FCA계약에서는 매수인이 보험계약을 체결하고 보험료를 부담하게 되어 매도인은 부보의무는 없게 되지만, CIF나 CIP계약에서는 매도인이 보험계약을 체결하고 보험료를 부담하게 된다.

3) 대금결제계약(contract of payment)

매도인의 제1의무인 계약물품의 인도에 대해 매수인이 부담하여야 하는 가장 중요한 의무는 대금의 지급에 관한 의무이다. 그런데 무역거래에서는 현금의 이동보다는 제3의 금융기관인 은행을 통해 환어음이나 송금수표 등을 운송서류를 첨부하여 매입받는 방법을 통해 이루어지고 있다. 특히 결제방식에서 있어서는 신용장(L/C)에 환어음을 첨부하는 결제방법이 일반적이다.

4) 기타의 개별계약

이상에서 설명한 것 외에도 계약의 성격에 따라 부수적인 여러 계약들이 존재하며, 여기에 속하는 것은 주로 국내적으로 수출국에서 매도인과 물품공급자간의 수출대행계약과 수입국에서 매수인과 수입의뢰인간의 수입대행계약 등이 있다.

제2절 무역계약의 성립

1. 무역계약성립

1) 무역계약성립의 의의

무역계약은 상이한 국가의 영역에 영업소를 가지는 매도인이 물품의 인도를 약속하고 매수인은 그 대가로 물품대금 지급을 제공할 것을 조건으로 체결되는 계약이기 때문에, 일방 당사자의 청약(offer)과 상대방 당사자의 승낙(acceptance)에 의해 성립하게 된다.

무역계약에 있어서 당사자간의 서로 대립하는 의사표시의 완전한 합의는 계약의 성립에 있어 무엇보다도 중요한 전제조건이 되고 있다.

〈표 10-1〉 무역거래 기본 당사자

거래내용	수입자		수출자	
매매관계	Buyer	매수인	Seller	매도인
무역관계	Importer	수입자	Exporter	수출자
신용장관계	Applicant	개설의뢰인	Beneficiary	수익자
환어음관계	Drawee	지급인	Drawer	발행인
운송관계	Consignee	수화인	Shipper	선적인
계정관계	Accountee	대금결제인	Acounter	대금수령인

2) 무역계약의 성립요건

일방 당사자의 청약과 일방의 승낙에 의해 성립되는 무역계약이 유효한 계약으로 성립하기 위해서는 다음의 일정 요건들이 구비되고 충족되어야 한다.

(1) 의사표시의 합치

무역계약이 성립하려면 그 요건으로서 2인 이상 계약당사자의 합의가 있어야 한다. 무역계약의 가장 중요한 요소가 이 합의의 성립이며, 합의의 성립에는 유효한 청약과 이에 부합되는 유효한 승낙이 있어야 한다.

(2) 당사자의 행위능력

당사자는 유효한 계약을 체결할 능력, 즉 행위능력 또는 계약능력을 가지고 있어야 하기 때문에, 무역계약의 체결 당시에 당사자가 파산한 자나 정신이상자 또는 무능력자가 체결한 계약이라면 그 계약은 무효이다.

(3) 의사표시의 진의성과 적법성

무역계약이 유효하게 성립하기 위해서는 법률적 효과를 발생시키는 의사가 있어야 한다. 즉, 당사자가 그 합의에 법률상의 효과를 발생시키는 확실한 의사를 가지고 있거나 적어도 그러한 의사를 가지고 있다고 인정될 수 있어야 한다.

2. 무역계약의 성립절차

무역계약의 성립과정은 각 거래마다 성격과 여건에 따라 다양한 형태를 가질 수 있어 정형화된 절차는 없지만, 일반적으로 무역마케팅단계로서 해외시장 조사단계와 선정된 거래처와 거래교섭을 하는 계약체결의 예비교섭단계, 그리고 매매당사자간에 일방의 당사자가 계약체결을 오퍼하고 이에 대한 승낙에 의해 거래교섭이 체결되는 세 가지 단계를 거쳐서 성립하게 된다.

1) 해외시장조사

해외시장조사는 수출하고자 하는 국가의 정치 · 경제 · 사회 · 문화 등을 조사하여 자기의 제품이나 취급상품 등의 특정시장에 대한 판매가능성을 측정하고 매매에 필요한 정보를 수집하는 것이 주목적으로, 주요 조사 분야로서는 ① 상품조사, ② 환경조사, ③ 무역관리제도조사, ④ 고객조사, ⑤ 거래방식조사 등이 있다.

2) 거래처의 선정

해외시장의 조사 결과 자신이 취급하는 상품의 유망한 목적시장을 선정하고 그 시장에 관하여 필요한 연구 · 조사를 한 다음에는 그 시장에서 신뢰할 수 있는 거래처를 선정하여 거래관계를 맺어야 한다. 성공적인 무역활동을 위해서는 좋은 거래처를 선정이 무엇보다 중요하다.

(1) 개별적인 선정방법

① 무역업자 자신이 직접 시찰하는 방법
② 민간 무역사절단의 일원으로 참가하는 방법
③ 해외지점 또는 출장소를 이용하는 방법
④ 대리점이나 거래처를 이용하는 방법
⑤ 간행물을 이용하는 방법
⑥ 인터넷을 이용하는 방법

(2) 공공기관에 의뢰하는 방법

① 대한무역투자진흥공사에 의뢰하는 방법
② 대한상공회의소에 의뢰하는 방법
③ 한국무역협회에 의뢰하는 방법
④ 재외공관에 의뢰하는 방법
⑤ 외국환은행 등에 의뢰하는 방법

3) 거래관계의 권유

해외시장조사에 의하여 목적시장의 거래 대상업체가 선정되면, 희망하는 동일한 내용의 서신을 띄우게 되는데, 이를 거래의 권유 또는 거래의 제의(business proposal)라고 하며, 이러한 권유에 따라 거래제의장 또는 회람장을 발송하게 된다.

수출업자가 보내는 이 거래제의장(circular letter)은 해외의 수입업자에게 처음으로 자신을 소개하는 서신이므로 그 작성에 세심한 주의를 하여야 한다.

4) 거래관계의 조회

거래관계의 권유를 받은 자가 그 물품에 대한 관심과 구매할 의사가 있게 되면 그에 대한 조회를 하게 되는데, 이를 문의라고도 한다. 일반적으로 조회는 조회서(letter of inquire) 또는 전신으로 행해지는데,그 내용은

① 가격표나 카탈로그 또는 견본의 송부를 요청하는 경우,
② 예비적으로 무역거래조건 등을 알아보기 위한 조건,
③ 구체적인 offer 발행을 요청하는 경우 등이 있다.

5) 오퍼(offer)의 발행

매도인이 매수인으로부터 조회를 받으면 가격표나 기타 무역계약조건을 알려주는 경우도 있으나 일반적으로는 오퍼를 발행하게 된다.

여기서 오퍼란 청약, 제의, 신청 또는 제공한다는 뜻으로 자기의 상품을 상대방에게 일정한 대가를 받고 제공을 하겠다는 의사표시이다.

오퍼(offer)는 그에 대한 상대방의 승낙과 결합하여 계약을 성사시키려는 일방적인 의사표시로서 무역에서는 보통 매매당사자의 일방인 수출업자가 상대방인 수입업자에게 어떤 물품을 일정한 가격 · 운송 · 결제 · 기타의 조건으로 매도하겠다는 의사표시를 말한다.

청약이 효력을 발생하기 위해서는 청약의 내용이 상대방에 전달되어야만 그 효력이 발생한다. 따라서 청약의 내용이 피청약자에게 도달하기 이전에 철회되면 그 청약은 무효가 된다.

또한 청약의 조건으로 승낙기간을 정하고 있는 경우에는 그 기간 내에 승낙이 있어야만 효력이 발생한다. 승낙기간을 정하지 않았을 경우에는 상당한 기간(reasonable period of time)내에 승낙하면 계약을 성립시킬 수 있다.

(1) 청약(오퍼)의 종류

① 확정청약(firm offer)

청약의 유효기간이 정해져 있는 청약을 말하며, 그 유효기간 내에는 청약자에 대해 구속력(binding force)을 갖는다.

즉 확정청약의 유효기간내에 상대방이 승낙을 하면 당사자 쌍방을 법률적으로 구속하는 매매계약이 성립한다.

② 불확정청약(free offer)

오퍼의 유효기간이 정해져 있지 않은 오퍼로서 보통 circular letter와 함께 보내지며, 피청약자가 승낙을 하여도 청약자의 재확인이 필요하다.

상대방이 승낙의 통지를 발송하기 전까지는 청약자가 일방적으로 철회 또는 변경할 수 있으나 승낙의 통지를 받은 후에는 원칙적으로 철회나 변경을 할 수 없다.

③ 확인조건부청약(offer subject to confirmation)

청약자가 청약을 할 때 단서로서 계약의 성립에는 청약자의 확인을 필요로 한다는 내용(offer subject to our final confirmation)이 명시된 조건부 청약이다.

④ 반대청약(counter offer)

피청약자가 청약에 대해서 그 조건을 변경하거나 혹은 새로운 조항을 추가한 청약을 청약자에게 한 것을 말하며, 반대 청약은 원청약의 거절임과 동시에 피청약자가 청약자에게 행하는 새로운 청약으로 보아야 한다.

따라서 반대 청약은 승낙이 아니기 때문에 계약을 성립시킬 수가 없다.

6) 거래의 승낙

청약자(offeror)의 오퍼와 결합하여 그 오퍼의 내용대로 계약을 성립시키는 피청약자(offeree)의 수락의 의사표시를 승낙이라 한다. 따라서 계약은 청약에 대해서 승낙이 있음으로써 성립된다.

승낙은 원칙적으로 오퍼의 내용에 어떠한 추가나 제한 기타의 변경을 가한 승낙은 사실상으로 승낙이 아니고 오퍼에 대한 거절이며, 새로운 오퍼인 Counter offer이다. 승낙의 경우에는

① 물론 유효기간 이내에 하여야 하며,
② 오퍼의 모든 조건에 대한 완전한 또는 무조건의 승낙이어야 하고,
③ 오퍼에 승낙의 방법이 명시된 경우에는 명시된 승낙 그 방법에 따라 승낙하여야 한다.

제3절 무역계약의 제 조건

무역계약조건(terms or conditions)은 계약이행시 계약당사자가 지켜야할 내용으로 계약조건에는 계약서에 명시된 명시조건과 계약서에는 명시되지 않았으나 당연히 지켜야 되는 묵시조건이 있다. 무역계약조건은 거래건별로 적용되는 개별거래조건과 거래에 있어 공통적으로 적용되는 일반거래조건으로 구분된다.

1. 개별거래조건

1) 품질조건

품질조건(quality terms)은 무역거래에서 당사자간 분쟁이 많이 발생되는 부분으로 품질은 수출국 상품의 국제경쟁력의 평가 기준이 된다. 상품의 품질[1]문제는 거래 당사자간 중요 관심사항으로 품질불량(inferior quality), 규격상이(different type), 품질상이(different quality) 등이 주요 분쟁[2]의 원인이 된다.

(1) 품질의 결정방법

① 실견매매

실견매매(sales by inspection)는 매수인이 거래물품의 품질을 직접확인 후 거래가 이루어지는 방식으로 무역거래에서는 매매 당사자의 한쪽이 외국에서 거주하고 있으므로 거의 활용되지 않고 있다.

② 견본매매

견본매매(sale by sample)는 매매의 당사자가 제시한 견본에 의하여 물품의 품질을 결정하는 방법으로 견본에 의하지 않고는 품질판단이 어려운 경우, 간단히 송부할 수 있는 상품 또는 고가가 아닌 상품으로 견본에 의한 것이 바람직한 경우, 입찰 혹은 상대방의 국가사정에 의하여 견본제출이 필요한 경우 사용된다.

③ 표준품 매매

농수산물과 같이 동일한 규칙의 품질을 생산할 수 없는 경우 표준품에 의해 품질을 결정하는 방법으로 표준품을 기준으로 계약 체결후 인도물품과 차이가 있는 경우 합의나 거래관습에 따라 가격을 조정하는 방식이다.

④ 상표매매(sales by trade mark)

생산자의 상표(trade mark)나 브랜드(brand)가 국제적으로 알려진 경우 그 상표나 브랜드에 의하여 거래가 이루어지는 품질조건을 말한다.

---

1) 품질이란 물품의 규격, 성능, 소재 등을 포괄하는 개념이다.
2) 품질에 관한 분쟁의 원인으로는 품질불량, 품질상이, 손상, 변질, 변색 등이 있다.

⑤ 규격매매

규격매매(sale by type or grade)는 국제적으로 물품의 규격이 정해져 있거나 수출국의 공적 규정에 의하여 상품의 규격이 정해져 있는 경우 이용되는 품질결정방법이다. 국제규격의 예로는 국제표준화기구 ISO(International Organization for Standardization), 영국의 BSS(British Standard Specification), 일본의 JIS(Japan Industrial Standard), 한국의 KS(Korean Standard) 등이 있다.

⑥ 명세서 매매(sale by specification)

기계류, 선박 및 의료기구 등과 같이 거래물품의 성격상 견본의 이용이 곤란한 경우 물품의 성질, 재료구조 및 성능 등에 관한 명세서, 카탈로그, 설명서(description), 설계도(plan), 청사진(blue print) 등을 통하여 거래가 이루어지는 경우를 말한다.

〈표 10-2〉 표준품의 품질표시방법

표시방법	사용품목	내 용
평균중등품질조건 (F.A.Q. terms)	곡물, 과일 등	동종상품의 평균적이며 중등의 품질을 선정하여 이를 표준물로 하는 조건
판매적격품질조건 (G.M.Q. terms)	목재, 냉동어류 등	인도당시의 품질이 당해 물품의 성질과 상관습상 판매가 가능한 것임을 매도자가 보증하는 조건
보통품질조건 (U.S.Q. terms)	원면, 인삼 등	공인검사기관 또는 공인표준기준에 의하여 보통품질을 표준율로 하는 조건

주 : F.A.Q. : fair average quality, G.M.Q. : good merchantable quality, U.S.Q. : usual standard quality

〈표 10-3〉 상표매매가 가능한 상표의 예

상 품 명	상 표 명
카 메 라	Canon(일), Nikon(일), Leica(독)
핸드폰	iphone(미), Galaxy(한), Xiaomi(중)
청량음료	Coca-Cola(미), Pepsi-Cola(미)
TV	Samsung(한), LG(한), Sony(일)
손목시계	Rolex(스), Omega(스), Patek Philippe(스), Longines(스)

(2) 품질의 결정시기

무역거래에서 물품의 운송은 장시간에 걸쳐 이루어짐에 따라 운송중 물품의 품질변화가 발생할 가능성이 높다. 따라서 품질의 변화가 가능한 상품에 대하여 어느 시점의 품질을 기준으로 거래를 할 것인가에 대하여 합의하여야 한다.

〈표 10-4〉 품질의 결정시기

<table>
<tr><th rowspan="2">구 분</th><th rowspan="2">개 념</th><th rowspan="2">관련 조건</th><th colspan="2">특수조건</th></tr>
<tr><th>종 류</th><th>개 념</th></tr>
<tr><td rowspan="2">선적품질조건
(shipped quality term)</td><td rowspan="2">선적시 물품의 품질로서 품질을 결정하는 조건</td><td rowspan="2">FCA, CFR, CIF, CPT, CIP, 표준품 매매의 F.A.Q. 조건</td><td>Tale Quale (T.Q.)조건</td><td>매도인이 약정한 물품의 품질을 선적시까지 책임지는 조건</td></tr>
<tr><td>Sea Damaged (S.D.)조건</td><td>매도인이 해상운송 중 발생한 손상에 대하여 책임지는 조건</td></tr>
<tr><td>양륙품질조건
(landed quality term)</td><td>양륙시 물품의 품질로서 품질을 결정하는 조건</td><td>DAP, DPU , DDP, 표준품 매매의 G.M.Q. 조건</td><td>Rye Terms (R.T.)조건</td><td>매도인이 약정한 물품의 품질을 도착지까지 책임지는 조건</td></tr>
</table>

2) 수량조건

무역거래에서 수량은 국가에 따라 해석기준이 상이하기 때문에 품질조건 다음으로 분쟁이 발생하기 쉬운 조건으로 그 원인은 수량부족, 중량부족, 중량계산방법의 상이 등이다.

(1) 수량단위

수량단위는 상품의 종류와 상관습에 따라 거의 일정한 것이 많으며, 국가에 따라 거래 단위와 기준이 다른 경우가 있으므로 사전에 명확히 해두어야 한다.

〈표 10-5〉 주요 수량단위

수량단위	종 류
중량(무게) (weight)	kg, lb(pound), ton ─ Long ton(L/T, English ton : Gross ton)=2,240lbs(1,061Kgs)=영국톤 ton ─ Short ton(S/T, American ton : Net ton)=2,000lbs(907Kgs)=미국톤 ton ─ Metric ton(M/T, French ton : Kilo ton)=2,204lbs(1,000Kgs)=대륙톤 =프랑스톤 hundred weight(cwt) ─ Long cwt=112lbs / Short cwt=100lbs weight ─ gross weight / net weight / net net weight
용적(부피) (measurement)	bushel, barrel, liter, cubic meter(CBM), cubic foot(CFT), super foot(S. F)=1 square foot x 1 inch, gallon ─ English gallon(imperial gallon)=4.546liter gallon ─ American gallon(wine gallon)=3.7853liter
개수 (piece)	piece(개), set, dozen(타=12개), gross(12×12=144개) small gross(12×10=120개) great gross(12×12×12=1,728개)
포장 (package)	TEU(twenty feet equivalent unit), FEU(forty feet equivalent unit), Keg(나무통), bag(포대), case(나무상자), bale(곤포), carton(종이상자), bundle(다발), drum(드럼통), can(함석통), carboy(채롱에 든 대형 유리병)
길이(length)	meter, yard, inch, foot, piece
면적(square)	square foot(SFT)

(2) 수량결정시기

수량의 결정시기에 대해서는 운송중 수량의 변화가능성과 거래물품의 성질에 따른 선적시 수량의 정확한 측정이 곤란한 점 등으로 선적시 수량을 최종적으로 하는 선적수량(shipped quality term)과 양륙시의 수량을 최종적으로 하는 양륙수량조건(landed quality term)으로 구분된다.

수량은 매수인이 인정한 공인검량인(public weighter) 또는 검정인(surveyor)의 중량증명서(certificate of weight)에 의하여 결정된다.

〈표 10-6〉 수량결정시기

구 분	책임의 한계	이용되는 경우	이용거래조건
선적수량조건 (shipped quality term)	선적지항의 선적시점	감량의 우려가 없는 성질의 상품거래	별도의 명기가 없는 CIF, FOB 조건
양륙수량조건 (landed quality term)	수입지항의 양륙시점	운송중 감량의 우려가 많은 상품거래	별도의 명기가 없는 DES, DEQ 조건

(3) 수량의 과부족용인조건

장기간 운송도중 중량변화가 예상되는 화물의 경우 일정비율의 과부족에 대하여 매수인이 인정하는 조건을 과부족용인조건(more or less clause)이라 한다. 따라서 약정된 과부족수량의 범위 내에서 매수인측이 인도 수량에 따라 결제하게 된다.

〈표 10-7〉 과부족용인조건의 해석

구 분	해석 범위	사용 예
과부족용인조건이 없는 경우	신용장상 포장단위나 수량이 규정되어 있는 경우를 제외하고 과부족금지문언이 없는 한 발행어음금액이 신용장금액을 초과하지 않는 범위 내에서 5%까지 인정	
과부족용인조건이 있는 경우	1) about, approximately, circa 등 10% 초과하지 않는 범위 내에서 인정 2) more or less clause 선택자 불확실시 FOB : 구매자 선택 CIP : 판매자 선택 운송특약부 FOB : 판매자 선택 3) 과부족분의 가격선정 별도의 약정이 없는 한 계약가격	1) "Seller(Buyer) has the op- tion of shipping or de- livering 5% more or less on the contracted quantity" 2) "Quantity shall be subject to a variation of 5% more or less by seller's(buyer's) option"

3) 가격조건

가격(price)이란 시장에서의 물품의 교환가치(exchange value)를 화폐가치로 표시한 것으로 무역계약의 기본조건은 서로 관련이 있지만 가격조건은 모든 조건을 고려하여 결정되며 거래조건에서 가장 핵심이 된다.

가격은 매수인에게는 상품매입을 결정하는 주요한 요인이 되며, 매도인에게는 그 가격에 판매할 의사발생의 요인이 된다.

(1) 거래통화

물품의 수출입대금을 결제하는 데는 통화가 필요하며, 이러한 통화의 결정은 자국통화, 상대통화 또는 제3국 통화중에서 선택하게 된다.

통화의 결정에는 교환성, 안정성, 유용성을 고려하여야 하며 특히 환위험(exchange risk)을 회피할 수 있는 안정된 통화이어야 한다.

(2) 가격의 구성요소

매매가격은 매도인과 매수인이 부담하여야 할 여러 원가요소와 물품의 인도장소 등을 감안하여 결정하게 된다. 이러한 매매가격을 매거래시마다 구체적으로 나열하여 결정하는 것은 불편한 일로서 국제거래에서는 가격산정의 기초가 되는 무역거래조건들에 대하여 국제상업회의소에서 무역조건의 해석에 관한 국제규칙(Incoterms : International Rules for the Interpretation of Trade Terms)을 제정하여 전세계적으로 적용하고 있다.

4) 선적조건

선적(shipment)이란 물품의 인도가 본선, 항공기나 철도화차 등 모든 운송수단에 적재, 우편인 경우 발송, 복합운송의 경우 운송을 위한 물품의 수탁(accepted for carriage)을 포함하는 개념이다.

복합운송에서는 매수인이 지정하는 운송인에게 물품을 인도하면 현실적으로 선적하지 않아도 선적이 행하여진 것으로 해석된다.

(1) 선적시기

① 특정일 선적조건

가장 많이 이용되는 조건으로 계약서나 신용장상 선적기일까지 명시하는 방법이다.

② 특정월 선적조건

선적조건을 확정일로 정하지 않고 월 또는 월의 연속으로서 일정기간 내의 선적일을 결정하는 방법으로 다음과 같다.

〈표 10-8〉 선적일 결정방법

구 분	내 용	표시 방법	분할선적여부
단월선적조건	특정의 단일월로서 선적시기를 결정하는 방법	• March shipment • during March	별도 명기 없는 한 2회 이상 분할선적 가능
연월선적조건	월의 연속으로 선적시기를 결정하는 방법	• March/April shipment • from March to April	별도 명기 없는 한 선적방법은 매도인이 결정
정기간선적조건	매수인이 정해 준 시기를 선적시기로 결정하는 방법	• within 1 month after receipt of L/C	〃

③ 즉시 선적조건

특정월이나 기일을 명시하지 않고 빠른 시일내 선적하도록 결정하는 방법으로, 해석상 차이가 있을 수 있으므로 가급적 피하는 것이 좋다.

④ 조건부 선적조건

어떤 특정한 조건을 전제로 하여 기한을 정하고 그 조건이 이루어질 때 그 기간 내에 선적을 결정하는 조건으로 "shipment within 30 days after contract or receipt of L/C, subject to seller's receipt of L/C by March 15" 등으로 표시된다.

(2) 분할선적과 환적

분할선적(partial shipment)이란 계약된 상품을 한번에 선적하지 않고 여러번에 나누어 선적하는 것을 말하며, 환적(transhipment)은 선적항으로부터 양륙항까지의 운송중 화물을 한 운송수단으로부터 다른 운송수단으로 양하하여 재선적하거나 한 운송방식에서 다른 운송방식으로 이전 및 재선적하는 것을 말한다.

신용장통일규칙에서는 신용장에 분할선적을 금지한다는 명시가 없으면 분할선적을 허용하고 있으며, 분할선적분이 그 분할선적 허용기간 내에 선적되지 않은 경우 별도의 명시가 없는 한 당해 분할 선적분과 그 이후의 분할 선적분은 효력을 상실한다.

한편 환적에 대해서는 환적금지의 특약이 없는 한 환적은 인정되는 것으로 보고 있으며, 환적금지의 특약이 있는 경우라도 특수한 환적운송서류는 은행이 수리하도록 규정하고 있다.

3) 하역조건

① 정박기간의 표시

정박기간(layday, laytime)이란 용선계약에서 화주가 계약화물의 전량을 적하하기 위하여 선적항 또는 양륙항에 본선을 정박할 수 있는 기간을 말한다.

정박기간을 초과하면 일종의 과태료로서 용선계약상의 체선료(demurrage)를 지급하여야 하고 정박기간 전에 하역이 완료되면 단축된 기간에 대하여 일종의 환급금으로서 선박회사는 화주에게 조출료(dispatch money)를 지급하여야 한다.

〈표 10-9〉 정박기간의 결정조건

조 건	개 념	휴일의 처리
관습적 조속하역조건 (customary quick dispatch ; C.Q.D.)	정박기간을 확정하지 않은 조건으로 항구의 관습적 하역방법 및 하역능력에 따라 조속하게 하역하는 조건	항구의 관습에 따름
경과일수조건 (running laydays)	하역개시 이후의 모든 기간을 정박기간으로 정하는 조건	기간에 포함
하역가능일조건 (weather working days ; W.W.D.)	하역가능한 작업일만을 작업기간으로 하는 조건	제외

② 하역비 부담조건

화물의 성질과 작업에 따라 적하비와 하역비의 부담이 달라진다. 일반적으로 적하시는 화주가 선측까지의 비용을 부담하고, 양화시는 선박회사가 부담하는 것이 원칙이나 산물(bulk cargo)인 경우 어느 쪽이 부담할 것인가를 명확히 하여야 한다.

〈표 10-10〉 하역비 부담조건

조 건	개 념
Berth Terms(liner terms)	선적시와 하역시의 하역비를 선주가 부담하는 조건 (정기선의 개품운송에 사용)
F.I.O.(free in and out)	Berth terms의 상대조건으로 선적시와 하역시의 하역비를 화주가 부담하는 조건
F.I.(free in)	선적시에는 화주가 하역시에는 선주가 부담하는 조건
F.O.(free out)	선적시에는 선주가 하역시에는 화주가 부담하는 조건

4) 포장조건

포장은 유통과정, 즉 운송·보관·거래·사용 등에 있어 그 가치와 상태를 보호·유지하기 위하여 적합한 재료 또는 용기 등을 시공한 기술 및 상태로 그 기능은 물품의 보호와 소비자의 구매의욕을 일으켜 판매촉진을 가져오는데 있다.

(1) 포장의 종류

포장의 종류는 재질과 단계에 따라 여러 종류가 있으나 포장단계로 보아 개장, 내장, 외장으로 구분된다.

① 개장(unitary packing)

물품의 최소 소매단위를 낱개로 포장하는 것을 말한다.

② 내장(interior packing)

개장된 물품을 수송 또는 취급하기 용이하도록 적절한 재료로써 포장하거나 용기에 넣어 재포장하는 것을 말한다.

③ 외장(outer packing)

운송 중 화물의 변질, 파손, 도난, 분실 등을 방지하기 위하여 최종적으로 몇 개의 내장을 목재나 골판지 상자 등으로 재포장하는 것을 말한다.

(2) 화인

화인(cargo mark)이란 포장화물의 표면에 기입하는 특정한 기호, 번호, 목적지, 취급상의 문구 등을 총칭하는 것으로 그 목적은 화물취급자로 하여금 다른 물품과 구분하여 매수인의 사용편의 및 선적서류와 물품과의 대조에 편의를 주는 데 있다.

국제무역에 있어 화인이 부정확하면 다른 화물과의 혼동을 가져와 하역착오, 화물의 인도착오, 불착 등의 직접적인 원인이 되므로 화인의 내용이나 형태는 계약서에 반드시 명기하도록 하여야 한다.

〈표 10-11〉 그림에 의한 주의 표시 예

번호	호 칭	표 시	표지내용 및 위치
1	깨지는것(Fragile)		깨지기 쉬우므로 주의하여 취급할 것을 표시한다.
2	취급주의 (HANDLE WITH CARE)		충격을 주지 않도록 조심스레 취급할 것을 표시한다.
3	갈고리 금지 (USE NO HOOK) (DO NOT PUN- CHUR)		갈고리를 사용하여서는 안된다는 것을 표시한다.
4	위 (THIS WAY UP)		화물의 올바른 방향을 표시하여 반대·가로 쌓기를 하지 않을 것을 표시한다. 표지는 표시보기와 같이 포장화물의 옆면 또는 양 끝면의 위쪽구석에 가까운 다른 면의 2곳 이상에 표시한다.

6) 결제조건

무역계약은 쌍무계약이면서 유상계약으로 계약조건에 따라 매도인은 약정품을 인도하여야 하며, 매수인은 수령한 약정품에 대한 반대급부로서 대금을 지급하여야 한다.

무역거래에서 거래당사자는 서로 입장이 상이하여 매도인은 선불(cash in advance)이나 가능하면 약정물품을 인도와 동시에 대금회수를 바라는 반면 매수인은 물품을 인수한 후 지불하게 되는 후불(deferred payment)을 바라게 된다.

(1) 대금결제방법

① 신용장방식에 의한 결제

신용장이란 국제무역거래에서 대금결제의 원활을 기하기 위하여 수입자의 요청에 따라 수입자의 거래은행이 수입자를 위하여 개설은행의 신용을 제공하여 일정한 조건 아래 소정의 서류와 상환으로 수출자가 발행한 환어음을 지급 · 인수 · 매입하겠다는 일종의 은행의 조건부 대금지급확약서(conditional undertaking instrument for payment)이다.

② 선수출계약서방식

신용장거래방식이 불확실한 수입자의 신용을 확실한 은행의 신용으로 전환하여 줌으로써 대금지급에 대한 책임을 은행이 지는 데 반하여 본 방식은 수출입거래 당사자간의 무역계약만으로 거래가 이루어지며 은행은 이에 대한 책임을 지지 않는 거래방법으로, 결제방법에 따라 추심결제방식과 송금환방식으로 구분된다.

가. 추심결제방식 : 신용장을 통한 은행의 수출자에 대한 대금지급확약이 없이 수출자는 계약조건에 따라 약정품을 선적하고 이에 따라 발급되는 선적서류를 첨부한 환어음(bill of exchange)을 발행하여 자신의 거래은행에 추심을 의뢰하면 거래은행은 수입자의 거래은행(추심은행 : collecting bank)에 추심을 의뢰하여 선적서류와 상환으로 수입자의 대금을 결제하는 방법이다.

㉠ 지급도방식(documents against payment; D/P) : 수입자가 은행으로부터 선적서류를 인수할 때 어음금액을 은행에 지급(payment)함으로써 선적서류를 인도받는 방법을 말한다.

㉡ 인수도방식(documents against acceptance; D/A) : 수입자가 은행으로부터 선적서류를 인수할 때 어음금액을 은행에 지급하지 않고 단지 이를 인수(acceptance)함으로써 선적서류를 인도받은 후 만기일에 대금을 지급하는 거래방식이다.

나. 송금환방식 : 수입자가 거래은행에 수입대금에 상당하는 대금을 지불하고 수출자에게 대금을 지급할 것을 위탁하여 거래은행이 수출지의 수출자의 거래은행에 전신 또는 서신으로 대금지급을 지시함으로써 수출자에게 대금을 지급하는 방법과 수입자가 거래은행으로부터 대금지급 후 환어음 또는 송금수표를 발행하여 이를 수출자에게 송부함으로써 수출자가 지급인에게 제시하여 대금을 회수하는 방법이 있다.

(2) 대금결제시기

① 선지불(payment in advance)

물품이 인도되기 전에 수출입대금을 결제하는 방법은 주문과 동시에 현금을 지급하는 주문불(cash with order), 송금수표나 우편환 또는 전신환 등을 송금하는 방식(remittance basis), 수출자가 신용장접수와 함께 미리 대금을 결제하는 선대신용장(red clause L/C) 등과 같은 형태가 있다.

② 동시지불(concurrent payment)

현물 또는 현물과 동일시되어 대체될 수 있는 선적서류와 상환으로 대금을 지급하는 방법으로 현금지급방식(cash on delivery ; COD), 서류상환불(cash against document ; CAD), 지급도방식(documents against payment ; D/P), 일람불어음(at sight) 등이 있다.

③ 후지불(deferred payment)

선불과 대조적인 결제방식으로 대금결제가 물품의 선적이나 인도 또는 어음의 일람 후 일정기간 내에 이루어지는 방식으로는 신용장조건에 의한 기한부어음(usance bill),[3] 인수도방식(document against acceptance ; D/A), 청산계정 결제

3) 단기지불방식으로 신용장방식의 거래에서 어음이 매수인에게 제시된 후 일정기간이 경과해야 어음대금이 지불되는 방식을 말한다.

(open account),[4] 중장기연불조건(deferred payment on long or medium term basis) 등이 있다.

〈표 10-12〉 대금지급조건

구 분	종 류	내 용
선불	• 주문불(cash with order) • 송금방식(remittance basis) • 선대신용장(red clause L/C)	• 주문과 동시에 매수인이 매도인에 지급 • 선적전에 매수인이 매도인에게 대금송금 • 선적전에 신용장을 매입시킬 수 있는 조건
동시불	• 현금지급방식(COD) • 서류상환불(CAD) • 지급도방식(D/P) • 일람불어음(at sight)	• 물품과 상환으로 대금지급 • 선적서류와 상환으로 대금지급 • 무신용장에 의하여 선적서류와 상환으로 어음대금 지급 • 신용장에 의하여 선적서류와 상환으로 어음대금 지급
후불	• 기한부어음(usance) • 인수도방식(D/A) • 중장기연불조건(deferred payment on long or medium term basis)	• 신용장에 의하여 일정기간 경과후 어음대금 지급 • 무신용장에 의하여 일정기간 경과후 어음대금 지급 • 설비 등의 수출입시 중장기로 연불하는 조건

7) 보험조건

수출입물품은 일반적으로 장거리에 걸친 운송을 필요로 하므로 수출자로부터 수입자로 인도되기까지에는 여러 가지 위험이 따른다. 이러한 만일의 손해발생에 대비하여 위험의 발생 시 그 손해 또는 손실을 보상받기 위해서는 적하보험(cargo insurance)에 부보하여야 한다.

적하보험은 육상보험이나 항공운송 또는 복합운송의 경우 운송보험(transport insurance), 항공운송보험(air transport insurance) 혹은 통과보험(through insurance)이라 하고 해상운송에 의한 보험을 해상보험(marine insurance)이라 하며 이를 통틀어 무역보험(trade insurance)이라 한다.

4) 동일한 거래처와 반복해서 거래가 이루어지는 경우 매거래마다 결제하지 않고 일정기간별로 채권과 채무를 상계하여 그 잔액에 대해서만 결제하는 방법이다.

보험금액은 보험사고 또는 소정의 손해가 발생한 경우 보험자가 지급하여야 하는 금액 또는 그 최고한도의 금액으로 보험계약자간에 약정된 금액이다. 보험금액은 보통 최소부보금액으로 CIF 송장금액에 10%[5]를 가산하여 부보하는 것이 일반적이나 가산비율에 따라 보험료(insurance premium)가 달라진다.

〈표 10-13〉 손해의 구성

- 손해
  - 물적손해 (Physical Loss)
    - 전손 (Total Loss)
      - 현실전손(Actual Total Loss)
      - 추정전손(Constructive Total Loss)
    - 분손 (Average or Partial Loss)
      - 공동해손(General Average)
      - 단독해손(Particular Average)
  - 비용손해 (Expense Loss)
    - 구조료(Salvage Charge)
    - 특별비용(Particular Charge)
    - 손해방지비용(Sue and Labour Charge)
  - 손해배상책임 (Liability Loss)
    - 충돌손해배상책임(Collision Liability Loss)

〈표 10-14〉 보험조건

구 분	구약관	신약관
단독해손부담보조건	FPA (Free from Particular Average)	ICC(C)
분손담보조건	WA (With Average)	ICC(B)
전위험담보조건	A/R (All Risks)	ICC(A)

2. 일반거래조건

1) 불가항력조항

(1) 불가항력의 의의

불가항력(force majeure)이란 무역계약에서 불가항력조항[6]과 같은 의미로 사용

5) 10%는 희망이익(expected profit)에 대한 보험금액이다.

되고 있다. 불가항력은 주로 사법상 당사자가 그의 고의, 과실의 유무에도 불구하고 의무이행의 절대적인 책임을 부담하여야 하는 불이익을 사전에 제한하기 위하여 쓰여지는 개념으로 이러한 사태를 불가항력사태라 하고 동 사태가 발생한 경우 당사자의 권리와 의무관계를 규정한 조항을 불가항력조항이라 한다.

(2) 불가항력조항의 범위와 한계

불가항력에 의하여 보호될 수 있는 범위는 외부에서 발생한 사실로서 당사자가 거래관념상 그 방지에 필요하다고 인정될 수 있는 일체의 방법을 사용하더라도 피할 수 없는 경우에 한한다.

또한 불가항력조항은 통상의 의미를 변화하여 사용되는 경우가 있으며 구체적으로 어떠한 사태가 불가항력인지 열거한다는 것은 불가능할 뿐만 아니라 그 내용의 의미가 극히 막연하므로 당사자간에 만일의 경우 대비하여 구체적으로 예상될 수 있는 사태에 대하여 상세히 열거하여 둠으로써 면책의 범위를 정하여 두는 것이 바람직하다.

2) 클레임처리조항

(1) 클레임의 의의

클레임(claim)이란 "권리의 주장, 청구권, 채권의 신청"이란 의미로 계약의 위반에 의한 손해에 관해서 피해자인 당사자로부터 책임이 있는 상대방에게 제기되는 "손해배상청구의 소(訴)"를 말한다.

(2) 클레임처리조항의 효과

계약서상에 "일정한 기한 내에 클레임을 처리하지 않으면 그 이후에는 클레임을 제기할 수 없다"는 내용으로 클레임제기기한에 관한 조항을 설정한 경우 그 기한 내에 권리행사와 이행이 있어야 한다.

---

6) 불가항력조항은 force majeure clause 또는 escape clause라고도 표기하며 계약위반으로부터 당사자를 보호하기 위한 면책조항과는 상이하다. 불가항력조항은 특정 사태가 발생하여 그 사태의 결과로서 당사자의 위반 여부와 관계없이 적용된다.

3) 준거법조항

무역계약과 같이 계약 당사자가 법률을 달리하는 국가에 위치하여 거래가 이루어지는 경우 그 계약으로 인하여 발생하는 제문제를 어느 국가의 법률에 따라 해결할 것인가 하는 준거법의 문제가 발생한다.

준거법이란 2국의 당사자간에 계약이 성립될 때 당해 계약을 규율할 근거가 되고 규범 밖의 사항을 관할하는 지정된 각국의 국내법을 의미하며 준거법조항은 그 계약서를 해석하고 당사자의 권리와 의무를 결정하는데 어느 국가의 실체법을 적용할 것인가를 규정하는 조항이다.

4) 중재조항

중재의 의의분쟁의 해결방법에는 청구권의 기각, 화해, 알선, 조정, 소송 등이 있으며 이 중 청구권의 포기나 화해는 당사자간 해결방법이나 알선 · 조정 및 중재는 제3자에 의한 해결방법이다.

제3자에 의한 방법 중 중재는 중재가능한 법률관계의 분쟁을 당사자간의 합의(중재계약 또는 중재합의)로 법원의 판결에 의하지 아니하고 사적인 제3자(중재인)에게 위탁하여 그 판정에 복종함으로써 최종적으로 해결하는 자치법정제도를 말한다.

중재는 당사자들이 자신들의 분쟁을 중재에 의해서 해결한다는 명시적인 합의가 있는 경우에만 가능한[7] 계약상의 방법인 것을 그 특성으로 하며 이때 합의는 분쟁발생전이나, 분쟁이 발생한 후 발생된 분쟁을 중재에 회부하기 위하여 합의할 수도 있다.

조정 · 중재 · 소송의 차이는 조정의 경우 조정안의 수락 여부는 당사자의 임의사항이나 중재의 경우 중재판정은 거부할 수 없을 뿐 아니라 그 결과는 강제적으로 작용하므로 이런 점에서 소송의 경우와 흡사한 특징을 가지고 있다.

국내에서 내려진 중재판정은 외국에서 집행이 가능하며, 반대로 외국에서 내려진 중재판정 역시 우리나라에서 집행이 가능하다. 이는 우리나라가 1958년 6월 10일 뉴욕에서 채택되어 2017년 현재 157개국이 가입하고 있는 외국중재판정의

---

7) 중재계약은 중재의 본질적인 요소이므로 분쟁을 없애기 위하여 대부분의 국가에서는 서면에 의한 합의를 요구하고 있다. 우리나라 중재법 제2조에서도 서면계약을 요구하고 있다.

승인 및 집행에 관한 협약(The Convention on the Recognition and Enforcement of Foreign Arbitral Awards)에 1973년 5월 9일 가입하였으며, 가입시 국내법상 상사관련의 분쟁에 한하여 이 협약을 적용할 것과 외국중재판정일지라도 그 외국이 이 협약에 체약국인 경우에 한하여 이 협약을 적용할 것을 선언하였기 때문이다.

제4절 국제무역거래조건

1. Incoterms의 기본개념

1) 의의 및 개정경위

오늘날의 무역거래는 통일적인 법규범은 없지만 이를 뒷받침해 주고 있는 상관습에 의하여 행해지고 있다. 즉, 다년간의 관행으로 국제무역거래에서 확립되어 온 상관습이 자연 발생되었고, 또 이것은 어느 정도 표준화가 되면서 정형거래조건으로 나타나게 되었다. 국제상관습은 그 시대의 여러 가지 제도를 배경으로 끊임없이 발전하고 있으므로 그 내용에 대하여 계약의 당사자들이 항상 똑같은 이해를 하고 있다고는 볼 수 없다. 따라서 국제상관습을 바탕으로 하여 작성된 국제적인 통일규칙을 무역계약의 해석기준으로 삼는다면, 당사자간 의견이 다르기 때문에 발생하는 분쟁은 피할 수 있다. 따라서 국제상업회의소가 제일 먼저 착수한 작업이 바로 무역조건의 국제적 통일화였으며 그 결과 제정된 것이 "Incoterms(무역조건의 해석에 관한 국제규칙: International Rules for the Interpretation of Trade Terms ; International Commerce Terms)"이다. 무역거래는 장기간 발달해 온 무역관습을 바탕으로 성립 및 이행되고 있다. 이러한 무역관습이 정형거래조건으로 발전함으로써 오늘날 대부분의 무역계약은 INCOTERMS를 바탕으로 한 정형적 성격을 띠게 되었다. INCOTERMS는 무역거래에서 두 가지의 의미로 사용되고 있는데, 즉 무역계약에서 거래조건의 하나로서의 INCOTERMS와 가격 또는 채산조건으로서의 INCOTERMS이다. INCOTERMS의 정식명칭은 International Rules for the Interpretation of the Trade Terms(무역조건의 해석에 관한 국제 규칙)이나

International Commercial Terms(국제무역조건)의 약칭으로 INCOTERMS라 불리어진다. INCOTERMS의 제정목적은 외국무역에 있어서 가장 많이 사용되는 무역조건의 해석을 위한 일정한 국제규칙을 제공하는 데 있다. 계약당사자들이 그들의 각기 다른 국가에 있어서의 상이한 무역관행을 잘 모르는 경우가 많다. 그래서 이로 인하여 시간 및 금전의 낭비와 더불어 오해, 분쟁 및 소송을 야기시킬 수 있다. 국제상업회의소는 이 문제를 제거하기 위하여 1936년에 무역조건의 해석에 관한 국제규칙을 제정하였고 그 이후 1953년 1967년, 1976년, 1980년, 1990년, 2000년 및 2010년에 보완 · 개정하였으며 2020년에 다시 개정하였다.

2) Incoterms 2020의 특징

국제상업회의소(ICC)에서 발간한 인코텀즈 2020(Incoterms® 2020)은 "인코텀즈 2020 소개문(Introduction to Incoterms 2020)", "모든 운송방식용 규칙(Rules for Any Mode or Modes of Trasport)", "해상 및 내수로 운송방식용규칙(Rules for Sea and Inland Waterway Transport)", "조항별 규칙 비교(Article-by-Article Text of Rules)" 등의 4개 부문으로 구성되어 있다. "인코텀즈 2020 소개문(Introduction to Incoterms® 2020)"에서는 10개 항목을 기술하고 있다. 그리고 "모든 운송방식용 규칙(Rules for any Mode or Modes of Transport)"에서는 EXW, FCA, CPT, CIP, DAP, DPU, DDP 등 7개의 규칙을 규정하고, "해상 및 내수로 운송방식용 규칙(Rules for Sea and Inland Waterway Transport)" 에서는 FAS, FOB, CFR, CIF 등 4개의 규칙을 규정하고 있다. 모든 운송방식용 규칙(EXW, FCA, CPT, CIP, DAP, DPU, DDP)은 운송수단에 관계없이 사용될 수 있고, 둘 이상의 운송방식이 이용되는 경우에도 사용될 수 있다(즉 복합운송방식에도 사용 가능). 그러나 해상 및 내수로 운송방식용 규칙(FAS, FOB, CFR, CIF)은 해상운송이나 내수로운송에만 사용될 수 있다.[8)]

8) 김상만(2019), 인코텀즈 2020 (Incoterms® 2020)주요 개정 내용과 시사점, 법학논고, 제 67집, p. 262-263

〈표 10-15〉 Incoterms 2020의 분류

제1그룹(운송방식 불문 규칙)		제2그룹(선박운송 전용 규칙)	
(Rules for any mode or modes of transport) 어떠한 단일 또는 복수의 운송방식에 사용가능한 규칙		(Rules for Sea and Inland waterway transport) 해상운송과 내수로 운송에 사용가능한 규칙	
EXW	Ex Works	FAS	Free Alongside Ship
FCA	Free Carrier	FOB	Free On board
CPT	Carriage Paid To	CFR	Cost and Freight
CIP	Carriage and Insurance Paid to	CIF	Cost Insurance and Freight
DAP	Delivered At Terminal		
DPU	Delivered At Place Unloaded		
DDP	Delivered Duty Paid		

(1) 포괄적인 계약조건

Incoterms는 계약조건 중 가격조건이다. 그러나 이것은 단순한 가격조건을 의미하는 것은 아니다. 운송, 보험, 통관업무의 당사자 및 비용과 위험의 분기점을 구분해 주는 포괄적인 계약조건이다.

(2) 임의규정[9)]

Incoterms는 국제규칙이다. 그러나 매매계약에 자동으로 사용되는 규칙이 아니다. 당사자가 적용하기로 하는 경우에만 적용되는 임의규칙이다. 따라서 당사자가 개정된 'Incoterms(2020)'을 적용하려면 계약서에 'Incoterms(2020)'에 의하여 적용받는다는 취지의 문구를 명시하여야 한다.

9) Trade terms : The trade terms used in this Contract shall be governed and interpreted by the provisions of INCOTERMS(2020) unless otherwise specially stated.

2. Incoterms 2020의 주요내용

1) INCOTERMS 2020 주요내용

구 분	A. 물품의 인도시기 (위험부담의 분기점) A = Risk	B. 비용부담시기 (비용부담의 분기점) B = Cost	비고
1. EXW(Ex Works) (공장인도조건)	• 매도인의 작업장 구내에서 매수인이 임의 처분할 수 있도록 물품을 인도하였을 때	• 매도인은 A까지의 제비용 부담	• 수출통관 매수인 의무 • 수입통관 매수인 의무
2. FCA(Free Carrier) (운송인인도조건)	• 매도인이 매수인이 지정한 운송인에게 수출통관된 물품을 인도하였을 때	〃	• 수출통관 매도인 의무 • 수입통관 매수인 의무
3. FAS(Free Alongside ship) (선측인도조건)	• 물품이 지정선적항의 부두에 혹은 부선으로 본선의 선측에 인도하였을 때	〃	〃
4. FOB(Free On Board) (본선인도조건)	• 본선에서 인도하였을 때	• 매도인은 A까지의 제비용 부담	〃
5. CFR(Cost and Freight) (운임포함인도조건)	〃	• 매도인은 FOB조건 +목적항까지의 운임 부담	〃
6. CIF(Cost Insurance and Freight) (운임보험료 포함 인도조건)	〃	• 매도인은 FOB조건 +목적항까지의 운임 및 보험료 부담	〃
7. CPT(Carriage Paid To) (운송비지급 인도조건)	• FCA와 동일	• 매도인은 FCA조건 +지정된목적지 까지의 물품 운송비 (복합운송 개념에서의 운송비)	〃

8. CIP(Carriage and Insurance Paid To)(운송비 보험료 지급 인도조건)	• FCA와 동일	• 매도인은 CPT조건 +지정된 목적지까지의 적하보험료 부담	〃
9. DAP(Delivered At Place)(도착지장소 인도조건)	• 매도인이 지정된 수입국 내의 목적지점에 약정물품을 반입하여 매수인의 임의 처분 하에 인도된 때	• 매도인은 A까지의 제비용 부담 (단, 관세불포함)	〃
10. DPU(Delivered at Place Unloaded)(도착지 양하 인도조건)	• 목적지나 약속한 합의장소에서 수출자가 양하후 매수인의 임의 처분 하에 물품을 인도한 때	• 매도인은 A까지의 제비용 부담	〃
11. DDP(Delivered Duty Paid)(관세지급반입 인도조건)	〃	• 매도인은 A까지의 제비용 부담 (단, 관세포함)	• 수출통관 매도인 의무 • 수입통관 매도인 의무

2) 11가지 Trade Terms의 세부내용[10)]

1. EXW

EXW(Ex Works : 공장인도조건)이란 매도인이 자신의 영업장내 또는 기타 지정된 장소(작업장, 공장, 창고 등)에서 매수인에게 인도 가능하도록 계약물품을 준비하기만 하면 매수인에 대한 그의 임무가 완수되는 조건이다.

① 별도의 합의가 없는 한, 매도인은 매수인에 의해 제공된 운송수단에 물품을 적재하거나 수출통관을 이행할 의무가 없다.

② 매수인은 매도인의 장치장에서 목적지까지 운반하는데 소요되는 모든 비용과 위험을 부담한다. 예컨대 Ex Work, Ex Factory, Ex Mill(공장인도가격조건), Ex Plantation(농장인도가격조건), Ex Mine(광산인도가격조건), Ex Warehouse(창고인도가격조건) 등과 같이 표시할 수 있다.

10) 인코텀스(Incoterms)2020, 대한상공회의소, 2020. 9. 5

2. FCA

FCA(Free Carrier : 운송인인도조건)이란 매도인이 자신의 영업장구내 또는 기타의 지정된 장소에서 매수인이 지정한 운송인이나 제3자의 운송인에게 물품을 인도하는 것을 의미한다.

그런데 인도의 지정장소를 두 가지를 지정하였는데, 인도의 지정장소가 매도인의 영업장 구내인 경우에는 물품이 매수인이 제공한 운송수단에 적재된 때 물품이전에 관한 위험 부담이 매수인에게 이전된다. 그리고 인도의 지정장소가 매도인의 영업장 구내가 아닌 경우에는 물품이 매도인의 운송수단에 적재된 채 양하준비된 상태로 매수인이 지정한 운송인 또는 제3자의 처분에 놓였을 때 물품이전에 대한 매도인의 위험이 매수인에게 이전된다. 따라서 매도인은 계약에서 지정된 장소 또는 지점에서 매도인이 수출통관을 이행한 상태로 계약물품을 인도하였을 때 매도인의 인도의무가 종료되는 조건이다.

① 당사자들은 지정된 인도장소내의 지점을 가능한 한 명확하게 명시해야 한다. 왜냐하면 위험이 동 지점에서 이전하기 때문이다.
② 만약 매수인이 특정 지점을 지정하지 않았을 경우, 매도인은 운송인이 계약물품을 인수할 수 있는 특정한 장소 또는 지역을 선택할 수 있다.
③ FCA 조건은 복합운송을 포함하여 모든 형태의 운송에 사용될 수 있다.
④ FCA조건에서는 적용 가능한 경우 매도인이 물품의 수출통관을 이행한다.

"운송인"이라 함은 운송계약을 체결하여 철도, 육로, 해상, 항로, 내륙수로 및 복합운송방식에 의해 운송을 수행하거나 혹은 주선하는 사람(운송주선인 : freight forwarder)을 의미한다. 매수인이 매도인에게 운송인이 아닌 운송주선인과 같은 특정인에게 물품을 인도하도록 지시했다면, 매도인이 그 운송주선인의 임의 처분하에 물품을 인도하였을 때 매도인의 의무를 종료하는 것으로 간주한다.

3. FAS

FAS(Free Alongside Ship : 선측인도조건)이란 매도인이 물품을 지정된 선적항에서 매수인이 지정한 본선의 선측(부두 또는 부선)에 계약물품을 적치한 때 또는 그렇게 인도된 물품을 조달(procure)할 때 물품 이전에 관한 매도인의 위험(파손이나 멸실)이 매수인에게 이전된다.

① FAS 조건에서 물품의 멸실 또는 손상의 위험은 물품이 선박의 선측에 적치된 때에 넘어가며, 매수인의 의무는 이때부터 모든 위험과 비용을 부담한다.
② FAS 조건에서 매도인은 자신의 위험과 비용 부담으로 모든 수출 허가 또는 기타 공적인 승인을 취득해야 하고, 물품의 수출통관절차를 이행하여야 한다.
③ FAS 조건은 해상이나 내수로 운송에만 사용될 수 있으며 표기방식으로 FAS Busan, Korea 등으로 하면 된다.
④ FAS 조건은 FOB계통의 조건으로서 일반화물의 매매보다는 본선에서의 선적 및 양륙에 많은 비용이 드는 원목, 원면, 곡물 등의 부피가 큰 화물의 매매에 주로 사용된다.

4. FOB

FOB(Free On Board : 본선인도조건)이란 매도인이 계약물품을 지정선적항에서 매수인이 지정한 선박의 본선에 적재하여 인도하거나 또는 조달하는 조건을 의미한다.

① FOB 조건에서 본선에 적재될 때까지의 인도 과정에서 발생하는 모든 비용과 위험은 매도인의 부담이며, 그 후 발생하는 모든 비용과 위험은 매수인이 부담한다.
② FOB 조건에서는 적용 가능한 경우 매도인이 물품의 수출통관절차를 이행하여야 한다.
③ FOB 조건은 해상이나 내수로 운송에만 사용될 수 있다. 이와는 달리 Roll-on/Roll off 또는 컨테이너 운송의 경우에는 적합하지 않으며, 이러한 경우에는 FCA 조건을 사용하는 것이 더욱 적절하다.
④ FOB 조건에서 매수인은 자신의 비용 부담으로 목적항까지 물품의 운송계약을 체결하고, 선박명 · 선적장소 · 선적시기 등을 매도인에게 통지하여야 한다. 따라서 FOB 조건은 매수인이 지정한 선적항의 본선상에서 계약물품을 인도하는 것을 조건으로 하는 매매계약으로 Incoterms의 조건 중 CFR, CIF와 함께 가장 많이 사용되는 대표적인 선적지 매매조건이다.

5. CFR

CFR(Cost and Freight : 운임포함인도조건)이란 매도인이 지정목적항까지 물품을 운송하는데 필요한 운송계약을 체결하고 소요되는 운임과 비용을 지급해야 한다. CFR은 매도인이 계약 물품을 선적항의 본선상에 적재한 때 또는 이미 그렇게 인도된 물품을 조달하는 것을 의미한다. 인도된 후 발생하는 물품의 멸실과 손상의 위험은 물품이 본선상에 적재될 때 매수인에게 이전되는 조건이다.

① CFR 조건에서는 적용 가능한 경우 매도인이 물품의 수출통관절차를 이행하여야 한다.
② CFR 조건은 해상 또는 내수로 운송에만 사용될 수 있다. Roll on/Roll off 또는 컨테이너 운송의 경우에는 적합하지 않으며, 이러한 경우에는 CPT 조건을 사용하는 것이 더욱 적절하다.
③ CFR 조건에서는 비용부담의 분기점과 위험부담의 분기점이 서로 다르다. 매도인은 선적항에서 물품을 본선상에 인도한 때까지의 물품에 관련된 모든 비용과 목적항까지의 해상운송 비용(운임)을 별도로 부담하여야 한다. 반면에 매수인은 목적항까지의 운임을 제외하고 물품이 선적항에서 본선상에 인도된 때부터 모든 추가적인 비용을 부담하여야 한다.
④ 물품이 선적항에서 본선상에 적재된 때 물품의 멸실과 손상에 대한 모든 위험은 매수인에게 이전된다.

6. CIF

CIF(Cost, Insurance and Freight : 운임 · 보험료포함인도조건)란 매도인이 CFR 조건과 동일한 의무를 가지고 있으나, 이에 추가하여 운송중의 물품의 멸실 및 손상에 대한 위험을 매도인이 해상보험계약을 체결하여 부보(付保)하여야 하는 조건이다.

CIF 조건도 CFR 조건과 같이 비용부담의 분기점과 위험부담의 분기점이 서로 다르다.

① CIF 조건에서 매도인은 해상보험계약을 체결하고 해상 보험료를 지급한다. 그러나 매도인이 단지 최소한의 부보조건인 Institute Cargo Clause(ICC) C 약관에 따른 보험계약을 체결한다는 사실을 매수인은 인지하여야 한다.
② CIF 조건에서는 적용 가능한 경우 매도인이 물품의 수출통관절차를 이행하여야 한다.

③ CIF 조건은 해상이나 내수로 운송에만 사용될 수 있다. Roll on/Roll off 또는 컨테이너 운송의 경우에는 적합하지 않으며, 이러한 경우에는 CIP 조건을 사용하는 것이 더욱 적절하다.
④ CIF 조건은 계약가격이 선적항에서의 약정물품의 선적원가, 목적항까지의 보험료 및 운임 등 3가지 요소가 하나의 거래조건에 통합된 매매형태이다.

매도인은 자기의 위험과 비용으로 약정기간 내에 지정된 목적항까지의 운송계약을 체결하여 약정물품을 선적하고, 선적물품의 위험에 대해 해상보험계약을 체결하며, 선적서류를 취득하여 매수인에게 제공하여야 한다.

7. CPT

CPT(Carriage Paid to : 운송비지급인도조건)이란 매도인이 합의된 장소(당사자간에 이러한 장소의 합의가 있는 경우)에서 매도인이 지정한 운송인 또는 제3자에게 물품을 인도하여야 한다. 그리고 매도인이 지정된 목적지까지 물품을 운송하는데 필요한 운송계약을 체결하고 물품의 운임(운송비)을 부담하는 조건이다.

CPT조건은 FCA 조건에 추가적으로 매도인이 지정목적지까지의 운송계약을 체결하고 운송비를 지급해야 하는 조건이다.

① 물품이 운송인에게 인도된 이후에 발생하는 물품의 멸실 및 손상에 대한 모든 위험과 모든 추가적인 비용은 물품이 운송인의 임의 처분 하에 인도되었을 때부터 매도인에게서 매수인에게로 이전된다.
② "운송인(Carrier)"이라 함은 운송계약을 체결하여 철도, 육로, 해상, 항로, 내륙수로 및 복합운송방식에 의해 운송을 수행하거나 혹은 주선하는 사람을 의미한다. 만약 지정목적지까지의 운송에 여러 운송인이 참여하게 되는 경우 물품이 최초의 운송인에게 인도될 때 위험이 이전된다.
③ CPT 조건에서는 적용 가능한 경우 매도인이 물품의 수출통관절차를 이행하여야 한다.
④ CPT 조건은 복합운송을 포함하여 모든 형태의 운송에 사용될 수 있다.

8. CIP

CIP(Carriage and Insurance Paid to : 운송비 · 보험료지급인도조건)이란 매도인

이 합의된 장소(당사자간에 이러한 장소의 합의가 있는 경우)에서 매도인이 지정한 운송인 또는 제3자에게 물품을 인도하여야 한다. 그리고 매도인이 지정된 목적지까지 물품을 운송하는데 필요한 운송계약을 체결하고 물품의 운임(운송비)을 부담하는 조건이다.

또한 매도인이 지정된 목적지까지 운송 · 보험계약을 체결하고 물품의 운송비와 보험료를 지급하되, 이에 추가하여 운송 중 물품의 멸실 또는 손상 등의 위험에 대하여 매도인이 운송보험을 부보(付保)해야 하는 의무가 추가되어 있는 조건이다.

① CIP 조건에서 매도인은 운송보험계약을 체결하고 보험료를 지불하여야 한다.
② CIP 조건에서는 매도인이 최대 담보조건인 Institute Cargo Clause(ICC) A 약관에 따른 적화보험을 부보하여야 한다.
③ CIP 조건은 적용 가능한 경우 매도인이 물품의 수출통관절차를 이행하여야 한다.
④ CIP 조건은 복합운송을 포함하여 모든 형태의 운송에 사용될 수 있다.
⑤ CIP 조건은 운송도중에 발생할 수 있는 물품의 멸실이나 손상에 대한 위험에 대비하여 매도인이 매수인을 위하여 운송보험을 부보해야 한다는 점을 제외하고는 CPT와 동일한 조건이다.
⑥ CPT조건과 CIP조건의 유일한 차이점은 매도인이 운송보험계약을 체결하고 보험료를 지불한다는 것이다.

9. DAP

DAP(Delivered At Place : 도착지인도조건)이란 수입통관을 이행하지 않은 계약물품이 지정된 목적지에서 양하할 준비를 갖추어 도착하는 운송수단에 적재된 채 양하 준비된 상태로 매수인의 처분 하에 놓였을 때에 매도인의 인도의무가 완료되는 조건이다.

① DAP 조건에서 매도인은 지정된 목적지까지 물품을 운송하는데 관련된 모든 위험을 부담하여야 한다.
② DAP 조건은 적용 가능한 경우 매도인이 물품의 수출통관절차를 이행하여야 한다. 그러나 매도인은 물품의 수입통관절차를 이행할 의무가 없으며, 이를 매도인이 이행하도록 할 경우 DDP 조건을 사용하여야 한다.

10. DPU

DPU(Delivered At Place Unloaded : 도착지양하인도조건)이란 수입통관을 이행하지 않은 계약물품이 지정된 목적지에서 도착운송수단으로부터 양하된 상태로 매수인의 처분 하에 놓였을 때 매도인의 인도의무가 완료되는 조건이다.

① DPU 조건에서 매도인은 도착 운송수단으로부터 수입지의 지정 목적지에서 물품을 양하한 후 수입통관 미필 상태에서 매수인에게 인도하는 조건으로 매도인이 수입통관의 의무를 갖지 않는다.

② DAP조건과 DPU조건의 유일한 차이점은, DAP는 매도인이 계약물품을 지정된 목적지에서 도착 운송수단에 적재한 상태로 양하를 위하여 매수인의 처분하에 두었을 때 인도가 완료된다. 반면에 DPU는 매도인이 계약물품을 지정된 목적지에서 도착 운송수단으로부터 양하한 후 인도하여야 한다.

11. DDP

DDP(Delivered Duty Paid : 관세지급인도조건)는 매도인이 물품을 수입국의 지정된 목적지에서 수입통관 후 도착 운송수단에 적재한 채 양하 준비된 상태로 매수인의 처분에 놓였을 때 물품 이전에 관한 매도인의 위험이 매수인에게 이전되는 조건이다.

① 매도인은 그 지점까지 관세, 조세, 기타 물품인도비용을 포함한 모든 위험과 비용을 부담해야 하며, 수출통관, 수입통관도 이행하여야 한다.

② EXW 조건이 매도인의 최소 의무를 규정하는데 반해 DDP 조건은 매도인의 최대 의무를 규정하고 있다.

③ DDP 조건은 매도인이 직접 또는 간접적으로 수입허가를 취득할 수 없다거나 수입통관절차를 이행할 수 없는 경우에는 사용될 수 없다.

④ 매도인은 계약 물품을 합의된 지정 목적지까지 운송하는 계약을 체결하여 운송하여야 한다.

⑤ DDP 조건은 복합운송을 포함하여 모든 형태의 운송에 사용될 수 있다.

제11장 수출입대금결제

제1절 신용장방식

1. 신용장의 의의 및 기능

1) 신용장의 의의

신용장(L/C : Letter of credit)은 무역계약의 대금결제조건에 의하여 수입업자의 의뢰에 따라 수입국의 외국환은행이 발행하는 조건부 지급확약서이다.

즉, 신용장이란 무역대금결제를 원활화하기 위하여 신용장개설의뢰인(수입업자)의 요청에 따라 신용장개설은행이 수입업자를 대신하여 수출업자(신용장수익자) 앞으로 발행하는 것으로, 수익자(수출업자)로 하여금 일정한 기간 및 조건하에 선적서류를 담보로 하여 수입업자, 신용장발행은행 등을 지급인으로 하는 환어음을 발행하여 제시될 때 환어음과 제시된 서류가 신용장에 명기된 조건에 운송서류(transport documents)가 일치하면 수입업자를 대신하여 지급의 이행 혹은 신용장에 의해 발행된 어음의 지급, 인수를 수출업자 또는 어음매입은행 및 선의의 소지인에게 확약하는 비유통 약속증서이다.

2) 신용장의 기능

(1) 대금결제수단

수출입거래 시 수출업자는 대금회수에 관하여 많은 위험을 느끼게 된다. 신용장은 일단 발행되면 그 대금에 대한 지급을 발행은행이 보증하므로 수출대금의 회수가 확실하기 때문에 신용장은 대금결제의 가장 확실한 수단이 되고 있다.

(2) 금융수단

신용장에 의한 경우에는 상대방 발행은행이 그 대금의 지급을 보증한 것이기 때문에 매입을 의뢰받은 은행은 환어음이 신용장 조건에 일치하는 한 안심하고 매입을 하여 주기 때문에 신용장은 수출업자에게 유리한 금융수단이 되고 있다.

(3) 상품입수수단

수출입거래 시 수입업자는 상품입수에 관하여 많은 위험, 즉 수입대금만 지급하고 상품입수를 못할 위험을 느끼게 된다. 신용장에 의한 거래의 경우에는 어음에 첨부된 운송서류와 상환으로 수입대금을 결제하게 되므로 수입상품의 입수를 보장하여 준다.

2. 신용장의 특성

1) 신용장의 독립성

무역거래에 있어서 매매당사자가 계약시 지급조건(payment)에 신용장에 의할 것을 약정하면 매수인인 수입상은 자신의 거래은행에 신용장 개설을 의뢰한다. 그러나 신용장이 은행에서 개설되면, 신용장은 그 기초가 되었던 매매계약이나 기타의 계약관계로부터 완전히 독립되어 자체적으로 별도의 법률관계를 형성하게 되는데, 이를 신용장의 독립성(independency of the credit)이라고 한다.

은행은 계약에 대한 어떠한 참조사항이 신용장에 포함되어 있다 하더라도 결코 그러한 계약과는 무관하며 또한 이에 구속되지 아니한다."라고 규정하고 있다.

2) 신용장의 추상성

신용장거래의 모든 당사자는 물품을 상징하는 서류만에 의하여 거래하는 것이지 결코 이와 원인관계에 있는 물품을 거래하지 않는다. 즉, 신용장은 추상증권적인 특수성을 지니고 있다.

이를 신용장거래의 추상성(the abstraction of the credit)이라 한다. 서류가 신용장 조건과 일치하는 한, 모든 관계당사자는 서류와 원인관계에 있는 물품과 그 품질에 관해서는 면책된다.

신용장거래의 추상성이 인정되어야 할 가장 큰 목적은 매입은행의 보호에 있다.

3) 신용장의 한계성

신용장은 독립 · 추상성을 바탕으로 국제거래를 촉진시켜 주는 편리한 결제수단이다. 그러나 원만한 계약이행을 위해서는 매매당사자의 성실성이 중요한 것이지, 신용장이 개설되었다고 모든 것이 다 원만하게 해결되는 것은 아니다. 즉, 신용장에는 아래와 같이 몇 가지 제약이 있다.

① 신용장은 하나의 독립된 지급수단이 될 수 없다는 점이다. 사실 신용장은 단지 계약의 성질을 지니고 있기 때문에, 특정조건에 부합하는 제반 서류를 지정된 기일 내에 제시하면 신용장금액을 지불하겠다는 은행의 약속이지 그 자체가 유통될 수 있는 어음과 같이 독립된 지급수단은 아니다.

② 신용장에서 개설은행은 매매계약의 당사자가 아니며 단지 일정한 조건을 충족시키는 경우에 한해서만 개설은행이 지급 · 인수 또는 매입을 하겠다는 독자적인 약속을 하는 것으로서, 매수인이 상품대금을 지급하지 않으면 은행이 대신 변상해 준다고 생각되어서는 안 된다.

③ 신용장은 반드시 계약상품의 인수를 보장하지 않는다는 점이다. 신용장거래는 어디까지나 서류상의 거래이기 때문에 서류상 신용장의 조건을 충족시키게 되면 은행은 대금을 지불하게 되나, 매도인이 계약과 다른 물품을 선적하고 신용장 내용대로 작성하여 은행에 제시하고 대금결제를 받아도 은행은 면책이 된다.

그러므로 수입업자는 실제의 상품이나 계약과 다르게 작성된 운송서류라 할지라도 신용장이 요구하는 조건에 맞는 서류가 제시되면 이에 대한 대금지급의무가 있으며, 개설은행에는 계약상의 위반, 손해방지를 위한 책임과 의무가 없다.

3. 신용장의 양도

신용장의 양도란 신용장 상의 수익자가 향유하는 권리의 전부 또는 일부를 수익자가 지시하는 제3자에게 양도해 주는 것을 말한다. 원칙적으로 신용장은 비유통성 증서이므로 그 이용이 원수익자에게 한정되어 있으나 양도가능 신용장이라고 규정된 경우에 한하여 양도가 가능하다.

양도가능 신용장에는 반드시 "Transferable"이라는 문구가 신용장상에 표시되어 있어야 하며, 신용장에 별도의 명시가 없는 한 동일국내는 물론 제3국으로의 양도가 가능하다. 이러한 양도는 1회에 한하며 분할선적(partial shipment)이 허용되는 경우 분할양도가 가능하다.

4. 신용장거래의 결제과정

1) 무역계약의 체결

수출업자와 수입업자가 무역계약을 체결하고 대금결제 수단을 신용장에 의할 것을 약정한다.

2) 신용장의 개설의뢰

수입업자는 무역계약의 약정에 따라 거래은행(개설은행)으로 하여금 수출업자 앞으로 신용장을 개설해 줄 것을 요구한다. 수입업자는 신용장 개설의뢰서의 지시내용에 따라 수입승인서와 일정한 담보금을 함께 개설은행에 제출한다.

3) 신용장의 개설과 통지

개설은행은 자기 고객의 요청과 지시에 따라 신용장을 개설하여 수출업자에게로 송부한다. 이 때 통상적으로 수출지에 있는 은행(개설은행의 환거래 은행)을 통지은행으로 선정한다.

4) 계약물품의 선적과 선하증권의 입수

통지은행으로부터 신용장을 접수한 수출업자는 신용장에 명시된 조건에 따라 계약물품을 선적한 후 선박회사로부터 선하증권(Bill of Lading)을 입수한다.

5) 수출대금의 회수

수출업자는 선하증권을 비롯한 제반 서류를 신용장의 조건에 따라 구비하고, 환어음을 발행하여 자기가 거래하는 은행에 가서 수출대금을 회수한다. 수출업자에게 수출대금을 결제하는 은행을 신용장의 종류에 따라 지급 · 인수 또는 매입은행이라고 한다.

6) 개설은행의 상환

자기 자금으로 수출업자가 제시한 환어음을 지급 · 인수 또는 매입한 은행은 환어음과 제반 서류를 개설은행 앞으로 송부하여, 개설은행으로부터 무역거래 대금을 상환결제 받는다.

7) 개설은행의 운송 서류 제시

개설은행은 송부되어 온 제반 운송서류를 수입업자에게 제시하고, 수입업자는 이에 따른 수입대금을 지급 결제한다.

8) 계약물품의 인수

수입업자는 개설은행에서 찾아온 운송서류 중 선하증권을 선박회사에 제시하고 계약된 수입물품을 인수한다.

신용장 거래에 의한 전반적인 결제과정을 보면 다음과 같다.

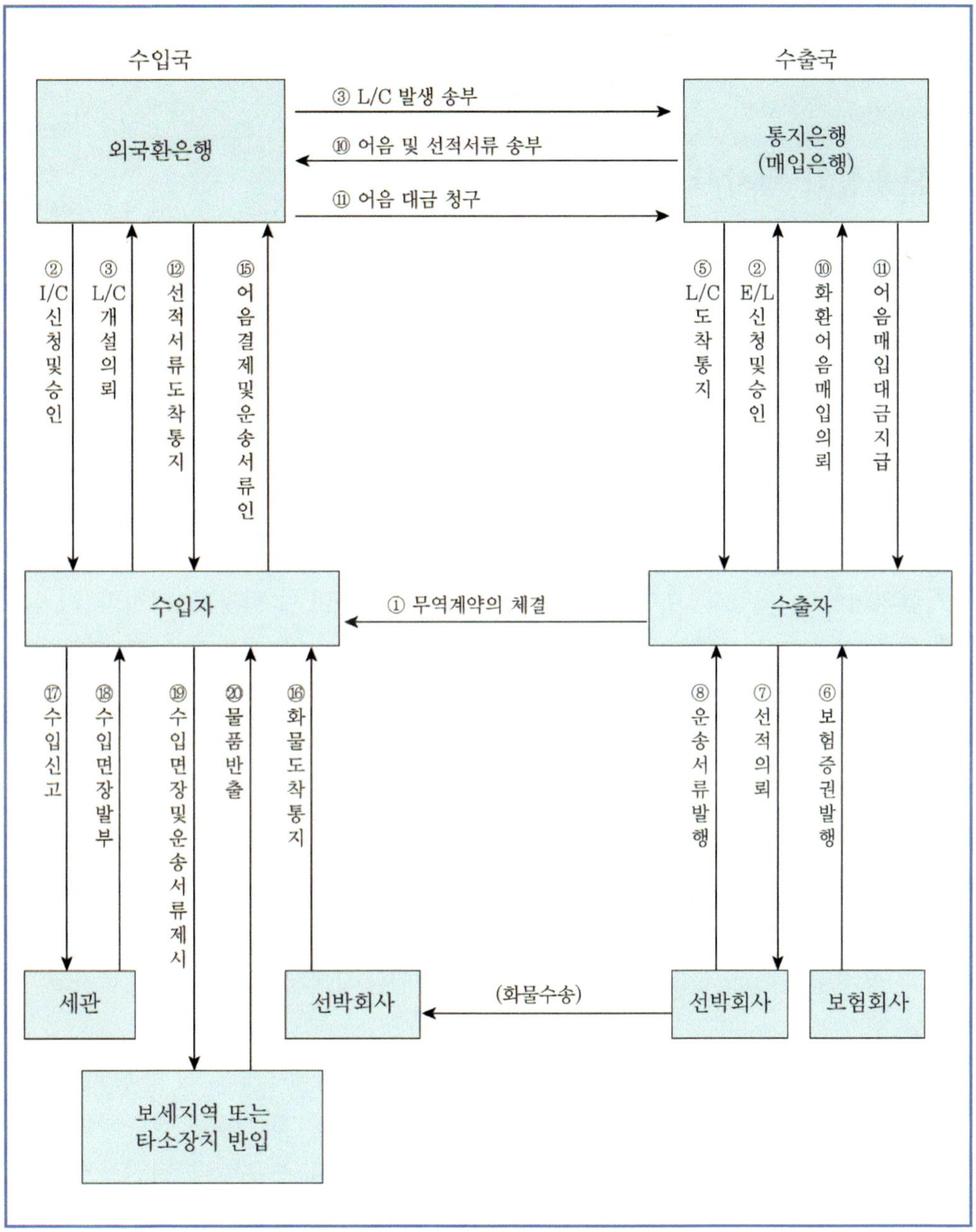

〈그림 11-1〉 신용장거래의 결제과정

제2절 신용장의 당사자와 종류

1. 신용장의 당사자

1) 기본당사자

(1) 확인은행(confirming bank)

개설은행의 수권이나 요청에 따라 타 은행이 개설은행의 확약에 추가하여 지급·인수 또는 매입을 확약한 경우 그 타 은행을 확인은행이라 한다.

(2) 개설은행(Issuing Bank)

개설의뢰인의 요청과 지시에 따라 신용장을 개설하여 수익자가 제시한 서류와 상환으로 지급하거나 또는 발행한 환어음을 지급 또는 인수할 것을 확약한 은행이다. opening bank, grantor 등으로 불리며, 신용장통일규칙에서는 "issuing bank"로 부르고 있다.

(3) 수익자(Beneficiary)

개설은행이 개설한 신용장에 의거 이익을 받게 되는 자를 수혜자라고 부른다. 수익자는 매매계약서상의 매도인인 수출업자가 된다. 신용장의 수신인, 사용자 또는 신용수령인으로 불리기도 한다. 신용장통일규칙에서는 "beneficiary"라고 부른다.

신용장의 개설은행은 신용장의 개설 및 그 내용을 수익자에게 직접 통지하거나 수익자의 소재지에 있는 개설은행의 본·지점 또는 환거래은행을 경유하여 통지한다. 대부분의 경우는 은행을 경유하여 통지되며, 특히 신용장이 전신으로 개설된 때에는 반드시 은행을 경유해서 통지된다. 이 통지를 행하는 은행을 통지은행이라 한다.

2) 기타 당사자

(1) 개설의뢰인(Applicant)

신용장의 개설을 개설은행에 지시 · 요청하는 자로서 보통 매매계약서상의 매수인이며, 수입업자가 된다. 은행으로부터 신용을 부여받기 때문에 수신매수인, 신용장의 개설인이기 때문에 opener, issuer라고 불리기도 한다. 신용장통일규칙에서는 "applicant for the credit"로 통일하여 부르고 있다.

(2) 지급은행(paying bank)

지급은행은 개설은행 자신이나 개설은행의 예치 환거래은행 또는 개설은행이 대금의 결제를 위하여 미리 금액을 위탁시켜둔 은행만이 될 수 있다.

(3) 인수은행(accepting bank)

자신 앞으로 발행되어진 기한부 환어음을 인수함으로써 그 어음의 만기일에 지급할 의무를 지게 된다. 은행에 의하여 인수된 어음은 인수한 은행의 무조건적인 지급의무가 어음법상 따르게 된다.

(4) 매입은행(negotiating bank)

개설은행에 의하여 또는 기한부 어음의 매입을 하도록 지정받은 은행이 있는 경우에는 그 은행, 특별한 지정이 없는 신용장의 경우는 아무 은행이나 매입은행이 될 수 있다. 매입은행은 개설은행 또는 개설의뢰인 앞으로 발행된 환어음이 규정된 서류와 함께 제시되면 소정기간의 이자를 받고 그 환어음을 사들이게 된다.

(5) 상환은행

신용장에서 지급, 인수 또는 매입은행에 대한 상환을 개설은행의 본 · 지점 또는 제3의 은행으로 청구하게 하는 경우 개설은행을 대신하여 상환업무를 수행하는 은행을 말한다.

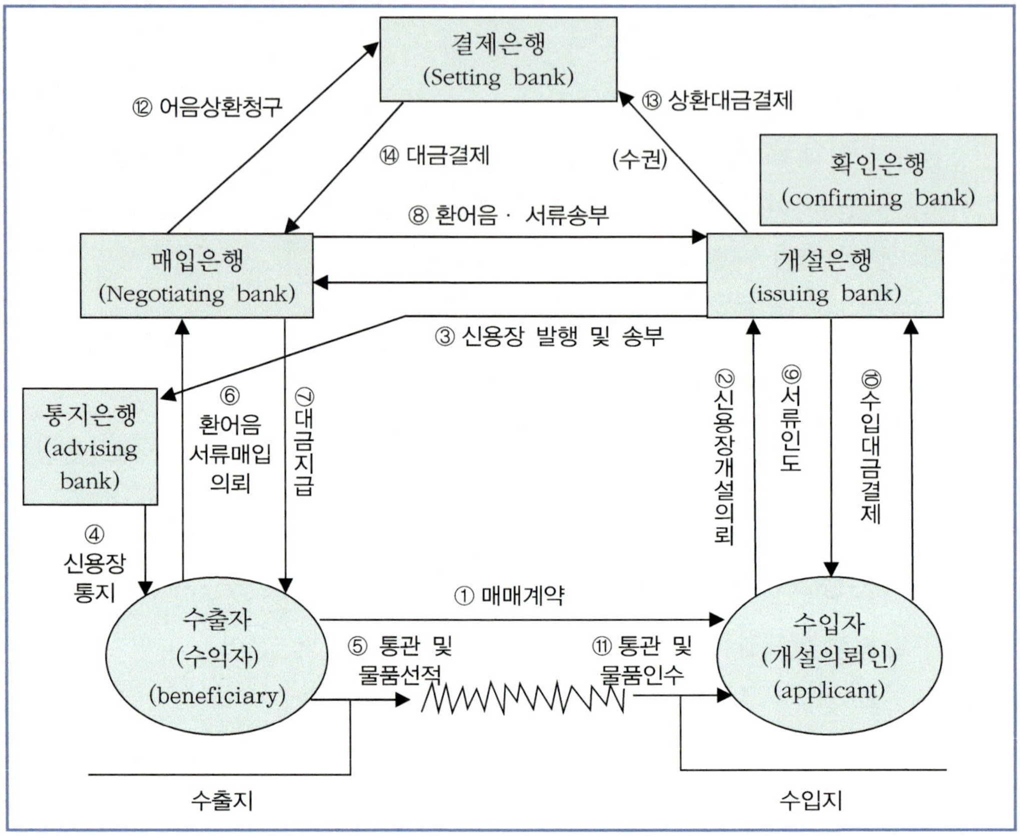

〈그림 11-2〉 신용장 거래 당사자의 관계

2. 신용장의 종류

1) 취소불능신용장과 취소가능신용장

신용장이 개설된 후 취소가능여부에 따라 취소가능신용장(irrevocable credit)과 취소불능신용장(revocable credit)으로 구분된다. 취소불능신용장이란 신용장이 일단 개설되어 수익자에게 통지된 이상 신용장 관계당사자를 구속하여 신용장상의 유효기간내에는 신용장 관계당사자의 합의 없이는 신용장을 취소하거나 신용장의 조건변경이 불가능한 것을 말한다.

취소가능신용장이란 신용장을 개설한 은행이 수익자에게 사전통지 없이 일방적으로 신용장 자체를 취소하거나 신용장의 내용을 변경할 수 있는 것으로서, 이는 신용장으로서의 가치가 거의 없다고 할 수 있다.

2) 확인신용장과 불확인신용장

신용장을 제2의 은행이 확인했는지 여부에 따라 구분한 것이다. 확인신용장(confirmed credit)이란 신용장에 개설은행 이외에 제2은행의 확인, 즉 수익자가 발행하는 어음의 인수 · 지급 또는 매입에 대한 제2은행의 추가적 확약이 있는 신용장을 말한다. 이는 수익자가 이중(二重)의 지급확약을 받게 되므로 신용도가 높아지고, 만약의 경우 개설은행이 지급불능 상태에 빠지면 확인은행이 개설은행을 대신하여 지급하여야 한다.

한편 불확인신용장(unconfirmed credit)이란 제2은행의 확인이 없는 신용장을 말한다.

3) 매입신용장과 지급신용장

신용장에 의해서 발행되는 어음의 매입 허용여부에 따라 매입신용장(negotiation credit)과 지급신용장(straight credit)으로 구분된다.

매입신용장이란 신용장에 의해서 발행되는 어음이 매입될 것을 전제로 하여 어음발행인은 물론이고, 어음의 배서인(endorser)이나 선의의 어음소지인(bona fide holder)에게도 지급을 확약하고 있는 신용장이다.

이에 반하여 지급신용장은 신용장에 의한 환어음의 매입 여부에 대하여는 아무런 명시가 없이 신용장 개설은행 또는 그가 지정하는 은행에 환어음을 제시하면 지급하겠다고 확약하고 있는 신용장을 말한다.

4) 화환신용장과 무담보신용장

신용장에 의한 지급이나 신용장에 의해 발행되는 환어음의 지급 또는 인수에 선적서류의 요구여부에 따라서 화환신용장(documentary credit)과 무담보신용장(clean credit)으로 구분된다.

화환신용장이란 신용장 개설은행이 수익자가 발행한 환어음에 유가증권인 선하증권 등의 선적서류를 첨부할 것을 조건으로 하여 인수 · 지급 또 매입할 것을 확약하는 신용장, 또는 단순히 신용장 소정의 서류의 제출을 조건으로 지급할 것을 확약하는 신용장을 말하며, 일반적으로 신용장이라 하면 이러한 화환신용장을 지칭한다.

무담보신용장이란 신용장에 의하여 발행되는 환어음에 선하증권등의 선적서류가 첨부되어 있지 않는 무담보어음(clean bill)의 경우에도 어음을 인수 · 지급 또는 매입할 것을 확약하고 있는 신용장을 말한다. 기타 일반적으로 무담보신용장은 선적서류가 있을 수 없는 경우의 거래, 즉 운임 · 보험료 · 수수료 등의 결제 또는 차입금의 변제 등에 사용된다.

5) 일람출급신용장과 기한부신용장

신용장에 의하여 발행되는 어음이 일람출급인지, 기한부인지 여부에 따라 일람출급신용장(sight credit)과 기한부신용장(usance credit)을 구분된다.

일람출급신용장이라 함은 신용장에 의해서 발행되는 어음이 지급인(drawee)에게 제시되면 즉시 대금이 지급되는 일람출급환어음(sight draft)인 경우를 말하고, 기한부신용장이란 신용장에 의해서 발행되는 어음이 지급인에게 제시된 후 일정한 기간이 경과한 후에 지급받는 기한부환어음(time draft ; term draft ; usance draft)인 경우를 말한다.

따라서 기한부신용장을 이용하는 수익자, 즉 수출상은 수출화물을 선적하고 기한부 어음을 발행하여 소정의 기간이 경과한 후에 어음금액의 지급을 받아야 하지만, 실제로는 환어음을 발행하여 외국환은행에 어음할인 형식으로 매각함으로써 수출대금을 수출선적 즉시 회수할 수 있다.

6) 양도가능신용장과 양도불능신용장

신용장상의 수익자가 신용장을 제3자에게 양도가능 여부에 따라 양도가능신용장(transferable credit)과 양도불능신용장(non-transferable credit)으로 구분된다.

양도가능신용장이란 수익자가 신용장금액의 전부 또는 일부를 제3자(제2의 수익자)에게 양도할 수 있는 권한을 부여한 신용장을 말하고, 또 한편으로 수익자가 신용장을 제3자에게 양도할 수 없도록 한 것을 양도불능신용장이라고 한다.

양도가능신용장에는 반드시 "transferable"이라는 문구가 표시되어 있고, 신용장에 별도의 명시가 없는 한 동일국내 또는 타국을 막론하고 양도할 수 있다.

7) 회전신용장

회전신용장(revolving credit)이란 거래처와 동일한 물품을 계속적으로 거래할 경우 거래할 때마다 매번 신용장을 개설하려면 개설의뢰인의 많은 시간과 노력 및 경비가 들게 되고, 거래예상액 전액을 한꺼번에 개설한다면 일시에 많은 대금이 소요되므로 이러한 불편과 경비 등을 제거하기 위하여 일정한 기간동안 일정한 금액의 범위 내에서 신용장금액이 자동적으로 갱생되도록 되어 있는 신용장을 말한다.

회전신용장은 수출업자로서는 장기적으로 활용 가능한 신용장을 확보함으로써 안심하고 생산 또는 집화할 수 있고, 한편 수입업자는 신용 있는 수출업자를 확보해 놓음으로써 자기사업을 지속할 수 있는 장점이 있다.

8) 전대(선대)신용장

전대(선대)신용장(red clause credit)이란 수출업자의 수출에 따른 수출물품의 생산 · 가공 · 집화 · 선적 등에 필요한 자금을 수입업자가 미리 융통해 주기 위하여, 매입은행으로 하여금 일정한 조건하에 신용장 금액의 일부를 수익자 앞으로 전대(선대)하여 줄 것을 허용하고 그 전대금 상환을 보증하는 신용장을 개설할 수 있다. 이와 같이 수출전대를 인정하고 있는 신용장을 수입업자의 입장에서 보아 전대(선대)신용장이라 하고 수출업자의 입장에서 보아 선수금신용장이라고 한다.

9) 기탁신용장

기탁신용장(escrow credit)이란 수출입의 균형을 유지하기 위한 구상무역의 경우 사용되는 신용장으로 수입업자가 수입신용장의 개설 시에 신용장의 한 조건으로서, 그 신용장에 의하여 발행되는 어음의 매입대금은 수익자에게 지급되지 않고 수익자명의로 상호 약정에 따라 매입은행 · 개설은행 또는 제3국의 환거래은행 등의 기탁계정에 기탁하여 두었다가 그 수익자가 원신용장 개설국으로부터 수입하는 상품의 대금결제에만 사용하도록 하는 요건의 신용장을 말한다.

10) 보증신용장

보증신용장(stand-by-credit)이란 통상적인 수출입상품대금의 결제를 목적으로 하는 신용장이 아니고, 금융이나 보증을 위하여 발행되는 특수한 조건의 무담보 신용장을 말한다.

11) 내국신용장

내국신용장(local credit)이라 함은 외국이 수입업자로부터 수출신용장을 받은 국내의 수출업자, 즉 원수출신용장의 수익자가 그에 따른 수출품 또는 원자재 등을 국내에서 조달할 경우, 동 수출품 또는 원자재 등의 공급자에 대한 대금지급을 보증하기 위하여, 수출신용장에 의한 청구권을 담보로 해서 원수출신용장의 통지은행 또는 자기의 거래은행에 의뢰하여 수출품 또는 원자재 등의 공급자를 수익자로 하는 제2의 신용장을 개설하는데, 이를 내국신용장(local credit ; domestic credit ; secondary credit ; subsidiary credit)이라고 한다.

〈표 11-1〉 내국신용장의 내용

구 분	내 용
관련법규	무역금융 취급세칙 및 절차
개설의뢰인의 자격	수출신용장, 수출계약서, 외화표시물품 공급계약서, 내국신용장 보유자 및 과거수출실적 보유자
개설(발급)기관	외국환은행
거래대상물품	수출용원자재 및 수출용완제품
개설(발급) 제한여부	당해 업체의 무역금융 원자재(완제품) 금융 융자한도내에서 개설가능
공급실적의 수출실적 인정여부	무역금융 취급세칙 및 대외무역관리규정상의 수출실적으로 인정
공급실적에 의한 무역금융수혜가능 여부	무역금융 수례 가능
부가가치세법상 영세율 적용가능 여부	적용가능
관세환급가능 여부	환급가능
개설(발급) 비용	개설수수료 부담

제3절 환어음과 선적서류

1. 환어음

환어음(Bill of Exchange)이란 어음발행인(drawer)이 지급인(drawee)인 제3자로 하여금 증권상에 기재된 일정금액을 증권상에 기재된 수취인(payee) 또는 그 지시인 또는 소지인에게 지급일에 일정장소에서 지급할 것을 무조건적으로 위탁하는 요식유가증권이며 유통증권이다. 이러한 의미에서 환어음은 발행인이 제3자인 지급인에 대하여 어음상의 정당한 권리자에게 어음지급을 위탁하는 지급위탁증권이라고 할 수 있다.

현재의 무역거래 중에서 가장 대표적인 방식인 신용장방식의 거래나 신용장을 수반하지 않는 어음지급서류인도조건(Documents against Payment : D/P)이나 어음인수서류인도조건(Documents against Acceptance : D/A) 등으로 대표되는 무신용장방식의 거래 모두에서 이러한 대금의 결제를 위한 수단으로 이러한 환어음이 널리 이용되고 있다.

환어음의 당사자로서는 발행인과 지급인 그리고 수취인을 들 수 있다. 발행인(drawer)이란 환어음을 발행하고 서명하는 자로 주로 수출상이나 채권자가 되며, 환어음이 유효하게 발행되기 위해서는 발행인의 기명날인이 있어야 한다. 지급인(drawee)이란 환어음금액을 일정한 시기에 지급하여 줄 것을 위탁받은 채무자로 신용장거래에서는 보통 신용장발행은행이나 발행은행이 지정한 은행이 되며 추심방식에서는 수입상이 된다. 수취인(payee)이란 환어음금액을 지급받을 자로 보통은 환어음을 매입한 은행이 되는 것이 통상적이다. 그러나 경우에 따라서는 발행은행이나 매입은행이 지정한 은행이 되기도 한다.

이러한 환어음의 기재사항 중에는 그 성립상 반드시 기재하여야 하는 필수기재사항과 기재하지 아니하여도 그 중에서 하나라도 누락 또는 미기재되면 어음으로서의 법적 효력이나 구속력을 가지지 못하게 되므로 유의하여 기재하여야 한다. 환어음의 필수기재사항으로는 환어음의 표시, 무조건의 지급위탁문언, 지급인의 기재, 만기의 표시, 수취인의 표시, 지급지의 표시, 발행일 및 발행지, 발행인의 기명날인 등이 있다.

2. 선적서류

선적서류라 함은 물품에 대한 대금청구서인 상업송장(Commercial Invoice)과 물품인도의 증거서류인 운송서류(transport documents) 등 무역대금결제와 관련하여 사용되는 모든 문서를 총칭하는 말이다. 특히 신용장에 의한 무역대금결제는 물품거래가 아닌 서류거래에 의해 이루어지고 있으며, 대부분의 무역거래도 물품이 아닌 서류라는 상징에 의해 대금결제가 이루어지고 있다. 신용장방식과 추심방식인 D/P · D/A거래에서는 무역결제서류에 수출상이 환어음(Bill of Exchange)을 발행하고 매입은행을 통하여 발행은행이나 추심은행앞으로 서류를 송부하게 된다.

1) 상업송장

상업송장(Commercial Invoice)이란 매도인, 즉 수출상이 수입상 앞으로 발행하는 물품에 대한 대금청구서, 물품의 명세서 등 선적안내서로 사용되는 상용문서이다. 상업송장은 매도인측의 입장에서는 무역대금 결제의 주요 서류뿐만 아니라 출하안내 및 과세자료, 수출통관절차상 세관 등에 제공하게 되는 서류가 되며, 매수인측에서도 수입통관절차에 필수적인 서류가 되기 때문에 정확하게 작성되어야 한다. 또한 상업송장은 대금청구서의 기능 외에도 매매계약상 매도인의 의무이행 사실을 입증하는 중요한 서류이다. "INCOTERMS 2020"은 각 거래조건별 매도인의 의무조항으로 매도인은 매매계약조건에 일치하는 물품과 상업송장을 제공하여야 함을 규정하고 있다. 이는 상업송장이 일치증명(evidence of conformity)으로서의 주요한 기능을 수행하는 것으로 이해할 수 있다.

2) 운송서류

운송서류(transport documents)란 운송물품의 적재(loading on board), 발송(dispatch) 또는 복합운송의 경우 수탁(taking in charge)을 표시하는 서류를 말한다. 운송서류는 해상선하증권과 같은 해상운송서류, 항공화물운송장과 같은 항공운송서류, 철도화물 또는 도로화물수탁서와 같은 육상운송서류, 내수로 운송서류, 복합운송서류 등으로 구분된다.

(1) 해상선하증권

선하증권(Bill of Lading : B/L)이란 해상물품운송계약에 따른 운송물의 수령 또는 선적을 증명하고 해상운송인에 대한 운송물의 인도청구권을 나타내는 유가증권이다. 또한 B/L의 중요한 기능은 증권의 소유자나 피배서인이 물품의 인도를 주장할 수 있는 권리증권(document of title)이며, 물품이 선박에 인도되었음을 증명하는 수령증(receipt) 및 운송계약의 증빙서류(evidence of contract of carriage)의 기능을 갖는 국제무역거래중 특히 해상운송에 사용되는 대표적인 선적서류이다. 즉 B/L은 수령증의 기능을 지니고 있기 때문에 매수인의 입장으로서는 B/L상의 기재(description of goods)에 대하여 중요한 이해관계를 갖는다.

선하증권의 기능을 요약하면 다음과 같다. 즉 첫째, 선하증권은 선박회사에 인도된 물품의 수령증이다. 둘째, 선하증권에 기재된 물품을 화체하는 권리증권이다. 셋째, 선하증권은 운송계약을 나타내는 증거서류이다. 넷째, 선하증권은 해상운송인이 운송물의 수령 또는 선적을 증명하고 양륙지에서 증권의 정당한 소지인에게 인도할 것을 약속하는 유가증권이다. 따라서 운송계약서상의 운송물의 인도청구권을 표창하는 유가증권으로서 화물상환증과 같이 요인증권 · 요식증권 · 대표증권 · 문언증권 · 유통증권 · 지시증권 등의 여러 가지 성질을 지니고 있다.

특히 선하증권에는 선적선하증권과 수취선하증권이 있는데, 선적선하증권(shipped B/L)은 운송화물을 본선에 적재한 후에 발행한 선하증권이다. 선적선하증권은 선하증권상에 "shipped in apparent good order and condition"의 문언이 기재되어 있다. 이 경우 선적선하증권상의 증권의 발행일자는 곧 본선적재일자가 된다. 선적선하증권은 선하증권의 법적 성질이나 법적 요건이 모두 갖추어진 운송서류이다.

선적선하증권은 결과적으로 효력은 같지만 구별되어야 할 것은 본선적재선하증권(on board B/L)으로 이는 수취선하증권(received B/L)양식, 즉 "received the goods, or packages said to contain goods herein mentioned, in apparent good order and condition..."과 같은 문언이 기재된 증권상에 본선적재 또는 선적완료문구, 즉 "loaded on board dated August 5, 2022"와 같이 기재 · 서명형식을 갖춘 선하증권이다. 이 선하증권은 결과적으로 선적선하증권과 실질적 효력은 동일하다. 본석적재부기(on board notation)의 요건은 본선적재의 표현, 본선적재일자의 표시가 있어야 한다.

다음으로 수취선하증권(received B/L)은 송하인의 물품을 단지 수령한 상태에서 발행된 선하증권을 말한다. 이는 물품을 선적할 선박이 항내에 정박중이거나 아직 입항되지 않았으나 선박이 지정된 경우에 운송인이 물품을 수령하고 선적전에 발행한 선하증권이다.

(2) 복합운송증권

복합운송이란 이종의 운송수단(선박, 트럭, 철도, 항공기 등)을 결합하여 시발지에서부터 목적지까지 단일 운송인의 책임으로 복수의 운송인에 의해 수행되는 화물운송을 말한다. 이와 같은 유형으로 물품이 운송될 때에 발행되는 운송서류를 복합운송증권(Multimodal Transport Documents : MTD)이라고 한다.

복합운송증권은 운송물품의 수탁에 의해 발행되는 서류이다. 현재 복합운송증권으로 인정되어 사용되고 있는 것은 보통 복합운송의 의미를 그 명칭에 포함하여 선하증권형식으로 발행하고 있다. 예를 들면 "Multimodal Transport Bill of Lading", "Combined Transport bill of lading" 또는 "Intermodal Transport bill of lading" 등이 그것이다.

(3) 해상화물운송장

해상화물운송장(Sea Waybill)은 국제 상거래에서 현실적으로 사용되기 시작한 것은 1970년대 후반으로 영국을 중심으로 한 유럽제국에서 사용되었다. 최근에는 선박의 고속화가 현저하고 특히 전세계를 무대로 하고 있는 컨테이너선은 불과 몇일만에 목적지까지 도착할 정도로 발전을 거듭하고 있다.

이와 같은 상황하에서는 선박이 목적지에 도착하였음에도 불구하고 선하증권이 도착하지 못하는 경우가 발생할 수 있다. 이러한 경우에는 운송인이 수하인에 대해서 화물을 인도할 수 없는 상황이 자주 발생하게 된다. 유럽에서는 그 결과 항구의 혼잡이 심각해지는 경우도 있고, 그 완화책으로서 유통성이 없는 해상화물운송장을 도입할 필요성이 있었던 것이다.

해상화물운송장은 운송인이 송하인으로부터 운송목적을 위해서 물품을 수취할 것을 나타내는 수령증이며, 운송계약이 체결되었다는 것을 나타내는 증거서류로서의 역할을 수행한다. 그러나 이것은 선하증권과는 다르고 현재 일반적으로 사용되고 있는 해상화물운송장은 선하증권과 유사한 측면이 있지만, 유가증권은 아니다. 운송인은 해상화물운송장의 제시없이도 해상화물운송장에 기재된 수하인에 대해서 본인임을 증명하고 난 다음 화물을 인도하게 된다.

선하증권의 경우에는 본선이 목적지에 도착하였음에도 불구하고 선하증권이 아직 도착하지 않고 있는 경우 수하인은 수입화물선취보증이라는 관행을 이용하여 선하증권을 선박회사 또는 그 대리점에 제시하지 않고서도 자신 앞으로 기재된 화물을 인도받을 수 있다. 그러나 이러한 절차는 당사자에 있어서 번거롭고 또 보관료 등의 비용이 소요된다. 해상화물운송장에 의하면 이러한 번거로움을 해소시킬 수 있고 비용도 절약할 수 있다. 선박회사에 있어서도 해상화물운송장이라면 선하증권이 가지는 유통성 등의 성질을 고려함이 없이 화물을 수하인에 대해서 본인이라는 증명을 확인하고 난 다음 화물을 인도할 수 있기 때문에 신속하게 처리할 수 있다. 이러한 해상화물운송장은 본 · 지점간의 거래나 신용도 있는 거래처와의 거래에서 효과적으로 이용될 수 있다. 왜냐하면 이러한 거래에서는 통상 송하인이 화물처분권을 행사하는 것은 예상되지 않기 때문이다.

(4) 항공화물운송장

항공운송서류(air transport documents)에는 항공화물운송장(Air Waybill : AWB)과 항공화물수탁서(Air Consignment Note)가 있다. 보통 미국에서는 전자로, 유럽에서는 후자로 부르고 있다. 이는 모두 화물을 공로로 운송하는 경우에 항공운송인이 발행하는 운송장으로 선하증권과 같이 운송계약상의 권리를 유가증권화한 권리증권은 아니고 단순한 수령증에 불과하다.

항공화물운송장과 해상선하증권의 공통점은 화물수령증이며, 요인증권이며, 요식증권이다.

항공화물운송장과 해상선하증권의 차이점은 다음과 같다. 즉 첫째, 항공화물운송장은 항공운송사실을 증명하는 단순한 증거증권인데 반하여 해상선하증권은 물권적 권리를 표시하는 물권증권이다. 둘째, 항공화물운송장은 비유통증권인데 반하여 해상선하증권은 유통증권이다. 셋째, 항공화물운송장은 화물수령증에 불과하므로 해상선하증권에 있어서 수취선하증권과 같다. 넷째, 항공화물운송장은 신속을 요하기 때문에 원칙적으로 환적을 전제로 하고 있다.

3) 보험서류

보험서류란 무역물품의 운송도중 해난이나 기타의 위험으로 인하여 입게 될 손해에 대하여 보험을 부보하고 이에 대하여 보험자로부터 발급받는 증거서류를 말한다. 해상보험계약은 계약자의 보험청약에 대해서 보험회사가 인수의 승낙을 하였을 때에 성립하는 낙성계약이다. 그러나 실무상 청약의 내용을 확인하기 위해서 소정의 청약서에 필요사항을 기재하여 보험회사에 제출하여야 한다. 청약서에는 피보험자, 보험의 목적(품명, 수량, 화인, 번호), 보험금액, 선박명 및 출항일, 항로, 보험금지급지 등이 기재된다. 보험회사는 이 청약서에 근거해서 보험증권 등을 발행하게 된다.

신용장거래에서는 해상적하보험의 성립을 증명하는 서류를 총칭하여 보험서류라고 하는데, 이에는 보험증권(Insurance Policy : I/P), 보험증명서(Insurance Certificate), 통지서(Declaration)가 있다.

4) 기타서류

기타서류에는 포장명세서, 중량 및 용적증명서, 원산지증명서, 영사송장, 세관송장, 검사증명서, 위생증명서 등이 있다.

포장명세서(packing list)란 적재화물의 포장 및 포장단위별 명세, 순중량(net weight), 총중량(gross weight), 용적(measurement), 화인(shipping marks), 포장개수(number of packages) 등을 기재한 상업송장의 보조서류로 수출상이 수입상 앞으로 작성하는 서류이다. 특히 포장명세서 총중량과 용적은 선하증권의 그것과 각각 일치되어야 한다.

중량 및 용적증명서란 수출화물을 선적하기에 앞서 공인검량인에 의해 화물의 순중량, 총중량, 용적을 계량하여 발급해 주는 서류로 선박회사측은 총중량과 용적을 자료로 하여 선하증권을 발급하게 된다. 이는 운송화물에 대한 해상운임 등을 산출하는 기초가 되기 때문에 정확히 작성되어야 한다.

원산지증명서(Certificate of Origin : C/O)란 수출물품의 원산지를 증명하는 서류로서, 수입상이 물품을 수입할 때 관세협약 등에 의해 협정관세율을 적용받거나 덤핑방지 등 무역정책상 또는 무역통계를 목적으로 요청하게 된다. 원산지증명서의 범주에 들지만 UNCTAD의 '일반특혜원산지증명서'(Generalized System of Preferences Certificate of Origin : GSPCO)가 있는데 이를 "Form A"라고도 한다. 일반특혜관세 원산지 증명서는 개발도상국의 수출확대 및 공업화 촉진을 위해서 선진국이 개발도상국으로부터 수입하는 농수산품 및 공산품의 제품 · 반제품에 대하여 무관세의 적용 또는 저율의 관세를 부과하는 관세상의 특혜를 주기 위한 원산지증명서를 말한다.

영사송장(Consular Invoice)이란 수입국에서 수입관세 탈세나, 외화도피 덤핑 등을 방지하거나 수출국소재 공관의 사증료 수입을 증대시키기 위하여 수출국주재 수입국 영사가 작성하거나 사증을 해주는 서류이다. 특히 중동지역 신용장의 경우에는 상업 송장이나 원산지증명서 및 선하증권상에 “visaed”, “legalized” 또는 ”verified”를 하도록 요구하는 경우가 많다.

세관송장(Customs Invoice)이란 영사송장과 같이 과세가격기준 결정, 덤핑유무 판정, 수입통계 등을 목적으로 작성되거나 영사송장처럼 영사가 작성하거나 사증을 하지 않고 수출상이 직접 작성한다. 세관송장은 수입국에 따라 양식이 정해져 있다. 세관송장작성시에는 특히 수출가격분석을 정확히 하여야 한다.

검사증명서(Inspection Certificate)란 물품의 품질에 대하여 매매계약시 품질의 결정방법과 시기 등을 고려하여 수입상의 요청에 의하여 수출상이 제공하는 검사결과에 대한 증명서이다. 신용장거래에서는 특별히 검사기관을 지정하지 않으면 수출량이 약정한 내용대로 자체검사기준에 따라 검사하고 수익자의 검사증을 제공하면 된다. 그러나 정부나, 기타 공적인 기관에서 발급된 검사 등을 특별히 요구한다면 당해 검사증명서를 제공하여야 한다.

제4절 무신용장방식

1. 추심방식에 의한 대금결제

국제무역거래는 그 거래방법에 따라 신용장에 의한 거래방식과 신용장이 수반되지 않는 무신용장거래방식으로 크게 구분할 수 있다. 이 무신용장거래방식 중 가장 대표적인 것이 추심(推尋: D/P · D/A) 거래방식이다.

D/P란 어음지급서류인도조건, 약칭하면 지급인도조건(Documents Against Payment : D/P)으로 수출상이 수입상과의 매매계약에 따라 물품을 선적하고 구비된 서류에

일람출급환어음(Sight Bill of Exchange)을 발행 첨부하여 자기거래은행(추심의뢰은행)을 통하여 수입상거래은행인 수입국의 은행앞으로 그 어음대금을 추심 의뢰하면 추심의뢰를 받은 수입국측 은행(추심은행)은 수입상에게 어음을 제시하여 그 어음금액의 일람지급을 받고 서류를 인도하는 거래방식을 말한다.

D/A란 어음인수서류인도조건, 약칭하면 인수인도조건(Documents Against Acceptance : D/A)으로 D/P거래와 대금을 추심하는 경로는 같으나 D/P와 다른 점은 수출상이 일람후정기 또는 확정일출급 환어음을 발행하고 수입상거래은행인 추심은행은 수입상에게 제시하여 그 제시된 어음을 일람지급받지 않고 인수만 받음으로써 서류를 인도한 후 만기일에 대금을 지급받는 거래방식이다.

추심거래의 당사자에는 추심의뢰인(principal), 추심의뢰은행(remitting bank), 추심은행(collecting bank) 및 제시은행(presenting bank)이 있는데, 그 거래과정은 다음과 같다.

① 물품매매 당사자간에 D/P · D/A 계약을 체결한다.
② 수출상은 수입상과 약정한 대로 물품을 선적한다.
③ 수출상은 계약서에 약정한 서류, 예컨대 상업송장, 선하증권, 보험증권, 포장명세서, 원산지증명서에 환어음을 발행하여 거래은행인 추심의뢰은행(remitting bank)을 통하여 추심은행앞으로 수출대금에 대한 추심요청을 하여 줄 것을 의뢰한다.
④ 추심은행측에 추심서류가 도착되면 지급인인 수입상에게 서류도착통지를 한다.
⑤ D/P거래인 경우에는 어음지급, D/A거래인 경우에는 어음인수를 행한다. 이와 동시에 추심은행은 서류를 수입상에게 인도한다.
⑥ 제시은행 및 추심은행은 수입상으로부터 지급받은 추심대금을 추심지시서상의 지시에 따라 상대은행에게 송금한다.
⑦ 추심의뢰은행은 추심은행으로부터 송금 받은 대금을 수출상에게 지급함으로써 수출상은 수출대금을 회수하게 되며 D/P · D/A의 모든 거래과정은 완료된다.

2. 송금방식에 의한 대금결제

송금방식에는 우편송금환(Mail Transfer : M/T), 전신송금환(Telegraphic Transfer : T/T), 송금수표(Demand Draft : D/D)가 있다.

우편송금환의 경우에는 은행이 수취인에 대하여 일정한 금액지급을 위탁하는 지급지시서를 우편에 의해 통지하는 방법으로 신속을 요하지 않을 때 사용된다. 전신송금환의 경우에는 우편송금환과 비슷하나 지급지시를 우편이 아닌 전신에 의해 행한다는 점에서 차이가 있다. 따라서 많은 금액을 신속히 송금하고자 할 경우 유용하다. 송금수표의 경우에는 은행이 발행하는 수표를 수취인에게 송금인이 직접 발송하는 방법으로 소액송금시 유용하다. 수출상이 이러한 송금수표를 받는 경우 우선 이 송금수표가 신용있는 은행이 발행한 은행수표(banker's check)인지 여부를 확인하여야 한다.

3. 국제팩토링방식에 의한 대금결제

팩토링(factoring)이란 판매자(client)가 구매자(customer)에게 물품이나 서비스를 제공함에 따라 발생하는 외상매출채권과 관련 팩토링 회사가 판매자를 대신하여 구매자에 관한 신용조사 및 신용위험의 인수(지급보증), 매출채권의 기일관리 및 대금회수 금융의 제공, 기타 회계처리 등의 업무를 대행하는 금융서비스이다.

국제팩토링은 전세계 팩터의 회원망을 통하여 수입상의 신용을 바탕으로 이루어지는 무신용장방식의 새로운 무역거래방법이다. 팩터는 수출상을 위하여 수출채권과 관련된 대금회수를 보장하고 회수업무에 따른 장부기장 등 회계업무와 전도금융에 이르기까지 제반 서비스를 제공한다. 그리고 수입상에게는 수입을 위한 신용을 공여해 줌으로서 해외로부터 신용으로 상품을 구매할 수가 있다. 국제팩토링은 기존의 신용장방식에 의한 거래에 비하여 매우 간편하기 때문에 이미 미국이나 유럽지역에서는 일반화되고 있으며 특히 중소규모의 무역거래에서 활발히 이루어지고 있다.

팩토링방식을 통해 수출상이 획득할 수 있는 이점은 다음과 같다. 즉 첫째, 수출대금의 회수를 수축팩터가 보증하기 때문에 신용거래에 따른 위험부담이 없다. 둘째, 위험부담이 없는 수입상에게 유리한 무신용장거래를 할 수 있어 대외경쟁력강화는 물론 신시장개척이 용이하다. 셋째, 신용장 및 추심방식에 비해 실무절차가 간편하다. 넷째, 대금회수 및 수출채권의 기일관리 등 제반 회계업무의 부담에서 벗어나 생산 및 판매에만 전념함으로써 원가절감과 생산성 증대를 실현할 수 있다. 다섯째, 전세계에 걸친 팩토링기구의 회원사인 수출팩터와 거래함으로써 국제시장에서의 지명도가 높아진다. 여섯째, 필요시 즉각적인 전도금융의 수혜로 효율적인 자금조달이 가능하며 경영상담 및 다양한 서비스를 제공받을 수 있다.

수입상의 이점은 다음과 같다. 즉 첫째, 수입팩터가 지급보증을 함으로써 세계 각 국으로부터의 신용구매가 가능하다. 둘째, 수입보증금예치에 따른 자금부담이 없어진다. 셋째, 신용장발행에 따르는 수수료 등 비용부담이 없다. 넷째, 수입결제자금의 부족시 금융수혜가 가능하다. 다섯째, 수입팩터가 신용한도설정으로 계속 구매가 가능하다. 여섯째, 수입팩터로부터 만기일 관리 등 회계관리서비스를 제공받는다.

4. 퍼페이팅방식에 의한 대금결제

퍼페이팅(Forfaiting)이란 불어의 Forfait에서 유래한 말로서 현금을 대가로 채권을 포기 또는 약속어음을 이전의 소비자에게 소구함이 없이(without recourse) 고정이자율로 할인하는 금융기법을 가르킨다. 퍼페이팅은 신용장거래의 인수와 유사하나 인수에 비하여 기간이 장기이고 어음소구권이 없다는 점이 다르다. 퍼페이팅은 소구권을 행사할 수 없다는 점이 가장 중요한 특징이라고 할 수 있다. 즉, 연지급어음을 매입한 자(Forfaiter)는 자기 이전에 어음을 소지하였던 자에게 사후에 소구권을 행사 할 수 없다.

퍼페이팅의 당사자에는 수출자, 수입자, Forfaiter 그리고 보증은행이 있다. 여기에서 Forfaiter는 연불어음을 할인매입하는 은행을 가리키며 보증은행(avalising/guaranteeing bank)은 수입자를 위하여 지급을 보증하는 어음보증 또는 지급보증서를 발급하는 은행을 말한다.

제12장 국제운송과 해상보험

제1절 무역운송의 의의

1. 무역운송의 의의

1) 운송의 개념

무역은 무역상품을 목적지까지 운반하는 운송(transportation)과 운송도중 화물의 분실, 손상 등으로부터 입은 손실을 보상하는 보험(insurance) 및 대금결제의 수단으로서 외국환(foreign exchange)에 의해서 원활히 이루어진다.

이 중 운송은 국제무역의 실제적 이행에 있어 가장 중요한 역할을 담당하고 있으며, 무역에서 화물의 운송은 크게 3부분으로 구분되어 이루어지고 있다.

① 자가창고나 공장에서 선적(공)항까지의 국내운송부문
② 선적(공)항에서 수출지 양륙(공)항까지의 국제운송부문
③ 도착지 양륙(공)항에서 최종 수입자에게 화물이 인도되기까지의 해외 현지 운송부문

2) 운송의 종류와 기능

국제간의 무역거래에 있어서 물품의 운송방법에는 크게 육상(공로)운송, 해상운송, 항공운송이 있으며, 이중 가장 많은 비중을 차지하고 있는 것이 해상운송이다.

한편, 항공운송은 항공기관의 발달에 따라 증가추세에 있으며, 트럭과 철도를 이용한 육상운송은 해상운송과 항공운송과의 결합에 의한 복합운송방식으로 이루어지고 있다.

우리나라는 지리적 여건으로 국내운송은 철도와 자동차에 의해 이루어지고 있으며 국제운송은 항공운송과 해상운송에 의해 이루어지고 있으나 대량의 화물은 저렴하게 운송할 수 있는 이점으로 해상운송이 많이 이용되고 있다.

운송의 기능은

① 정해진 시간내에 고객에게 물품의 정확한 전달
② 생산계획을 원활하게 추진하기 위한 판매와 생산의 조정역할
③ 물류계획의 올바른 수행
④ 수주에서 출하까지 작업의 표준화, 효율화 등이다.

〈표 12-1〉 해상운송의 장단점

장 점	단 점
• 대량운송 용이 • 장거리운송에 적합 • 운송비의 저렴 • 대륙간 운송가능	• 대규모 항만시설로 인한 초기 거액투자필요 • 기후에 민감 • 저속으로 운송시간의 장기화 • 타 운송수단과 비교하여 높은 위험도 존재

3) 해상운송

(1) 해상운송의 의의

선박에 의한 해상운송(marine transportation)은 일시에 대량화물을 장거리운송함에 따른 규모의 경제로 대륙간의 이동이 가능하기 때문에 현재 수출입화물의 99.7%가 해상운송을 이용하고 있다. 해상운송은 선박을 운송수단으로 하여 원양항로와 연안항로를 따라 운항하는 운송시스템의 하나이다.

4) 항공운송

(1) 항공운송의 의의

항공운송은 최근 전자공업의 발달과 소형정량의 고부가가치 제품의 증가 및 기업의 시장전략과 경쟁력 증대 등으로 그 이용이 증대되고 있다.

항공운송이란 항공기에 화물과 사람을 탑재하고 국내외의 공항에서 다른 공항까지 운하는 것을 말한다.

(2) 항공운송의 특성

항공운송은 다른 운송수단인 해상 및 육상운송과 비교했을 때 다음과 같은 특성을 가지고 있다.[11)]

① 신속 · 정시성

항공운송이 갖는 가장 현저한 특성은 신속성과 정시성이다. 항공운송은 해상운송에 비해 운송기간이 짧으며, 발착시간, 정시운항(on-time operation), 운항회수(frequency)에 의한 정시성을 최우선으로 하고 있다.

② 안정성

모든 운송수단에서 가장 중요시되는 것이 안정성이지만 항공운송은 특히 안정성의 확보를 최우선으로 하고 있다.

③ 경제성

항공운송은 운임면에서 보면 해상운송에 비해 높으나 포장비, 보험료, 창고료 등의 직접비와 재고품에 대한 투자자본, 관리비, 손실 등 간접비 및 배달시간, 정시성, 신뢰성 등 보이지 않는 비용을 감안한 종합비용(total cost)에서 볼 때 충분한 경쟁력을 가지고 있다.

(3) 항공화물운송서류(Air Waybill)

항공화물운송장(AWB)은 항공화물운송을 위한 가장 기본적인 서류이다.

항공회사가 발행하는 항공화물운송장과 혼재업자가 발행하는 항공화물운송장

11) 옥선종 외, 「국제복합운송론」, 두남, 1997, p.304.

을 구분하기 위하여 항공회사가 혼재화물을 커버하기 위해 발행하는 운송장을 Master Air Waybill이라 하며, 혼재업자가 개별 송하인의 화물에 대해서 발행하는 Air Bill은 House Air Waybill 또는 House Waybill이라고 부른다.

항공화물운송장은 선하증권과 같은 기능을 하고 있지만 법률적 성질에서는 차이가 있다. Air Waybill은 B/L과는 달리 단순한 화물운송장이지 유가증권은 아니다. 또한 수취식이고 원칙적으로 기명식이며 비유통성(비양도성)이다.

선하증권은 운송품의 수취 또는 선적을 확인하고 양하지(도착지)에서 B/L과 상환으로 운송품을 인도하는 것을 약속한 수취증이며, 또한 선하증권의 뒷면에 배서하여 양도함으로써 운송품의 소유권을 이전시킬 수 있는 유가 증권, 즉 권리증권(Documented Title)이다. 선하증권의 법률적 성질은 물권적 유가증권이고, 채권적 유가증권이며, 처분증권이다. 또한 요인증권이며, 지시증권이고 문언증권이다.

이에 대하여 항공화물운송장은 운송인이 항공운송을 하기 위하여 운송품을 수취하였을 때 발행하는 화물수취증이지만 유가증권은 아니고, 또한 수취식으로서 원칙적으로 기명식이고 비유통성이다.

〈표 12-2〉 Air Waybill(AWB)과 Bill of Lading(B/L)의 차이

항공화물운송장(Air Waybill)	선하증권(Bill of Lading)
• 유가증권이 아닌 단순한 화물수취증 • 비유통성(Non-Negotiable) • 기명식 • 수취식(창고에서 수취하고 AWB발행) • 수령증권이 아님 • 송하인이 작성	• 유가증권 • 유통성(Negotiable) • 지시식(무기명식) • 선적식(본선 선적후 B/L발행) • 수령증권 • 운송인이 작성

2. 선하증권

1) 선하증권의 의의와 성질

(1) 선하증권의 의의

선하증권(Bill of Lading ; B/L)이란 운송(선적)서류 중에서 가장 중요한 서류의

하나로서 화주와 선박회사 간의 해상운송계약에 의하여 선박회사가 발행하는 유가증권이다. 따라서 선하증권은 선적화물을 대표하는 증거로서, 이는 인도나 배서에 의해 전매될 수 있는 유가증권(negotiable instrument)이므로, 이 선하증권을 소지하고 있는 것은 선적화물 그 자체를 소지하고 있는 것과 동일하다.

(2) 선하증권의 성질

① 선하증권은 운송계약에 의하여 선박회사가 운송화물을 수령 또는 선적하였다는 전제하에 선하증권을 발급하기 때문에 요인(要因)증권이다.

② 선하증권은 선박의 명칭 · 국적 · 톤수 · 운송물의 종류 · 수량 · 기호 · 송수화인의 성명 또는 상호 · 선적항 · 양륙항 · 기타를 기재하고 발행자가 기명 날인하는 법정의 형식을 요하는 요식(要式)증권이다.

③ 선하증권을 작성한 경우 운송에 관한 사항 중에 선박회사와 증권소지인에 관한 사항은 선하증권에 기재한 바에 의하는 문언증권이다.

④ 선하증권은 화물을 대표하는 유가증권으로 배서 또는 인도에 의해 소유권이 이전되는 유통증권이다.

⑤ 선하증권은 운송화물을 대표하는 대표증권이고 소지인이 선박회사에 화물의 인도를 청구할 수 있는 채권증권이며, 운송화물에 관한 처분은 반드시 선하증권을 사용하여야 하는 처분증권이다.

2) 선하증권의 종류

(1) 선적선하증권과 수취선하증권

선적선하증권(shipped or on board B/L)은 화물이 운송선박에 적재완료된 후 발급되는 선하증권이며, 증권상에 화물이 선적되었음을 나타내는 "shipped" 또는 "shipped on board"라는 문언이 있다. 통상적으로 선하증권이라고 하면 화물이 실질적으로 선적된 후 발급되는 선적선하증권을 뜻한다.

수취선하증권(received B/L)은 화물이 선적되기 전에 발행되는 선하증권이다. 이 증권은 주로 화물을 운송할 선박이 항구에 정박하지 않아서 이를 선박회사의 부두창고에 보관할 때 발행된다.

이 수취선하증권은 실제 선적이 완료되어 선주나 그 대리인이 선적일을 기입하고 서명을 하게 되면 선적선하증권이 된다.

(2) 무사고선하증권과 사고부선하증권

선박회사는 본선상에 운송화물을 선적할 때 화물의 외관상태가 양호하거나 수량이 운송계약의 내용과 일치하면 무사고선하증권(clean B/L)을 발행한다. 그러나 선박회사가 인수한 화물이 포장상태가 불완전하거나 계약과 상이한 사실이 있게 되면 선박회사는 이러한 결함상태를 선하증권의 비고란에 기재하게 되는데 이러한 선하증권을 사고부선하증권(dirty or foul B/L)이라 한다.

사고부선하증권은 선하증권으로서 하등의 가치가 없기 때문에 화주는 재포장하거나 부족한 수량을 보충하여 반드시 무사고선하증권을 발급받아야 한다. 그러나 화물의 결함상태를 메꾸기 위한 시간적 여유가 없을 경우 화주는 파손화물보상장(letter of indemnity)을 이용할 수 있다.

파손화물보상장은 파손된 화물에 대해서 모든 책임을 지겠다고 화주가 선주에게 제출하는 일종의 각서이다. 따라서 선주가 인수한 화물이 다소 결함상태가 있다 하더라도 화주가 모든 책임을 지겠다는 보장이 있기 때문에 사고부선하증권 대신에 무사고선하증권을 발급하게 된다.

(3) 기명식선하증권과 지시식선하증권

기명식선하증권(straight B/L)은 화물을 받아 보는 수하인의 이름이 선하증권상에 기재되어 있는 경우를 말하며, 지시식선하증권(order B/L)은 수하인이 특정인으로 지정되어 있지 않고, 단순히 “Order” 또는 “Order of ×× Bank”로 표시되어 있는 선하증권을 말한다.

선하증권은 화물을 대표하는 대표증권이기 때문에 선박회사로부터 화물을 찾기 위해서는 반드시 선하증권을 제시하여야 한다.

기명식선하증권의 경우는 선하증권상에 기재되어 있는 수하인만이 화물을 찾을 수 있게 되며, 이 수하인이 양도하지 않는 한 제3자에게는 아무런 가치가 없다.

반면 지시식선하증권의 경우는 이 선하증권을 소지한 사람이면 누구나 화물을 입수할 수 있기 때문에 백지배서되어 자유로운 양도가 이루어질 수 있다. 이런 까닭에 대부분의 선하증권은 지시식으로 발행되고 있다.

(4) 환적선하증권

목적지까지 직항하는 선박이 없어 중간항에서 다른 선박에 환적하여 운송할 경우에는 환적선하증권(transhipment B/L)이 이용된다.

(5) 통과선하증권

통과선하증권(through B/L)은 해상운송 · 내수로운송 · 육상운송 등을 교대로 이용하여 운송하는 통과운송의 경우, 최초의 운송인인 선박회사가 전운송구간에 대하여 모든 책임을 지고 발행하는 선하증권이다.

(6) 약식선하증권

원래의 정규선하증권(long form B/L)에는 그 이면에 운송약관이 인쇄되어 있다. 그런데 운송약관이 많이 제정될 수록 선하증권의 양식도 커지기 때문에 이를 간소화시킨 것이 약식선하증권(short form B/L)이다.

약식선하증권의 전면에는 정규선하증권과 마찬가지로 법정 기재사항이 기재된다.

(7) Stale Bill of Lading

모든 선하증권은 발행된 일자로부터 21일이 경과하게 되면 Stale B/L이 된다. Stale B/L은 달리 합의된 사항이 없으면 은행에서 수리되지 않기 때문에 화주는 선하증권을 발급받은 후 21일 이내에 제출하여야 한다.

제2절 국제운송

신용장이 도착하여 계약물품의 생산이 완료되면 매매 당사자 상호간의 계약조건에 따라 수출업자나 수입업자는 운송계약을 체결하여야 한다. 이러한 국제운송계약에는 해상운송, 육상운송, 항공운송, 복합운송 등의 방법이 있으나, 무역의 특성상 해상운송이 가장 널리 이용되고 있다.

그러나 오늘날에는 컨테이너의 개발과 긴급 및 경박단소(輕薄短小)화의 화물이 증가함으로써 항공운송과 복합운송도 국제운송수단으로서 무역거래에서 많이 이용되고 있는 실정이다.

1. 해상운송

1) 해상운송의 의의 및 특징

무역은 서로 다른 국가에 거주하는 당사자 간에 행하여지는 물품의 매매로 수출업자는 어떤 물품을 외국에 있는 수입업자에게 인도하고 수입업자는 그것에 대하여 대금을 지급하는 것을 내용으로 한다. 따라서 이러한 이전과 대금결제가 가능하기 위해서는 매매물품을 수입업자의 수중까지 운반할 운송수단이 필요조건이다.

해상운송은 육상운송이나 항공운송에 비해 다음과 같은 몇 가지 특성을 지니고 있다.

① 해상운송은 대량운송이 가능하다. 선박 건조기술의 발달로 오늘날의 선박은 기타의 운송수단에 비해 일시에 대량의 화물을 운송할 수 있다.

② 해상운송은 경제성이 있다. 해상운송은 대량운송이 가능하기 때문에 단위당 운송비가 육상운송이나 항공운송에 비해 저렴하다.

③ 해상운송은 원거리의 국제운송에 적합하다. 육상운송은 특정 국가에 국한되지만, 해상운송은 공해상에서 국적에 관계없이 상업활동을 할 수 있기 때문에 원거리의 국제운송에 적합하다.

2) 해상운송의 형태

해상운송은 선박의 운항형태에 따라 정기선박운송과 부정기선박운송으로 대별된다.

(1) 정기선운항

정기선(liner)은 소량의 화물을 불특정 다수의 화주로부터 위탁받아 운송업을 행하는 형태로 반드시 공시된 항로와 운항일자에 근거하여 규칙적으로 운항한다.

이러한 정기선의 특징은 다음과 같다.

① 정기선은 고정된 항로를 따라 선적량에 관계없이 공시된 운항계획표에 의해 규칙적이고 반복적으로 운항한다.
② 정기선에서 취급하는 상품은 일반적인 포장화물이며 주로 2차상품이다.
③ 정기선 운임은 고시된 운임표에 근거하여 결정된다.
④ 정기선을 운항하는 선박회사는 대부분 해운동맹을 조직하여 운임이나 운송조건 등에 대하여 협정한다.

(2) 부정기선 운항

부정기선(tramper)은 고정된 항로가 없이 주로 1차상품인 단일제품을 소수의 화주로부터 위탁받아 불규칙적으로 운항하는 형태이다. 부정기선의 운임은 그 당시의 수요와 공급에 의해 결정되기 때문에 수시로 변동한다.

부정기선에는 유조선 · 냉동선 · 광물운반선 등과 같이 특수한 화물을 운송하는 특수전용선과 일반건화물을 취급하는 건화물 부정기선이 있다. 역사적으로 보면 부정기선이 정기선보다 오래 전부터 운항되었으나 오늘날에는 정기선이 해운시장의 주종을 이루고 있다.

3) 해상운송계약

해상화물의 운송계약은 선박회사와 화물의 수송을 의뢰하는 송하인(送荷人) 사이에 체결되는 것으로, 선박에 의해서 화물을 운송할 것을 인수하는 일종의 청부계약(請負契約)이라고도 볼 수 있다. 해상운송계약은 화물의 성질과 수량에 따라 다음과 같은 형태로 계약이 체결된다.

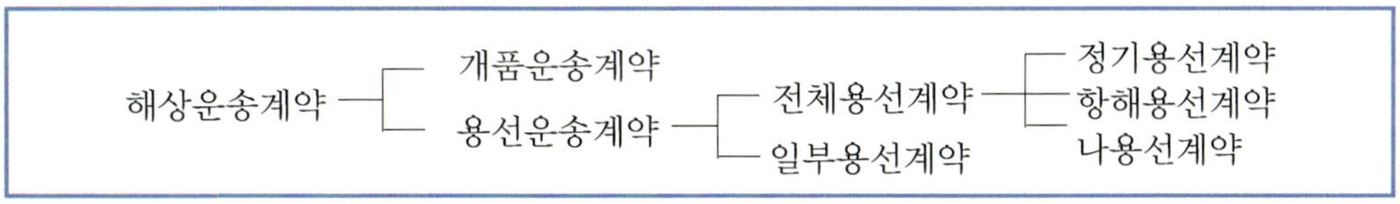

〈그림 12-1〉 해상운송계약의 분류

(1) 개품운송계약

선박회사가 다수의 하주로부터 화물에 대한 운송을 개별적으로 계약을 체결하는 것으로, 많은 화물을 여러 하주로부터 인수하여 혼적(混積)을 통해 운송하는 것으로 주로 정기선에 의하는 경우가 많다.

개품운송(個品運送)은 계약은 불요식계약이므로 계약서 없이 송하인 또는 그 대리인이 운송인인 선박회사나 그 대리점에 운송을 신청하여 운송인이 이것을 승낙, 즉 화물을 인수함으로써 운송계약이 성립되는 것이다.

(2) 용선운송계약

이는 송하인이 선박회사로부터 선복(ship's space)의 전부 또는 일부를 빌려 화물을 운송하는 경우에 체결하는 계약으로 용선계약(傭船契約)에는 전체용선계약과 일부용선계약이 있다.

전체용선은 다시 항해용선(voyage charter), 정기용선(time charter), 나용선(bareboat charter)으로 구분된다.

① 정기용선계약 : 이는 내항성(耐航性)을 갖고 선박에 필요한 모든 용구와 선원까지 승선시킨 선박을 일정 기간 동안 용선하여 그 기간을 기준하여 보수를 지불하는 계약이다. 따라서 선주는 선박의 감가삼각비 · 보험료 · 금리 등의 간접비와 선원비 · 수리비 · 선용품비(船用品費) 등의 직접비를 부담하여야 하며, 용선주는 용선료외에 연료비 · 항구세 등 운항비를 부담한다.

② 항해용선계약 : 어느 항구에서 다른 항구까지 화물의 운송을 위해 체결되는 운송계약을 항해용선계약이라고 한다. 이 항해용선계약에는 적하의 톤당 얼마로 금액을 정하여 화물의 실제운송량에 따라 운임이 결정되는 항차용선계약과 적하톤수에 의하지 않고 한 항해에 얼마라고 포괄운임을 내는 선복용선계약(lumpsum charter)이 있다.

③ 나용선계약 : 용선하는 측에서 선박 자체만을 빌리고 선원 · 장비 · 소모품과 선박보험료 · 항만비 · 항해비 · 수리비 등의 일체를 부담하는 형태의 계약이다.

2. 항공운송

1) 항공운송의 의의

대량화물을 저렴한 운임으로 운송하는 해상운송이 현재까지도 수출입화물의 운송을 현실적으로 주도하고 있다.

항공운송이 급속히 발전한 요인을 살펴보면 다음과 같다.

① 경제의 질적 발전에 따라 부가가치가 큰 제품이 증가되어, 비싼 운임을 지급하여도 충분히 채산이 맞게 되었다.
② 대형 젯트 화물전용기의 국제선취항에 따라 거의 모든 상품을 고속운송으로 하게 되었다.
③ 항공운송체제의 정비가 진전됨에 따라 그 생산성이 향상되고 운임율이 인하되었다.

2) 항공운송의 특징

항공화물운송의 특징은 무엇보다도 고속운송이다. 세계 주요 도시의 공항이 정비되어 내륙지역까지의 직송범위가 확대되고, 동시에 컨테이너 운송체제가 개발되어 화물의 적재와 하역이 간편화되었으며, 화물의 손상률이 뚜렷하게 감소한 것도 고속운송의 이점이 되고 있다.

즉, 고속운송은 금리, 즉 자금부담과 상품의 손상률이 감소되어 결과적으로는 보험율을 내리게 하였다.

3) 항공화물운송장

항공화물운송장(Air Waybill)은 선하증권과 함께 기본적인 운송서류의 하나로서, 송화인과 운송인간에 화물의 운송계약이 체결되었다는 것을 나타내고, 동시에 송화인으로부터 화물을 운송하기 위하여 수령하였다는 증거서류이다.

항공화물운송장(Air Waybill) ① 운송계약의 체결서류, ② 운송물품의 수령증, ③ 운임, 요금의 청구서, ④ 보험증명서, ⑤ 세관신고서류, ⑥ 항공회사에 대한 운송품의 취급, 인도 등에 관한 증명서로서의 기능을 하게 된다.

3. 컨테이너운송

1) 컨테이너운송의 의의

현대 수출입화물의 수송은 해상운송이 대부분이며 일부 원자재를 제외한 공업제품의 수송은 대부분 컨테이너에 의한다. 또한 컨테이너운송은 거의 정기선항로에 의한 운송이다.

컨테이너 수송방식은 운송의 신속화, 안정성, 비용절감과 같은 장점을 가지고 있어 물적유통부문의 포장, 수송, 하역 및 보관 등 운송의 전과정에 있어 혁신적인 수송도구로 각광을 받게 되었고 지금은 국제간 화물수송의 주종을 담당하기에 이르렀다.

국제운송의 컨테이너화는 각양각색의 화물을 컨테이너라는 국제적으로 규격화된 용기를 통하여 육해(陸海)일관수송를 할 수 있도록 만들었다는 커다란 의의를 가지고 있다.

2) 컨테이너운송의 장단점

(1) 컨테이너운송의 장점

① 컨테이너운송에는 품목별로 무차별운임이 적용되므로 운임부담을 절감할 수 있다. 또한 컨테이너선은 속도가 22~23노트로 재래선의 14~15노트보다 빠르므로 운항시간을 단축할 수 있어 운임이 그만큼 저렴하다.

② 크레인과 같은 기계장치에 의하여 하역되므로 하역시간이 단축되고 인건비 부담이 적다. 재래선에 의한 하역의 경우에 세계 각 항구의 평균하역 능력에 비하여 컨테이너선의 경우에는 10배의 시간단축이 가능하다.

③ 컨테이너는 누수가 되지 않으므로 컨테이너 야드에 컨테이너를 야적한 상태로 보관할 수 있어 보관비가 절감되며 통관을 위해서도 보세창고 입고가 면제되므로 통관수속비가 절감된다.

④ 하역 · 운송도중에 컨테이너는 눈 · 비의 위험에서 안전하므로 화물의 손상 · 멸실의 위험이 적어 보험료가 절감된다. 컨테이너는 트럭, 철도, 선박으로의 화물 이적(移積)이 자유로우므로 복합운송에 의한 일반운송이 가능하다.

(2) 컨테이너운송의 단점

① 컨테이너 전용부두건설, 크레인설치, 컨테이너 제조 등에 많은 고정비가 소요된다.

② 컨테이너에 적입할 수 없는 화물이 있다. 예를 들면 석탄, 곡식과 같은 산화물은 컨테이너에 적입할 수 없다.

③ 항로별로 컨테이너 화물이 균형되지 않을 때에는 돌아올 때에 빈채로 운항하여야 한다.

④ 컨테이너선은 상당부분의 컨테이너를 갑판에 적재하게 되므로 보험료가 할증된다.

〈표 12-3〉 컨테이너화물의 운송방법

운송구분	운송방법	해상운송 출고지→출발점→도착항→수화인 창고
CY/CY (FCL/FCL)	송화인의 공장이나 창고에서수화인에게 전달될 때까지 동일한 컨테이너에 적재된 상태로 일관 운행된다. 운송인의 책임은 CY에서 CY가지이다.	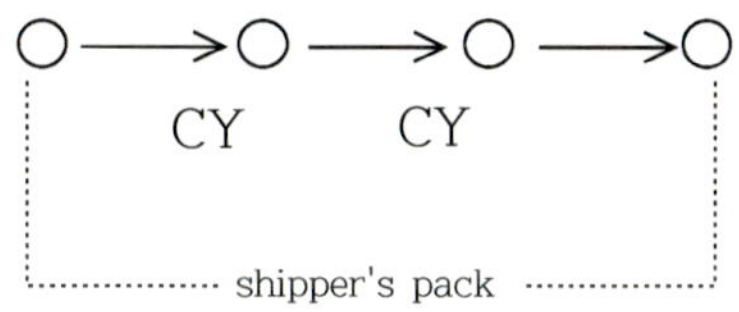
CY/CFS (FCL/LCL)	송화인의 공장이나 창고에서FCL 상태로 떠나 도착지에서 여러 명의 수화인에게 전달하기 위해 도착항 CFS에서 분배된다.	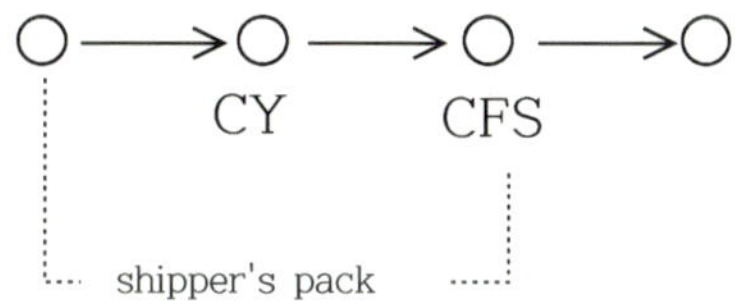
CFS/CFS (LCL/LCL)	여러 명의 송화인으로부터 집하된 LCL화물을 CFS에서 혼재하여 여러 명의 수화인에게 인도하는 KD법이다. 주로 운송인의 집하에 이용되는 운송방법이다.	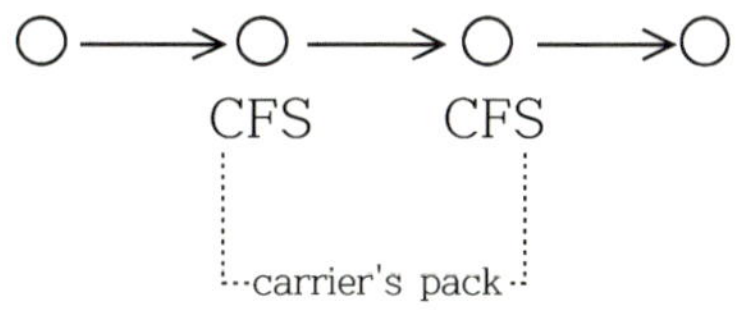
CFS/CY (LCL/FCL)	출발지의 CFS에서 혼재된 화물이 도착항에서는 단일의 수화인에게 전달된다. 주로 구매자의 집하에 적용되는 운송방법이다.	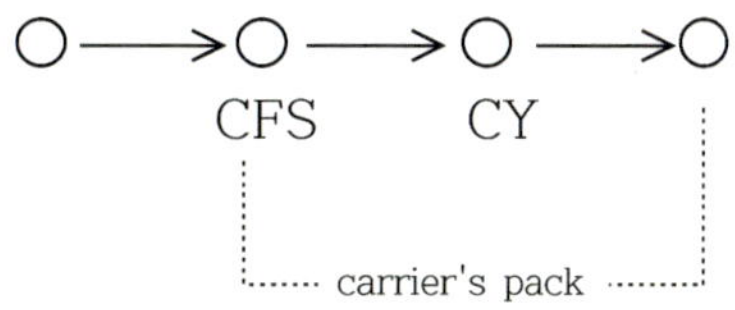

※ • ODCY(Of Dock Container Yard) : 컨테이너 장치장으로서 부두에서 떨어진 곳에 위치(부산 34개)
- ICD(Inland Container Depot) : 내륙통관기지로서 컨테이너집하, 통관수속 등의 업무를 처리할 수 있음(현재 의왕, 양산 ICD 등 2개)
- Co Loading : 포워더가 자체적으로 집하한 LCL화물이 FCL화물로 혼재되기에 부족한 경우 동일 목적지의 LCL화물을 보유하고 있는 타 포워더에게 Joint Consolidation을 의뢰하여 화물을 신속하고 경제적으로 수송하는 방법

4. 국제복합운송

1) 국제복합운송의 개념

국제복합운송이란 복합운송인이 자기의 보관하에 인수한 물품을 어느 한 국가의 일정지점에서부터 다른 국가의 지정인도 지점까지 복합운송계약에 의거 해상, 내륙수로(inland waterway), 항공, 철도나 도로운송 등 여러 운송 방식 중 2가지 이상의 운송방식을 사용하여 운송하는 것을 의미한다.

국제복합운송의 이점은 화물유통의 신속성 · 안정성 · 저렴성의 제고, 운송서류의 간소화, 무역의 확대 촉진 및 노동력 부족의 해결과 하역설비의 자동화를 가져온다.

2) 국제복합운송의 특성과 효과

국제복합운송은 국가간의 이동, 복합운송계약의 체결, 복합운송인에 의한 전구간 운송책임의 인수 및 운송수단의 이동복수성을 포함하여야 하는 것으로 운송구간을 단순히 2번이상 반복하는 통운송(through transport)과는 구별된다.

(1) 국제복합운송의 특성

① 운송책임의 단일성 복합운송인은 전운송구간에 걸쳐 화주에게 단일책임을 부담한다.

② 복합운송증권의 발행 : 복합운송은 복합운송인의 하주에 대하여 전운송구간을 커버하는 유가증권으로서 복합운송서류의 발행

③ 단일운임의 설정 : 복합운송은 복합운송의 서비스 대가로서 각 운송구간마다 분할된 것이 아닌 전 운송구간의 단일화된 운임 설정

④ 운송방식의 다양성 : 복합운송은 반드시 2이상 서로 다른 운송방식에 의해 이행

⑤ 운임부담의 분기점 : 복합운송에 있어 위험부담의 분기점은 송화인이 물품을 내륙운송인에게 인도하는 시점

⑥ 컨테이너운송의 보편화 : 컨테이너를 이용하여 단위로 하역하고 운송하는 것으로 신속, 안전하게 환적함으로써 육 · 해 · 공을 연결 운송

5. 포워더

1) 포워더의 개념

프레이트 포워더(Freight Forwarder)란 고객의 대리인으로서 송화인의 화물을 인수하여 수화인에게 인도할 때까지 화물의 집화, 입출고, 선적, 운송, 보험, 보관 등의 서비스를 제공할 뿐 아니라 복합운송체제하에서 운송계약의 주체가 되어 복합운송인으로서 복합운송증권을 발행하여 전 구간의 운송책임을 부담하는 자를 말한다.

2) 포워더의 영업형태

(1) 혼재운송

혼재운송(consolidated service)이란 소량화물(LCL)을 집하하여 컨테이너단위화물(FCL)로 만들어 운송하는 복합운송업체의 가장 대표적인 서비스형태이다.

(2) 프로젝트 카고 운송서비스

특정한 공사계획에 따라 발생하는 화물의 운송서비스로 건설자재 또는 장비 및 원자재, 부품 등을 포장하여 지정된 인도지점까지 운송하는 방식으로 공사의 시공에서부터 완공에 이르기까지 일괄서비스 제공형태이다.

(3) 특수화물 운송서비스

내국인 또는 외국인이 일정기간 동안 우리나라 또는 외국에 거주하기 위하여 반입 또는 반출하는 물품에 대하여 화물의 포장과정에서부터 최종 목적지까지 제공되는 서비스 형태이다.

(4) 행잉가멘트 서비스

컨테이너에 의한 의류운송서비스의 형태로 컨테이너 내부에 string 또는 bar를 설치하여 의류의 보존상태를 유지하기 위한 목적으로 제공되는 서비스이다.

(5) 전시화물 취급 서비스

상업화물의 박람회 전시나 예술품 등의 해외전시를 목적으로 반출입되는 화물의 포장에서부터 전시 후 복귀까지의 모든 절차를 처리하는 업무형태이다.

(6) 운송관련 각종 대행서비스

운송과정에서 발생하는 화주의 여러 업무를 직·간접적으로 수행 및 대행함으로써 경제적 편의를 도모해 주는 서비스형태로 포장, 육상운송, 통관, 창고업무 등이 있다.

제4절 컨테이너운송

1. 컨테이너운송의 의의

1) 컨테이너의 개념과 운송절차

컨테이너는 화물의 단위화(unitization)를 목적으로 하는 운송도구로서 육·해·공을 통한 화물운송에 있어 경제성·신속성·안전성의 이점을 갖고 물적유통부문의 운송·보관·포장·하역 등 전 과정을 가장 합리적으로 일관운송할 수 있는 혁신적인 운송용구를 말한다.

(1) 컨테이너의 종류

〈표 12-4〉 컨테이너의 종류

종 류	내 용
건화물 컨테이너 (dry container)	일반잡화를 운송하기 위한 표준컨테이너로 주로 최적상품 및 적합상품을 운송하는 데 이용
냉동 컨테이너 (reefer container)	냉동화물이나 과일·야채 등 보온 및 보냉이 필요한 화물을 운송하기 위한 컨테이너로서 −28℃까지의 온도 임의 조절가능
오픈 탑 컨테이너 (open top container)	특수컨테이너의 일종으로 일반 건화물 컨테이너의 지붕과 측벽, 단벽의 상부가 개방되고 상방에서 하역이 가능하며 개구부는 방수가 될 수 있도록 canvas 등으로 싼 컨테이너로 중량물이나 장척물을 크레인으로 컨테이너의 위쪽으로부터 적재 및 하역가능

플랫 랙 컨테이너 (flat rack container)	승용차 · 기계류 등 중량화물을 운송하기 위한 컨테이너로 전후좌우 및 상방에서 하역 가능
팬 컨테이너 (pen container)	live stock container라고도 하며 동물을 운송하기 위하여 만들어진 컨테이너로서 통풍과 사료를 넣어 주기 편리하게 제작
탱크 컨테이너 (tank container)	유류 · 술 · 화학품 등 액체상태의 화물을 운송하기 위해 특별히 제작된 컨테이너
플랫 폼 컨테이너 (platform container)	중량이나 부피가 큰 화물을 운송하기 위한 컨테이너로서 길이 6.75m, 넓이 4.10m, 높이 4.50m, 중량 40톤까지의 화물적재 가능
솔리드 벌크 컨테이너 (solid bulk container)	몰드 · 소맥분 · 가축사료 등과 같은 화물을 운송하기 위해 제작된 컨테이너로서 대개 직경 50cm 정도의 3개의 맨홀이 있으며 컨테이너의 내부는 청소가 용이하고 외부기온에도 견디도록 제작
행거 컨테이너 (hanger container)	일반 건화물을 천장에 매달 수 있도록 제작된 컨테이너

(2) 컨테이너 화물의 종류

① 최적상품(prime containerizable cargoes)

대체로 고가 또는 해상운임이 비교적 높은 건화물이거나 공산품 중에서 주류 · 의약품 · 직물 · 가전제품 · 시계 · 카메라 등 부피가 별로 크지 않는 상품

② 적합상품(suitable containerizable cargoes)

전선 · 함석판 · 철사 · 포대커피 · 포대소맥 등 최적상품보다 가격이나 해상운임률이 저가인 컨테이너 운송에 적합한 상품

③ 한계상품(marginal containerizable cargoes)

물리적으로 컨테이너에 적재할 수 있는 저가 · 저운임의 화물로서 부피 · 중량 · 포장면에서 컨테이너화하기에는 문제점이 많은 화물

④ 부적합상품(unsuitable containerizable cargoes)

컨테이너 적재가 불가능한 산화물(bulk cargo), 중량화물 및 원유 · 액화가스 등 운송시 전문적인 시설이 필요한 화물

(3) 컨테이너 화물의 운송형태

컨테이너화물은 한 Unit의 화물 적입량에 따라 FCL(Full Container Load) Cargo와 LCL(Less than Container Load) Cargo로 구분된다.

FCL(full Container Load) Cargo란, 하나의 컨테이너(20′, 40′등) 용기에 채우기 충분한 양의 화물을 말하며, 흔히 CY Cargo라 부르기도 하며, LCL(Less than Container Load) Cargo란, 컨테이너 하나 전부를 채우기에 부족한 소량화물을 말한다. 이러한 컨테이너화물의 운송형태는 화물의 양, 목적지, 집하방식 및 운송형태 범위에 따라 다르며 운송형태에 따라 운임구조 및 책임한계 등이 다르다.

① CY/CY(FCL/FCL)

이 방식은 컨테이너의 장점을 최대한 이용한 운송방법으로 수출업자의 공장 또는 창고에서부터 수입업자의 창고까지 컨테이너에 의한 일관수송형태로 수송되는 방법이며, 운송도중 컨테이너의 개폐 없이 운송된다.

② CFS/CFS(LCL/LCL)

이 방식은 선적항의 CFS에서 목적항의 CFS까지 컨테이너에 의해서 운송되는 방법으로서, 여러 하주의 소량 컨테이너화물(LCL)을 CFS에서 혼적(Consolidation)하여 목적지의 CFS에서 컨테이너를 개봉한 후 화물을 분류하여 여러 수입업자에게 인도되는 형태이다. CFS 또는 ICD(Inland Container/Clearance Depot)에서 컨테이너에 적입(Stuffing)되고 목적지에서도 수출지에서와 마찬가지로 CFS/ICD에서 수입업자에게 분배된다. 이러한 혼재업무는 주로 Freight For- warder들이 행하기 때문에 이를 Forwarder's Consolidation이라고 한다.

③ CFS/CY(LCL/FCL)

이 방식은 운송인이 지정한 선적항의 CFS로부터 목적지의 CY까지 컨테이너에 의해 운송되는 형태로써 운송인이 여러 송하인들로부터 소량의 화물을 CFS에서 집하하여 목적지의 수입업자 창고 또는 공장까지 직접 운송하는 것을 말한다. 즉, 한 사람의 Freight Forwarder가 Buyer로부터 위탁을 받아 다수의 수출업자로부터 화물을 선적지의 CFS에서 집하하여 컨테이너에 혼재한 후 이를 그 수입업자에게 운송하는 형태로, 이를 Buyer's Consolidation이라고 한다.

④ CY/CFS(FCL/LCL)

이 방식은 선적항의 CY에서 목적항의 CFS까지 컨테이너에 의해서 운송되는 방법으로서 단일 송화인의 화물을 컨테이너에 만재(FCL)하여 선적하고 목적지의 CFS에서 컨테이너를 개봉한 후 화물을 분류하여 여러 수입업자에게 인도되는 경우이다. 이 형태는 한 수출업자가 수입국의 여러 수입업자에게 일시에 화물을 운송하고자 할 때에 많이 이용된다.

2. 컨테이너 터미널

1) 컨테이너 터미널의 의의

(1) 컨테이너 터미널의 역할과 기능

컨테이너 터미널(container terminal)은 컨테이너화물의 수취와 인도 · 보관 · 각종 관련 장비의 관리운영 등을 효율화함으로써 컨테이너를 신속 · 정확 · 안전하게 운송하기 위하여 설치 운영되고 있다.

컨테이너 터미널은 해륙운송을 연결하는 접속점(node)으로 컨테이너를 신속하고 효율적으로 컨테이너선에 선적하거나 양륙하고, 트럭과 기차와의 컨테이너화물의 수도, 컨테이너의 장치, 공컨테이너의 집적, 컨테이너 및 그 관련기기의 정비 및 수리 등의 업무를 수행하는 장소이다.

터미널의 형태로는 컨테이너선이 입출항하는 임해 컨테이너 터미널과 내륙에 위치하여 컨테이너의 집배, 컨테이너에 화물의 적입(vanning, stuffing) 및 적출(devanning, stripping) 등의 작업장 및 통관절차를 이행하는 내륙컨테이너기지(inland container depot : ICD)가 있다.

(2) 컨테이너 터미널의 종류

① 공공터미널

공공터미널(public terminal)은 본선의 화물을 선적 또는 양륙하는 작업기간에만 안벽, 컨테이너 크레인 및 일정한 마셜링 야드를 항만관리자로부터 임대하여 사용하는 형태이다.

② 전용임대터미널

전용임대터미널(exclusive terminal)은 선박회사 또는 항만하역회사(terminal operator)가 국가 또는 항만관리자로부터 안벽과 인접하는 CY를 일정기간 동안 차용하여(보통 10년에서 30년간) 개인의 컨테이너 터미널을 설치운용하는 형태이다.

3. 내륙컨테이너기지

1) 내륙컨테이너기지의 의의

(1) 내륙컨테이너기지의 개념

내륙컨테이너기지(Inland Container Depot : ICD)는 항만 또는 공항이 아닌 내륙시설로 고정설비를 갖추고 여러 내륙운송수단에 의해 미통과된 상태에서 이송된 화물(컨테이너 포함)의 일시적 저장과 취급에 대한 서비스를 제공하고 세관 통제하에 수출 및 연계운송을 위하여 일시적 장치, 창고보관, 재수출(re-export), 일시상륙(temporary admission) 등을 담당하는 단체들이 모여 있는 장소이다.

(2) 내륙컨테이너기지의 기능

ICD는 항만에서 반드시 이루어져야 할 본선작업과 마셜링기능을 제외한 장치보관기능, 집하분류 등과 같은 전통적인 항만기능이 수행되고 있으며 항만지역에 위치한 많은 관련 서비스시설을 포함하고 있기 때문에 "내륙항만"으로 불리워진다.

따라서 위치로는 주로 항만터미널 및 내륙운송수단과의 연계가 편리한 주요 산업지역 또는 인근에 건설된다.

제5절 해상보험의 개념

1. 해상보험의 의의와 기능

1) 해상보험의 의의

해상보험(marine insurance)이란 선박의 운항 또는 선박에 의한 화물의 운송중 일어나는 사고에 대하여 보험자가 보험금의 지급을 통해 손해[12]를 보상하여 줄 것을 약속하고 피보험자는 그 대가로서 보험료를 지불함으로써 경제상의 불안을 제거 또는 경감을 목적으로 하는 손해보험의 일종이다.[13]

2) 해상보험의 기능

국제간의 거래는 해운 · 금융 · 보험의 3요소에 의하여 이루어진다. 해상보험은 해운업과 무역거래의 활발한 발전과 기업의 안정성을 보장할 뿐 아니라 세계 경제의 분업화와 자국 경제에 미치는 효용이 크므로 해상보험제도 없이는 오늘날과 같은 무역활동을 기대하기 어렵다.

2. 해상보험계약의 당사자

1) 보험자(insurer)

보험계약자로부터 보험료를 받는 대가로 보험기간 중에 발생한 담보위험에 대하여 보험금을 지급할 것을 약속한 보험회사 또는 개인보험업자를 말한다.

2) 보험계약자(policy holder)

보험계약의 당사자로서 보험자와 계약을 체결하고 보험료를 지급하기로 약속한 자로 무역거래에서는 수출자 또는 수입자가 된다.

12) 사고의 발생으로 피보험이익의 전부 또는 일부가 멸실 · 손실되는 것을 말한다.
13) Frederick G.Crane, 「Insurance Principles and Practices」 2nd ed., New York : John Wiley & Sons, 1984, p.4.

3) 피보험자(insured, assured)

보험사고발생시 보험금을 지급받을 권리를 갖는자를 말한다. 무역계약상 FOB와 CFR 조건은 보험계약자와 피보험자가 동일하나 CIF와 CIP 조건은 수출자가 보험계약자가 되고 수입자가 피보험자가 되어 상이하다.

3. 해상보험의 기본용어

1) 보험료(premium)

보험자의 보험목적물에 대한 위험부담에 대한 보험계약자가 지급하는 금액이다.

2) 보험금(claim amount)

담보위험으로 피보험자가 입은 재산상의 손해에 대해 보험자가 지급하는 보상금이다.

3) 보험목적물(subject-matter insured)

위험발생의 객체가 되는 대상으로 무역보험에서의 화물 또는 선박, 항공기 등이 된다.

4) 피보험이익(insurable interest)

보험의 목적에 사고가 발생함으로써 피보험자에게 경제상의 손해를 입힐 우려가 있는 경우에 이러한 보험의 목적과 피보험자와의 이해관계를 말한다.

5) 보험가액(insurable value)

피보험이익의 평가액으로서 일정한 피보험이익에 대하여 발생할 수 있는 경제적 손해의 최고한도이다.

6) 보험금액(insured amount)

실제 보험가입금액으로 보험자가 보험계약상 부담하는 손해배상책임의 최고한도액이다. 보험금액은 보험가액 범위내에서 결정되며, 보험가입금액의 차이에 따라 전부보험, 초과보험, 일부보험으로 구분된다.

- 보험가액〈보험금액 : 초과보험(over insurance)
- 보험가액=보험금액 : 전부보험(full insurance)
- 보험가액〉보험금액 : 일부보험(under insurance)

4. 해상위험

1) 해상위험의 내용과 종류

해상보험에서 보험자가 담보(warranty)[14)]하는 위험은 항해에 관한 우연한 사고인 해상위험으로 해상보험계약에서는 보험자가 담보하는 위험의 범위를 보험약관에서 정하게 된다.

해상위험은 위험발생의 기회를 항해로 하고 위험발생의 장소를 해상으로 함을 원칙으로 하기 때문에 보험계약에 있어 보험자가 부담하는 위험은 다양하나 해상보험증권상 위험약관에서 담보하는 위험은 다음과 같다.

〈표 12-5〉 해상위험의 종류

위험의 구분	위험의 종류	비 고
해상고유의 위험 (perils of the seas)	• 침몰(sinking) • 좌초(stranding) • 충돌(collision) • 악천후(heavy weather)	자연적 위험
해상위험 (perils on the seas)	• 화재(fire or burning) • 투하(jettison) • 선원의 악행(barratry of mariners) • 해적, 절도, 강도(pirates, rovers, thieves)	자연적 · 인위적 위험 인위적 위험 〃 〃
전쟁위험 (war risks)	• 군함(men of war) • 외적(enemies) • 습격 및 포획(surprisals and capture) • 해상탈취와 나포(taking at sea & seizure)	인위적 위험
기타 일체의 위험 (all other perils)		자연적 · 인위적 위험

14) 보험자가 위험을 부담 또는 보호하는 것을 말하며, 보험자가 피보험자의 재산상 손해가 발생하면 그 손해를 보상한다는 약속이다.

제6절 해상손해의 유형

해상보험에 있어 손해라 함은 보험의 목적인 선박·적하 또는 운임 등에 해상위험(보험사고)이 발생하여 보험의 목적이 멸실·손상되거나 점유를 상실함으로써 생기는 피보험자의 재산상의 불이익을 말한다. 이러한 해상손해는 보험목적물 자체의 직접손해인 물적손해와 그밖의 간접손해인 비용손해와 배상책임손해로 구분된다.

1. 직접손해

1) 물적손해

물적손해(physical loss)는 실체적 손해라고도 하며 보험목적물에 위험이 작용하여 멸실 또는 손상이 발생된 것을 말한다. 물적손해는 피보험이익의 멸실 정도에 따라 전손(全損)과 분손(分損)으로 구분된다.

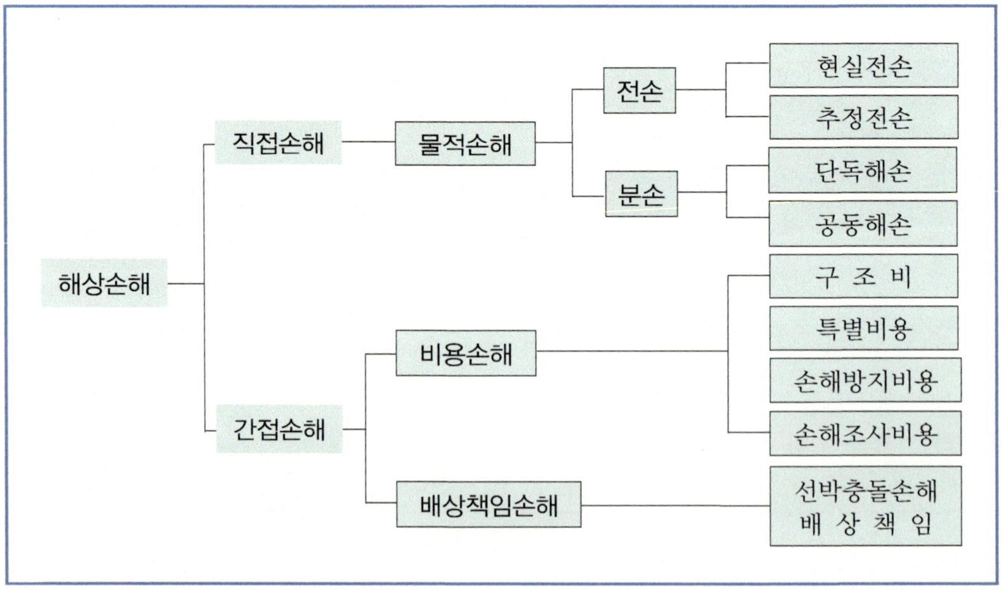

〈그림 12-2〉 해상위험의 종류

(1) 전손(total loss)

보험사고에 의하여 피보험목적물 또는 피보험이익이 전부 멸실된 경우로 그 손해의 발생이 실질적인지 또는 경제적인지에 따라 현실전손과 추정전손으로 구분된다.

① 현실전손(actual total loss)

현실전손은 보험목적물이 멸실되었거나 원래의 성질을 상실하여 상품가치가 전혀 없게 된 경우를 말한다. 이에 해당되는 경우로는 보험의 목적에는 전혀 물적 손해가 발생하지 않았으나 그에 대한 피보험자의 지배력이 상실되었거나 선박의 행방이 상당기간 동안 불명확한 경우 등이다.

② 추정전손(constructive total loss)

추정전손은 다음과 같은 경우를 말하며 보험목적을 보험자에게 정당하게 위부(abandonment) 함으로써 성립되며,[15] 위부를 하지 않을 경우에는 분손으로 처리된다.

㉠ 현실적으로 해상보험의 목적물이 멸실한 것은 아니지만 현실전손으로 보는 것이 불가피하다고 인정되는 경우

㉡ 보험목적에 대한 피보험자의 지배력이 상실되어 회복 가능성이 없는 경우

㉢ 그회복비용이 회복되었을때의 물품의 가액을 초과할것으로 예상될 경우

㉣ 화물을 수선 또는 수리하여 목적지까지 운송함에 소요되는 비용이 도착 후의 물품의 가액을 초과하게 되는 경우

(2) 분손(partial loss)

보험사고가 발생하여 피보험이익의 일부분이 멸실 또는 손상이 발생한 경우로 손해발생원인에 따라 피보험자가 단독으로 부담하여야 하는 단독해손(particular

---

15) 상법 제710조에서는 보험위부의 원인으로 ① 피보험자가 보험사고로 인하여 자기의 선박 또는 적하의 점유를 상실하여 이를 회복할 가능성이 없거나 회복하기 위한 비용이 회복하였을 때의 가액을 초과하리라고 예상될 경우, ② 선박이 보험사고로 인하여 심하게 훼손되어 이를 수선하기 위한 비용이 수선하였을 때의 가액을 초과하리라고 예상될 경우, ③ 적하가 보험사고로 인하여 심하게 훼손되어서 이를 수선하기 위한 비용과 그 적하를 목적지까지 운송하기 위한 비용과의 합계액이 도착하는 때의 적하의 가액을 초과하리라고 예상될 경우라고 규정하고 있다.

average)과 이해관계인이 공동으로 부담하는 공동해손(general average)으로 구분된다.

① 단독해손(particular average)

보험목적물이 보통의 해난에 의하여 일부 멸실되었거나 손상되어 발생된 비용에 대하여 피보험자가 단독으로 부담하는 손해를 말한다.

② 공동해손(general average)

선박 · 적하 · 침몰 · 화재 등에 대한 공동위험으로부터 벗어나거나 손해를 경감시키기 위하여 취해진 공동해손행위로 인하여 발생한 손해(공동해손희생) 및 비용(공동해손비용)을 이해관계자가 공동으로 부담하는 손해를 말한다.

공동해손에 의한 손해는 공동위험단체 참가구성원 모두가 공평하게 부담하며 이 분담액의 정산은 공동해손정산인(general average adjuster)에 의하여 이루어진다.

③ 대위권과 위부

보험자가 피보험자에게 보험금을 지급한 경우 보험자는 피보험자를 대신하여 피보험이익에 대한 권리 및 제3자에 대한 권리를 취득하게 되는데, 보험자가 이와 같이 취득한 권리를 대위권(right of subrogation)이라고 한다.

대위권은 피보험자가 발행한 대위권 양도서에 의하여 보험금을 지급함으로써 그 효력이 발생한다. 그리고 보험자가 취득한 대위권은 보험자가 지급한 보상한도 내에서만 유효하다.

위부(委付, abandonment)란 보험의 목적이 전부 멸실한 것이 확실하지만 이를 입증하기가 곤란한 경우 또는 선박의 행방불명 등과 같이 전부 멸실한 것과 동등시되는 경우, 즉 추정전손이 인정될 수 있는 사유가 발생하였을 때 피보험자가 그 피보험목적에 대하여 갖는 일체의 권리를 보험자에게 이전하고, 대신 전손에 해당하는 보험금을 청구하게 되는데, 이것을 위부라고 한다.

즉, 피보험자가 보험손해를 추정전손으로 처리하기 위하여 피보험자가 갖고 있는 피보험이익의 일체를 보험자에 대하여 포기하는 행위가 위부이다.

2. 간접손해

1) 비용손해

피보험목적물이 해상보험증권상 담보되는 위험에 처해 있을 때 손해를 경감 혹은 방지하기 위하여 피보험자가 자신 또는 제3자의 도움을 받아 취해진 조치에 따르는 경비 혹은 보수를 말한다.

(1) 구조비(salvage charge)

해난에 봉착한 재산에 발생할 가능성이 있는 손해를 방지하기 위하여 구조계약에 의하지 않고 구조한 자에게 해상법에 의하여 지불하는 보수를 말한다.

(2) 특별비용(particular charge)

보험목적물의 안전 또는 보존을 위하여 피보험자에 의하여 또는 피보험자를 위하여 지출된 비용으로 공동해손비용과 구조비 이외의 비용을 말한다. 특별비용에는 손해검사비 또는 화물판매비 등이 포함되며, 손해액과 특별비용을 합하여 보험금액을 한도로 보상된다.

(3) 손해방지비용(sue and labour charge)

피보험목적물에 위험이 발생하였을 경우 이로 인한 보험목적물의 손해를 방지 또는 경감하기 위하여 피보험자 또는 그의 사용인 및 대리인이 지출한 비용을 말한다.

(4) 손해조사비용(loss survey charge)

손해발생의 원인과 정도를 조사하는데 소요되는 비용을 말한다.

2) 배상책임손해

피보험선박이 그의 과실로 다른 선박과 충돌하고 상대 선박에 손해를 입혔을 경우에 보험증권상의 특별약관(running down clause)에 의하여 보험자가 부담하는 손해를 말한다.

제7절 보험조건과 손해배상의 범위

1. 기본조건

적하보험의 기본조건으로는 구협회적하약관상 전위험담보조건(A/R), 분손담보조건(W.A.), 단독해손부담보조건(F.P.A.) 조건과 신협회적하약관상 구약관의 A/R과 담보범위가 같은 ICC(A), W.A.와 유사한 ICC(B), F.P.A.와 유사한 ICC(C)의 3가지 조건이 있다.

〈표 12-6〉 신 · 구협회적하약관의 비교

구협회적하약관	신협회적하약관
전위험담보조건 : ICC A/R 분손담보조건 : ICC W.A. 단독해손부담보조건 : ICC F.P.A.	Institute Cargo Clause(A)[ICC(A)] : A Clause Institute Cargo Clause(B)[ICC(B)] : B Clause Institute Cargo Clause(C)[ICC(C)] : C Clause

1) 구협회적하약관상 보험조건

(1) 전위험담보조건(all risks : A/R)

다음의 손해를 제외한 모든 외부적 우발요인에 의한 손해를 면책한도의 적용 없이 보상하는 조건으로 손해보상의 범위가 높고 보험료가 고율이다.

① 일반면책위험
② 선박 및 운송용구의 불내항 및 부적합
③ 전쟁위험
④ 동맹파업위험

(2) 분손담보조건(with average : W.A.)

법률의 규정 또는 보험증권의 약관에서 제외된 것이 아닌 한 전손과 공동해손은 물론 단독해손에 의한 손해까지 보상해 주는 조건이다.

〈표 12-7〉 구협회약관상 보험조건

- ICC(A/R)
  - ICC(W.A.)
    - ICC(F.P.A.)
      1. 본선 및 부선의 침몰, 좌초, 화재, 충돌(S.S.B.C. : Sinking, Stranding, Burning, Collision)로 인하여 발생한 화물의 전손(현실전손 및 추정전손) 및 분손(공동해손 및 단독해손)
      2. 악천후로 인하여 발생한 전손 및 공동해손
      3. 선적, 환적, 양하작업 중 추락으로 인하여 발생한 포장당 전손
      4. 피난항에서 양하작업으로 인하여 발생한 손해
      5. 비용손해(손해방지비용, 구조비, 특별비용 등)
    6. 악천후로 인하여 발생한 단독해손
  7. 다음을 제외한 모든 손해
     가. 일반면책위험
        ① 피보험자의 고의적 비행에 의한 손해
        ② 보험목적물의 통상적 손해
        ③ 포장부적합으로 인한 손해
        ④ 보험목적물의 고유의 하자 또는 성질에 의한 손해
        ⑤ 지연으로 인한 손해
     나. 선박 및 운송용구의 불내항 및 부적합
     다. 전쟁위험(War Risk)
     라. 동맹파업위험(Strikes Risk)

(3) 단독해손부담보조건(free from particular average : F.P.A.)

전손 및 공동해손의 경우와 손해방지비용, 구조비, 특별비용, 특정분손[16] 등의 손해를 보상하는 조건으로서 단독해손 이외의 모든 손해를 보상하는 조건이다.

2) 신협회적하약관상 보험조건

(1) ICC(A)조건

전위험담보조건(A/R)과 유사한 것으로 보험자는 일반면책위험, 불내항 및 부적

16) 특정분손(specific particular average)이란 선박 기타 수송용구의 침몰, 좌초, 화재, 다른 화물과의 충돌, 탈선, 전복으로 인한 분손과 선적·하역·환적중에 발생한 화물의 추락으로 인한 매포장 단위의 전손을 말한다.

합, 전쟁위험 및 동맹파업을 제외한 피보험목적물에 발생한 멸실·손상 또는 비용일체를 담보하는 조건이다.

(2) ICC(B)조건

ICC(A)의 면책위험을 제외한 멸실과 손상을 담보하는 조건이다.

(3) ICC(C)조건

보험조건 중 가장 제한된 것으로 ICC(A), ICC(B)를 제외한 멸실과 손상을 담보하는 조건이다.

2. 부가위험담보조건

운송화물에 대한 보험은 전위험담보조건으로 부보하는 경우 부가조건을 부보할 필요가 없으나 보험료가 고율이다. 따라서 제한적인 조건인 W.A.나 F.P.A. 또는 ICC(B)나 ICC(C)로 부보하는 경우 화물이 통상적인 운송과정 중 입을 수 있는 모든 손실 및 손상을 담보하기에는 불충분하므로 화물의 종류, 포장방법 및 운송방법 등을 고려하여 부가조건을 추가함으로써 위험에 대한 대비와 저렴한 보험료로써 동일한 효과를 기대할 수 있다.

다음의 부가위험들은 추가보험료를 납입하고 특별약관에 의하여 담보되는 조건들이다.

1) 보험자의 면책에 대한 부가조건

(1) 전쟁위험(War risk)

보험자의 보상범위가 가장 넓은 ICC(A)조건에서도 전쟁위험은 보상되지 않는다. 따라서 할증보험료를 지불하고 특약에 의해서만 보험에 가입된다. 이는 전쟁위험은 손해정도가 크기 때문에 일반적인 통ㅅ항의 해상위험과 구별하고 있다. 전쟁위험은 전쟁, 내란, 혁명 등을 말한다.

(2) 동맹파업위험(strikes)

동맹파업위험도 보상범위가 가장 넓은 ICC(A)조건에서 보상되지 않는다. 따라서 할증보험료를 지불하고 특약에 의해서만 보험에 가입된다. 동맹파업위험은 동맹파업, 공장폐쇄, 폭동 및 노동쟁의와 같은 조직적인 반항운동이 발생하여 피보험목적물에 손해를 입히는 경우를 말한다.

(3) ICC(B), ICC(C)에 대한 부가조건

ICC(B), ICC(C)의 기본조건외에 화물의 종류, 포장방법, 운송방법 등을 고려하여 부가위험담보조건을 추가함으로써 보다 저렴한 보험료로써 ICC(A)로 부보한 것과 동일한 효과를 거둘 수 있다. (B), (C)조건으로 보험조건을 정한 경우에는 일반적으로 다음과 같은 부가위험담보조건을 추가할 필요가 있다.

제8절 항공 및 복합운송보험

1. 항공보험

항공운송은 세계교역량의 증가, 소비구조의 고도화에 따른 고급상품의 수입 · 생산 · 운송의 합리화에 의한 시간가치의 상승 등으로 종전의 긴급운송을 위한 예외적인 수단에서 벗어나 상업적인 운송수단으로 변화하고 있다.

항공운송에 관한 보험은 운송수단의 특수성으로 인하여 일반적으로 전위험담보조건(all risk)조건으로 부보[17] 되나 항공화물의 대부분이 해상보험으로 인수되고 해상보험에 관한 법률이 보험에 관한 한 대부분의 일반원칙을 포괄하고 있기 때문에 해상보험의 제원칙이 적용되고 있다.[18]

---

17) 신협회적하약관의 개정에 따라서 1982년의 신협회화물약관〈(항공)(우편물제외) ICC (Air)(excluding sending by post)〉 1982년의 조건을 사용하고 있다.

18) R.H.Brown, 「Analysis of Marine Insurance Clauses-Book. The Institute Cargo Clauses」 2nd. ed., Witherby & Co. Ltd., 1982, pp.35~36.

2. 복합운송보험

1) 복합운송과 적하보험

무역거래에서 운송경로상의 위험을 부담하는 보험제도로는 책임보험제도와 적하보험제도가 있으며 이 중 적하보험제도로 이용되는 보험제도는 해상적하보험뿐이다. 그러나 복합운송이라는 새로운 운송체제의 등장은 ① 종래의 운송체제하에서 담보원칙인 항구간 담보원칙에서 전운송구간을 포괄하는 곳으로의 변화, ② 컨테이너를 매체로 운송이 이루어짐에 따라 컨테이너 용기 자체와 관련된 새로운 보험상품의 창출, ③ 복합운송인이라는 새로운 개념의 도입에 따라 적하보험제도에 많은 영향을 미치게 되었다.

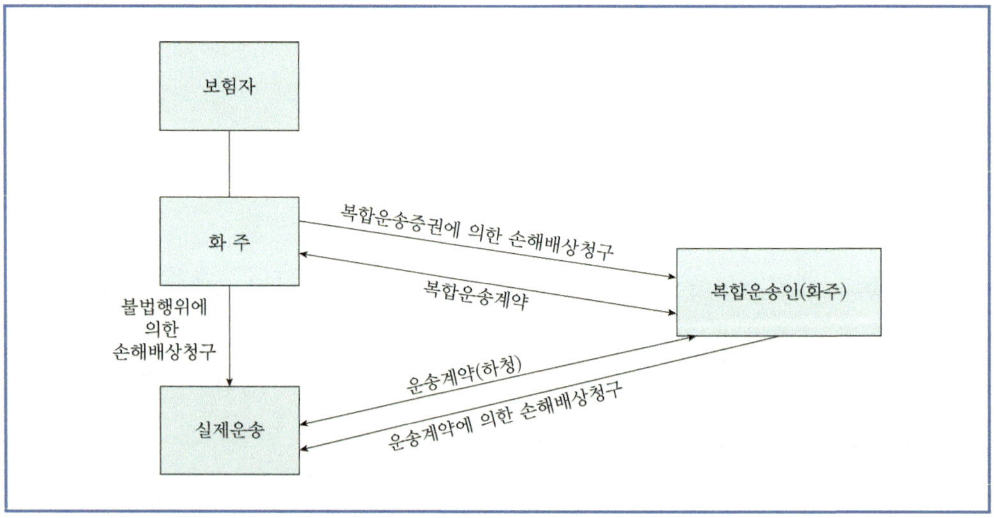

〈그림 12-3〉 복합운송관계자의 책임관계

2) 복합운송인의 책임

복합운송인은 운송물의 수령시부터 최종 수화인에게 인도될 때까지 자기 또는 그 사용인의 귀책사유로 인하여 운송물에 생긴 멸실·훼손·연착손해에 대한 책임을 부담한다.

복합운송인의 책임형태는 화주에 대해서는 단일책임을 부담하지만 각 운송구간에서의 책임부담 정도에 따라, 각 운송구간 이종책임형(network liability system)

과 전운송구간 단일책임형(uniform liability system) 그리고 이 2가지를 혼합한 절충식 책임형(flexible liability system, modified uniform system)로 구분된다.

(1) 각 운송구간 이중책임형

이 책임형은 화주에 대해서는 복합운송계약의 당사자인 전 운송구간에 걸쳐서 책임을 지나, 그 책임의 내용은 각 운송구간의 기존의 책임원칙에 의해서 결정하는 형태이다.

(2) 전운송구간 단일책임형

이 책임형은 전운송구간에 걸쳐 모두 동일내용의 책임을 단일 운송인이 부담하는 형태로서 화물의 손해에 대하여 발생장소와 운송수단의 여하를 불문하고 완전히 동일한 원칙과 내용의 책임을 부담하는 형태이다.

(3) 절충식 책임형

이 책임형은 이종책임형과 단일책임형의 절충안으로 책임체계는 일률적인 책임원칙을 따르고 책임의 정도와 한계는 손상이 발생한 구간의 규칙에 따르는 형으로서 유엔국제복합운송조약이 채택하고 있다.

3) 복합운송관련 보험

(1) 컨테이너보험

국제해상운송에 컨테이너의 등장은 컨테이너운송 중 예상되는 컨테이너 자체의 손상과 사고로 제3자에게 손해를 입힐 경우에 대비, 손해배상에 부보할 필요가 있다.

컨테이너보험은 다음 3종류의 보험을 포괄한다.

① 컨테이너 자체의 보험(container itself insurance : itself or box or van insurance)

② 컨테이너 소유자(임차인 포함)의 제3자에 대한 손해책임보험(container owner's third party liability insurance : T.P.L.)

③ 컨테이너 운영자의 화물손해배상책임보험(container operator's cargo indemnity insurane : cargo indemnity)

이 중 컨테이너 자체의 보험은 단독부보가 가능하지만 기타 컨테이너 소유자의 제3자에 대한 손해책임보험과 컨테이너 운영자의 화물손해배상책임보험은 컨테이너 자체의 물보험(物保險)이 손해보험회사에 부보되어 있어야 계약할 수 있어 컨테이너 자체의 보험과 결합시켜 부보할 수 있다.[19]

(2) 컨테이너화물보험

컨테이너화물보험은 원칙적으로 대형 컨테이너에 채워진 화물을 그 대상으로 한다. 복합운송인은 화주에 대해서 단일의 책임을 부담하는 운송계약인으로서 당사자가 되지만 당사자측에서는 운송구간 및 수단별로 실제운송인 및 하청운송인과 별도의 운송계약을 체결함으로써 운송계약이행에 필요한 서비스를 제공받게 된다.

이 때 하청운송인은 자기가 담당하는 운송구간에 대하여 복합운송인에게 법률상 또는 하청계약상 손해방지책임을 부담하게 되므로 자기의 책임으로 복합운송인의 화주에 대한 화물손해보상책임보험에 준하여 복합운송인에 대한 화물손해보상책임보험을 부보하여야 한다.

복합운송과 관계되는 보험제도로는 다음과 같은 것이 있다.

① 화주가 부보하는 해상적하보험(주로 컨테이너화물보험)
② 복합운송인이 부보하는 화물손해책임보험
③ 실제운송인이 부보하는 화물손해책임보험
④ 복합운송인 또는 실제운송인이 부보하는 컨테이너 자체보험
⑤ 복합운송인 또는 실제운송인이 부보하는 제3자에 대한 컨테이너 손해배상책임보험

19) 이들의 제 특징은 첫째, 소손해면책액 즉 컨테이너 1개당 면책 공제액이 적용되며, 둘째 1년 단위의 기간보험이며, 셋째 1사고당 및 1계약당 책임한도액(limit of liability)이 설정되어 있다는 점이다; (加藤修, 「貿易保險の實務」, 同文館, 1985, p.27).

제13장 수출입통관

제1절 통관과 보세구역

1. 통관의 의의

국가간에 물품의 수출입을 위해서는 세관(customs house)을 통과하여야 하며, 관세선(custom line)을 통과하는 물품이 수출입될 때에는 반드시 당해국 세관의 수출입신고가 수리되어야 한다.

통관(customs clearance)이란 수출입물품이 국가간에 이동할 때 국가별로 관련 법규에 의하여 규정하고 있는 규제사항을 세관이라는 관문에서 서류와 현품과 대조확인 후 수출물품의 국외반출과 수입물품의 국내반입을 허용하는 것을 말한다.

관세법상 통관은 관세법에서 규정한 절차를 이행하여 물품을 수출 · 수입 · 반송하는 것으로 국가는 이러한 통관절차를 통하여 관세를 부과 징수할 수 있고 제반 법령에 의한 규제사항을 최종확인할 수 있게 된다.

통관제도의 목적은 수출입되는 물품에 대한 제세의 부과징수를 통한 재정수입의 확보와 각종 규제사항에 대한 실효성확보 등에 있으며 이러한 통관은 대상물품에 따라 수출통관, 수입통관, 반송통관 그리고 휴대품과 우편물을 위한 간이통관으로 구분된다.

2. 통관의 대상

관세법상 통관의 대상이 되는 것은 원칙상 외국물품이다. 여기서 외국물품이란 외국으로부터 우리나라에 도착하고 물품으로서 수입신고가 수리하기 전의 것과 내국물품으로 수출신고가 수리된 물품이다.

외국으로부터 우리나라에 도착된 물품의 범위로는 외국에서 생산된 물품, 우리나라 생산품으로서 수출 후 재 수입된 물품, 외국선박에 의해 공해에서 채포된 수산물 등이다.

3. 보세구역

보세구역(保稅區域)이란 외국물품을 장치하거나 수출입 통관절차의 이행을 위해 수출물품을 일정기간 장치하거나 또는 외국물품을 가공, 제도, 전시를 위한 장소로서 세관장이 지정하거나 또는 특별히 허가한 구역을 말한다.

보세구역은 기능에 따라 지정보세구역과 특허보세구역으로 구분된다.[20]

1) 지정보세구역

(1) 지정장치장

지정장치장이란 통관을 하고자 하는 물품을 일시적으로 장치하기 위해 세관장이 지정하는 구역을 말한다.[21]

통관하고자 하는 물품의 장치는 검사를 할 수 있는 구역으로서 세관의 창고나 부두의 야적장이 이용되며, 지정장치장에서의 장치기간은 6개월 범위안에서 관세청장이 정한다.

(2) 세관검사장

세관검사장이란 통관을 하고자 하는 물품을 검사하기 위한 장소로 관세청장이 정하는 바에 의하여 세관장이 지정하는 구역을 말한다.[22]

20) 관세법 제65조.
21) 관세법 제73조.
22) 관세법 제77조의 2 제1항.

2) 특허보세구역

특허[23]보세구역은 개인이 영리를 목적으로 운영하는 사기업으로 세관장의 특허를 받아 설치된 보세구역을 말한다.

(1) 보세장치장

수출입물품의 통관을 위한 장치구역으로서 장치기간은 6개월 범위내에서 관세청장이 정한다.[24]

(2) 보세창고

외국물품을 장치하기 위한 구역으로 보세창고에서의 장치기간은 외국물품은 반입일로부터 2년, 내국물품은 6월로 한다.

(3) 보세공장

외국물품을 원료로 하거나 또는 외국물품과 내국물품을 원료로 하여 제조, 가공, 기타 이와 유사한 작업을 하기 위한 구역으로 장치기간은 물품반입일로부터 1년이지만 세관장이 상당한 이유가 있다고 인정할 때에는 설정에 의하여 다시 1년을 초과하지 않는 기간내에서 연장할 수 있다.

(4) 보세전시장

박람회 등의 운영을 위하여 외국물품을 장치하거나 전시 또는 사용을 목적으로 하는 구역을 말한다.

(5) 보세건설장

산업시설의 건설에 소요되는 외국물품인 기계류 설비품 또는 공사용 장비를 장치하고 사용하여 당해 건설공사를 하는 구역을 말한다.

(6) 보세판매장

외국물품을 반출하거나 관세의 면제를 받을 수 있는 자가 사용하는 것을 조건

23) 특허란 어떠한 행위를 적법하게 할 수 있는 행정행위를 말한다.
24) 관세법 제88조 제1항, 제91조 제1항.

으로 판매하는 구역을 말한다. 세관장은 판매할 수 있는 종류, 수량, 장치, 장소 등을 제한할 수 있다.

제2절 수출통관

1. 수출통관의 의의

수출통관(export clearance)이란 내국물품을 보세구역에 반입 후 세관에 수출신고한 다음 세관장으로부터 수출신고필증을 받아 외국무역선에 적재할 때까지의 일련의 절차를 말한다.

세관은 수출통관 절차를 통해 각종 수출규제에 관한 법규의 이행여부를 최종확인하게 된다.

2. 수출통관절차

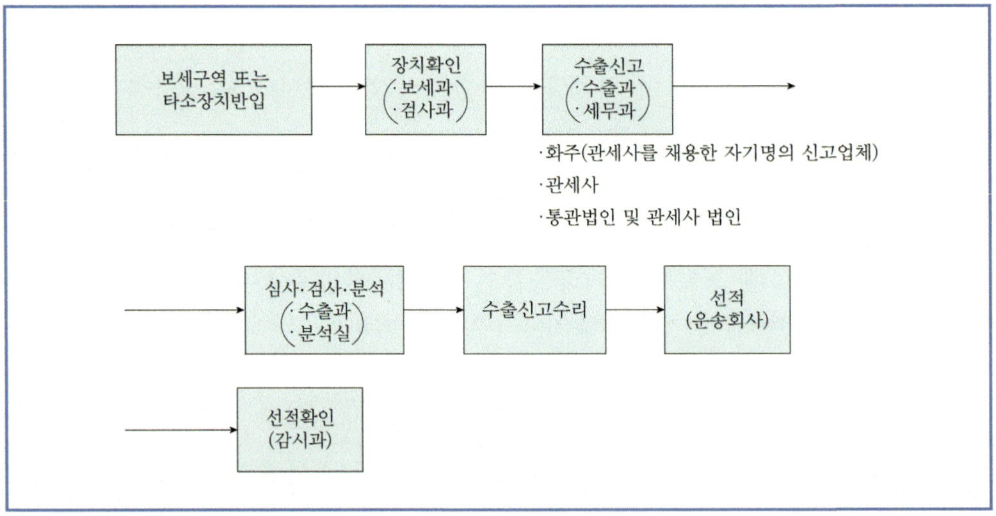

〈그림 13-1〉 수출통관 절차

수출통관절차는 내국물품을 외국물품화 하기 위하여 세관에 대한 일련의 절차로 보세구역 또는 타소장치장 반입 → 장치확인 → 수출신고 → 수출물품의 심사 · 검사 · 분석 → 수출신고수리 → 선적 → 선적확인 순으로 이루어진다.

1) 보세구역 또는 타소장치 반입

수출물품은 선상신고 물품을 제외하고 수출통관을 위하여 관할 세관의 지정장치이나 세관 검사장 또는 보세 장치장에 반입하여야 한다.

그러나 물품의 성질, 상태에 따라 보세구역에 반입이 곤란한 경우 보세구역이 아닌 타소장치장에 반입할 수 있다. 관세법상 타소장치할 수 있는 경우는 ① 거대중량 및 기타의 사유로 보세구역에 장치하기가 곤란한 물품, ② 재해 기타 부득이한 사유로 임시장치할 물품, ③ 검역물품, ④ 관세법 위반으로 압수된 물품, ⑤ 우편물품 등이다.

2) 장치확인

보세구역 또는 타소장치반입된 물품은 해당 세관의 과에 물품입고에 따른 확인을 받아야 한다.

3) 수출신고

(1) 수출신고의 의의

수출신고는 수출통관의 의사표시로 물품을 수출하고자 하는 자는 먼저 수출물품의 품명, 규격, 수량 및 가격 등에 관하여 당해 물품의 제조공장 등을 관할하는 세관에 수출신고 후 신고필증을 교부받아야 한다.

수출신고를 위해서는 원칙적으로 전자문서(EDI:Electronic Data Interchange)로 작성된 신고자료를 통관시스템에 전송하여야 하나 ① 세관장의 확인대상물품, ② 전략물자 수출허가 대상물품, ③ 위약으로 인한 재수출물품 및 수입시 재수출조건 이행물품, ④ 화주 등이 직접 신고하는 경우로서 세관장으로부터 수출신고필증을 발급받고자 하는 경우 수출신고서를 직접 제출할 수 있다.

수출신고는 화주(관세사를 채용한 자기명의 신고업체에 한함), 관세사, 통관법인 또는 관세사 법인의 명의로 하여야 한다.[25)]

(2) 전자문서방식에 의한 수출신고

전자문서방식과 직접제출방식에 의한 신고절차는 다음과 같다.

① 전자문서방식에 의한 수출신고

㉠ 수출업체는 수출신고의뢰 전자문서를 세관에 직접 또는 관세사 등에 전송하고 첨부서류는 EDI나 Fax를 이용하여 송부

㉡ 관세사 등은 수신한 수출신고의뢰 전자문서를 바탕으로 작성한 수출신고 전자문서를 세관에 전송

㉢ 세관은 신고수리 전자문서를 관세사 등에 전송

㉣ 관세사 등은 수출신고 수리전자문서를 수출업체에 전송

② 직접제출방식에 의한 수출신고

㉠ 수출업체는 수출신고의뢰 전자문서를 세관에 직접 또는 관세사 등에 전송 후 첨부서류는 EDI, Fax를 이용하여 송부

㉡ 관세사 등은 수신한 수출신고의뢰 전자문서를 바탕으로 작성한 수출신고 전자문서를 세관에 전송 후 수출신고서를 출력하여 첨부서류와 함께 세관제출

㉢ 세관은 해당 신고서류를 조회 및 확인 후 신고수리

㉣ 세관은 신고수리 전자문서를 관세사 등에 전송

㉤ 관세사 등은 수출신고수리 전자문서를 수출업체에 전송

4) 심사 · 검사 · 분석

수출신고서가 세관에 접수되면 세관은 우선 서류상 ① 수출승인서와 수출신고서의 일치여부, ② 정상결제 여부, ③ 수출금지 품목 여부, ④ 수출신고서 기재사항의 정확성 여부, ⑤ 화물의 기호, 품종, 수량, 계약조건, 목적지, ⑥ 통관을 위하여 필요한 사항 등에 대하여 심사하게 된다.

관계서류심사가 끝나면 수출물품에 대하여 동일한 물품인지 여부를 수출검사법과 관세법 측면에서 검사하게 된다.

25) 관세법 제137조의 3.

5) 수출신고 수리

세관은 수출신고서류의 심사와 물품검사가 끝나면 당해 물품에 대해 신고수리 조치를 취하고 수출신고자에게 수출신고필증(export permission: E/P)을 교부하게 된다.

6) 선적

수출신고수리를 받은 물품은 관세법상 외국물품으로 취급되어 보세구역으로부터 반출되어 선적된다.

7) 선적확인

선박회사의 선적지시서와 세관의 수출신고필증을 본선의 승선공무원에게 제시하고 선적하면 본선에서 발급한 본선 수령증을 세관에 제출하여 선적확인을 받음으로써 수출통관절차가 완료하게 된다.

제3절 수입통관

1. 수입통관의 의의

수입통관(import clearance)이란 수입신고를 받은 세관장이 수입신고사항을 확인하여 일정한 요건을 갖추었을 때 수입을 허용하는 것으로 수입신고사항과 현품의 일치여부, 수입관련 제규정의 충족여부를 확인한 후 외국물품을 내국물품화하는 행정행위이다.

수입통관의 목적은 수입물품에 대한 제세 부과에 의한 재정수입의 확보와 각종 법령에서 규제하는 사항을 확인 집행함으로써 실효성 확보에 있다.

2. 수입통관절차

수입통관절차는 외국물품을 내국물품화하기 위하여 세관에 대한 일련의 절차로 입항 및 하역 → 보세운송 → 보세구역장치 → 수입신고 → 통관심사 → 관세납부 → 수입신고수리 → 반출 순으로 이루어진다.

• 보세운송 후 통관하는 경우

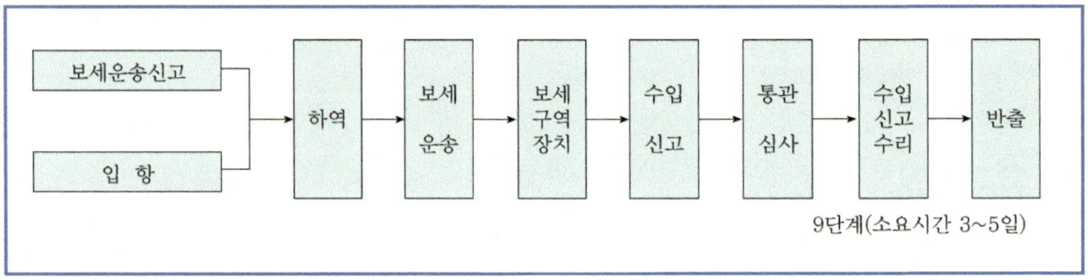

• 입항지에서 통관하는 경우

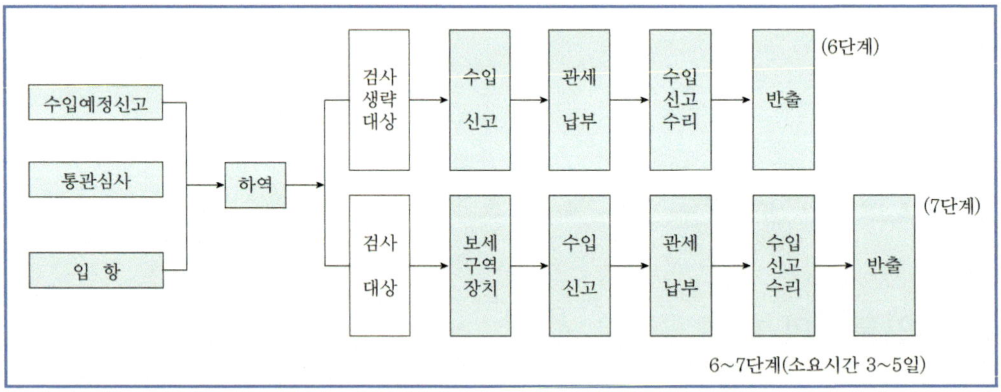

〈그림 13-2〉 **수입통관절차**

1) 입항 및 하역

수입화물의 경우 해상운송화물은 선박이 입항하기 24시간전, 항공운송화물은 항공기 착륙 2시간전까지 입항예정지 세관장에게 적하목록(manifest)을 제출하여야 한다.

적하목록을 접수한 세관은 수입화물을 추적관리하게 되며, 수입화물을 하선하고자 하는 경우 운항선(항공)사는 Master B/L 단위 적하목록을 기본으로 하선장소를 정하여 하선신고서를 제출하여야 한다.

해상운송화물의 경우 컨테이너화물은 부두내 또는 부두밖 CY까지 하역이 가능하다.

2) 보세운송

보세운송[26]이란 수입화물의 화주에게 경비의 절감, 절차의 간소화, 자동부담의 완화 등 편의 제공을 목적으로 세관장에게 신고한 후 외국물품을 통관하지 않은 상태로 보세구역, 타소장치장, 개항, 세관관서, 통관역 및 통관장간에 한하여 인정하는 제도이다.

보세운송을 하고자 하는 자는 당해 물품이 하선(기) 장소에 반입된 이후 보세운송신고서에 적하목록 사본을 첨부하여 보세운송 신고를 하여야 하며, 보세운송신고를 받은 세관은 신고서류를 심사후 거절사유에 해당되지 않을 경우 보세운송신고를 수리하여야 한다.

이러한 보세운송화물은 해상화물은 15일, 항공화물은 7일 이내에 보세운송도착지에 도착시키고 관세청장이 정하는 바에 따라 도착지 세관장에게 보고하여야 한다.

3) 보세구역장치

수입화물이 도착되면 당해 물품을 인수하고 세관이 지정한 보세구역에 반입하여 장치확인을 받아야 한다. 외국물품을 보세구역에 반입하고 장치확인을 받도록 하는 것은 효율적인 화물관리와 관세징수권의 확보는 물론 통관업무의 적정과 신속을 기할 수 있도록 하기 위해서이다.

수입화물은 원칙적으로 보세구역에 반입하여야 하지만 ① 거대중량 기타의 사유로 보세구역에 장치하기 곤란한 물품, ② 재해 기타 부득이한 사유로 임시 장치한 물품, ③ 우편물품은 보세구역이외의 장소에 세관장으로부터 타소장치허가를 받아 보세화물을 장치할 수 있다.[27]

26) 보세(保稅)란 관세유보 또는 관세미납 상태를 말하며, 보세운송이란 세관장에 신고 후 보세화물을 국내의 보세구역간에 이동하는 것을 말한다.

27) 한국무역협회, 「알기쉬운 무역실무길라잡이」, 2021, pp.196~197.

4) 수입신고

(1) 수입신고의 의의

수입물품이 보세구역에 반입되거나 타소장치장에 장치되면 통관을 위한 수입신고를 하여야 한다.

수입신고의 의의는 수입물품을 국내로 반입하겠다는 의사표시로 수입신고를 하는 시점에 적용법령의 확정, 신고납부제도 그리고 과세물건 및 납세의무자의 확정을 가져온다.

(2) 전자문서방식에 의한 수입신고

① 수입업체는 신고자료를 전자문서로 변환하여 전송
② 신고인은 출력된 수입신고서와 첨부서류를 인편 또는 Fax로 제출
③ 세관은 신고자료 조회 후 이상이 없을 경우 신고수리

전자문서에 의한 수입신고시 제출하여야 할 서류는 다음과 같다.

① 수입신고서
② 수입승인서(수입승인 물품에 한함)
③ 상업송장
④ 가격신고서(세무조정계산서, 거래관계사실 신고서)
⑤ 선하증권 또는 항공화물운송장 사본
⑥ 포장명세서
⑦ 원산지증명서(해당 물품에 한함)
⑧ 세관장 확인물품 및 확인방법 지정고시 중 신고 수리전 구비서류
⑨ 보세운송신고(승인)서 사본(입고물품에 한함)

5) 통관심사

수입신고서가 접수되면 세관은 통관심사 및 검사시 주의사항이 있는지 여부를 확인 후 즉시수리, 심사대상, 물품검사 중 하나를 신고서 처리방법으로 결정하게 된다.

(1) 즉시수리

즉시수리는 수입신고내용 중 세번, 세율, 과세가격, 원산지표시, 지적재산권 침해 등과 관련하여 수입신고수리 후 위법 또는 부당한 사실이 발견되는 경우 수입자가 처벌 · 추징 또는 보세구역재반입 등의 조치를 부담한다는 전제하에 신고인의 신고내용대로 수입신고를 수리하는 것을 말한다.

(2) 심사대상

심사는 신고된 세번, 세율과 과세가격의 적정여부, 수입승인사항과 수입신고사항의 일치여부, 법령에 의한 수입요건 충족여부 등을 검토하기 위하여 관련서류와 필요한 경우 현품을 확인하는 것을 말한다.

(3) 물품검사

물품검사는 수입신고한 물품에 대하여 정밀조사하는 것을 말한다.

검사대상 선별은 관세청장이 우범성 기준 등을 기준으로 별도로 정하는 바에 따르며, 검사대상으로 선별된 물품 중 우범화물검사를 실시한 물품에 대하여는 검사하지 않는다.

검사방법은 세관 수입과장은 검사대상물품에 대한 검사담당자로 2인 이상을 지정하고, 구체적인 검사방법을 기재한 검사지시서를 발부하여 실시하며, 이때 신고인의 입회가 필요한 경우나 수입자가 요청한 경우 검사입회할 수 있다.

6) 관세납부

(1) 과세가격의 신고

관세의 납부의무자는 관세청장이 정하는 바에 따라 세관장에게 당해 수입물품에 대한 과세가격을 신고하고 관세는 수입자가 스스로 계산한 세액을 납세신고일로부터 15일이내에 납부하여야 한다.[28)]

(2) 과세가격의 결정

수입물품의 과세표준은 원칙적으로 거래가격을 기준으로 한다.

28) 관세법 제17조 제3항.

과세표준[29]의 적용에 따른 과세가격의 결정방법은 6가지가 있으며 이를 순차적으로 적용하여 결정하고 있다.

이중 제1방법이 가장 많이 이용되며, 이 방법은 수입자가 실제로 지급하였거나 지급하여야 할 가격[30]에 가산요소가격[31]을 더하고 공제요소금액[32]은 뺀 금액으로 한다.

〈표 13-1〉 과세가격의 결정방법

방법	내용
제1방법	거래 가격을 기초로 과세가격 결정
제2방법	동종, 동질물품의 수입가격을 기초로 과세가격 결정
제3방법	유사물품의 수입실적가격을 기초로 과세가격 결정
제4방법	동종, 품질, 유사물품의 수입판래가격에서 법정공제요소 금액(수수료, 이윤 및 일반경비) 공제가격에 의한 과세가격 결정
제5방법	수출국의 생산소요비 산정가격에 의한 과세가격 결정
제6방법	합리적 기준에 의한 세관장의 가격결정

7) 수입신고수리

세관장은 수입신고가 관세법에 의거 적법하고 정당하게 이루어진 경우 수입신고를 수리하고 수입신고필증(import permission : I/P)을 교부하여야 한다.

수입신고의 수리는 해상 및 항공수입화물의 적하목록(manifest) 제출규정에 의하여 적하목록이 제출된 이후이어야 한다.

29) 세액결정의 기준이 되는 과세물건의 가격 또는 수량으로 종가세물품의 과세표준은 물품의 가격이고, 종량세 물품의 과세기준은 수량이 된다.

30) 수출지 선적항에 물품을 선적완료하기 까지의 금액으로 통상 물품가격은 FOB가격을 기준으로 한다. 이 가격에는 수입자가 당해 물품의 대가와 판매자의 채무상계금액, 수입자가 판매자의 채무변제금액 및 간접지급액을 포함한다.

31) 운임, 보험료, 중개수수료, 포장비, 생산지원비 및 사후귀속이익 등이 있다.

32) 수입물품을 국내에 반입한 후 발생하는 비용으로 연불이자, 제세공과금, 수입항 도착후 발생 운영 및 조립, 정비, 유지비 등 부가비 등이 있다.

수입신고의 수리시기는 즉시 수리물품은 수입신고서 및 제출서류의 형식적 요건만을 확인 후 즉시 수리하며, 심사대상물품은 심사후에, 검사대상물품은 물품검사 후 수리하게 된다.

8) 반출 후 신고필증의 발부

수입신고수리의 법적의미는 외국물품을 내국물품화 하는 것으로 그 성질은 외국물품이 반입되는 때부터 적용되던 관세법상 구속이 수입신고필증이 교부되는 시점부터 내국물품 등이 되고 관세법의 저촉에서 해제되는 것을 뜻한다.

9) 보세구역 반입명령

보세구역 반입명령(recall)은 수입물품의 통관절차가 간소화됨에 따라 불가피하게 발생할 수 있는 불법물품의 반입 가능성을 억제하기 위해서 수입신고수리를 받은 물품이라 하더라도 국내반입 후 불법 수입물품으로 파악된 경우 당해 물품을 보세구역에 반입시켜 위법사실을 치유한 후 반출허가하거나 통관이 허용될 수 없는 경우에는 반송 또는 폐기하도록 하는 사후관리 제도를 말한다.

반입명령대상 품목은 ① 원산지 표시를 위반한 물품, ② 수입면허 당시 세관이 부여한 조건을 위반한 물품, ③ 지적재산권을 침해한 물품 등이다.

보세구역 반입명령은 수입신고수리 물품과 관련하여 상거래 질서를 조속히 안정시키기 위하여 발동할 수 있는 기간을 수입신고 수리 후 30일까지로 한정하고 있다.

제14장 무역거래 분쟁과 해결

제1절 무역거래 분쟁 발생

1. 무역클레임의 의의

무역은 언어·관습, 법률 등이 서로 다른 이국(異國)간에 이루어지는 상거래이기 때문에 국내거래와는 달리 여러 가지 상사분쟁이 발생하기 쉽다. 이 같은 경우 무역상의 분쟁을 일반적으로 클레임(Claim)이라 한다.

무역클레임이란 무역계약당사자 가운데 어느 한 편이 계약의 내용을 충실히 이행하지 않았을 경우 그로 인해 손해를 입은 당사자가 권리의 회복을 요구하거나 혹은 손해배상을 청구하는 것을 의미하는 것으로 위약구상(委約求償)이라고도 한다. 무역클래임은 매도인과 매수인 어느 쪽에서든 발생 가능하지만, 무역거래는 수출업자가 주도권을 갖고 계약상품의 선적이 계약이행의 기본이 되는 점에서 매수인으로부터 매도인 앞으로 제기되는 경우가 많다.

무역거래상의 클레임에 대한 문제는 손해화물에 관한 클레임(Claim On Damaged Cargo)과 무역거래상의 클레임(Business Claim)으로 분류된다. 전자는 운송 중의 사고에 의하여 화물에 손해가 발생시 손해배상을 청구하는 것을 의미하고, 후자는 매매계약상의 위반행위에 의한 손해에 관하여 당사자간에 일어나는 상사분쟁의 구상을 의미한다. 일반적으로 클레임이라 할때는 후자를 의미한다.

2. 무역클레임의 발생원인

무역클레임을 예방하고 또한 해결하기 위해서는 그 원인과 발생형태를 정확하게 알아두어야 한다.

1) 언어 · 상관습 및 제도의 상이성

무역클레임은 계약서 작성 및 청약단계에서 주로 외국어를 사용하기 때문에 용어의 사용이나 표현상의 해석을 둘러싸고 의견차이가 생기기 쉽다. 또한 각국의 상관습이 상이하기 때문에 상대방의 입장을 충분히 이해하지 못하는 경우가 있다.

2) 상대국 법규의 이해부족

상대국의 상사관련 법규의 불충분한 이해로 인하여 법규에 저촉되어 분쟁이 생기는 경우가 있다.

3) 무역실무지식의 불충분

무역실무절차는 국제적인 상관습 또는 상거래상의 관행이 복잡할 뿐만 아니라 무역의 관련되는 당사자들(세관, 은행, 보험회사, 운송회사 등)이 많아 매우 번잡한 절차를 필요로 한다. 이러한 이유로 계약이행이 지연되는 경우가 있다.

4) 신용조사의 미비

멀리 떨어져 있는 외국기업에 대한 신용조사는 국내기업체의 신용조사에 비하여 절차가 복잡하고 자료가 불충분하다. 우리나라에서는 한국수출보험공사, 신용보증기금, 대한무역투자진흥공사(KOTRA) 등이 외국기업에 대한 신용조사를 행하는 대표적인 기관이다.

5) 시세의 변동

외국환 환율의 수시 변동으로 인하여 수출입관련 계약에 대한 문제가 발생한다.

6) 계약조건의 불확실

구체적이고 명확한 내용의 계약서나 서류를 작성하지 못하였을 경우 계약조건의 불확실 등으로 인하여 발생하는 클레임이 많다. 특히 신용장조건상의 제반서류 작성에 있어 하자나 착오가 클레임으로 연계되는 경우가 많이 발생한다.

7) 도량형제도의 차이

각국마다 도량형이나 물품의 표준규격이 다르기 때문에 이에 대한 오해가 클레임의 원인이 된다.

8) 국제조약 및 상관습에 대한 이해부족

인코텀즈를 포함한 무역조건에 대한 지식이 충분하지 않거나 국제조약에 대한 무지 등으로 클레임이 발생하는 경우가 많다.

9) 화물운송 중의 위험

포장의 불완전, 기타 화물고유의 결함에 의하여 운송도중에 생기는 손해 등이 클레임의 대상이 된다.

10) 불가항력의 발생

일반적으로 불가항력(Force Majeure)에 의한 손해에 관하여 계약서상 규정하지 아니하면 의해 클레임이 제기될 가능성이 있다. 특히 사회주의국가 기업체와 거래 시에는 파업이 불가항력으로 인정되지 아니하는 경우도 있어 손해배상을 하게 될 수 있다.

3. 클레임의 종류

무역클레임은 그 손해배상 청구가 금전을 목적으로 하는지 여부에 따라 다음과 같이 구분할 수 있다.

〈표 14-1〉 클레임의 구분과 종류

구 분		종 류
상품과 직접 관계 있는 클레임	품질에 관한 클레임	품질불량, 품질상위, 형식상이, 등급저하, 불량품혼입, 품질상이품 혼입, 사용불능품질, 품질결함, 변질 등
	색상에 관한 클레임	변색, 색의 상위, 색조의 상위 등
	치수에 관한 클레임	치수의 부족, 치수의 상위, 치수의 불량, 치수의 초과 등
	수량 및 중량에 관한 클레임	수량부족, 중량부족, 감량, 중량계산상위 등
	손상에 관한 클레임	멸실, 손상, 파손 등
상품과 직접 관계 없는 클레임	포장에 관한 클레임	포장불량, 불완전포장, 부정한 포장, 포장파손 등
	화인에 관한 클레임	화인누락, 화인의 혼합, 화인상이, 화인소멸 등
	선적에 관한 클레임	선적지연, 선적불이행, 하역손상, 선적상이, 과다선적 등
	운송에 관한 클레임	운송 중 파손, 환적, 분실, 도난, 초과운임, 난폭취급 등
	가격·결제에 관한 클레임	가격조정, 초과지불, 과잉징수, 반송비, 재포장비, 수선비, 창고비, 검사료, 체선비, 벌금 또는 과태료, 결제대금 외의 청산, 어음부정할인, 어음할인거부 등
	서류에 관한 클레임	송장상의 과오, 부정송장, 잘못 작성된 송장, 계산착오, 기재사항의 상위, 서류미흡 등
	계약에 관한 클레임	계약불이행, 계약해제, 용선계약파기, 계약해지, 부당한 계약해제 등

1) 금전을 청구하는 클레임

(1) 대금지급의 거절

수출입자의 전화나 구두 양해로 물품의 선적시기를 늦추었을 경우 신용장의 조건과 불일치한 점이 있지만 계약상으로는 아무런 하자가 없는 경우 수입자가 신용장 조건 불일치를 이유로 물품의 인수 및 대금지급을 거절할 경우 발생한다.

(2) 손해배상금의 청구

매도인이 공급한 물품의 하자를 이유로 매수인이 손해배상을 청구하는 경우로서, 매수인은 대금지급 후에 물품의 하자를 발견할 수 있기 때문에 매수인은 어음의 결제와는 별도로 클레임을 제기하여야 한다.

(3) 대금감액의 청구

도착화물에 하자 또는 선적지연 등 계약위반이 있는 경우 매수인은 매도인에 대하여 계약단가보다 감액된 가격으로 물품을 인수하겠다고 요구하는 경우이다.

2) 금전이외의 것을 청구하는 클레임

(1) 화물의 인수거절

매수인은 도착된 화물에서 하자를 발견하면 당해 물품의 전부 또는 일부에 대한 인수를 거절할 수 있다.

(2) 대체품의 청구

인수거절의 경우에 매수인이 도착화물을 거절하고 선적지에 반송하는 조치를 취할 때 매도인에게 대체품을 보낼 것을 청구할 수 있다. 이 경우 당초의 화물은 반송되므로 대금은 매수인에게 반환되지 않는다.

(3) 계약이행의 청구

매매당사자가 신용장방식에 의하여 계약을 이행하는 조건으로 매수인이 신용장을 개설하였으나 매도인이 선적을 이행하지 않을 경우 매수인이 선적이행청구 및 이로 인한 손해배상청구를 할 수 있다.

(4) 계약의 해지

분할선적을 내용으로 하는 경우에 있어서 먼저 선적한 분량에 하자가 있을 경우 잔여 선적분의 계약을 해지하는 경우도 있다.

4. 무역클레임의 제기

무역클레임을 제기해야 할 사유가 생겼을 경우, 어떻게 대처할 수 있는가에 대해서 간단하게 알아보자.

1) 무역클레임의 제기절차

클레임 사유가 발생하면 먼저 클레임 당사자를 확정한 후, 가장 빠른 방법으로 신속하게 클레임이 발생한 사실을 상대방에게 통지하여야 한다. 그리고 무역계약 체결시 당사자간에 클레임을 제기하는 방법을 약정한 경우에는 약정한 바에 따라 즉시 서면으로 정식의 클레임을 제기해야 한다.

일반적으로 무역클레임을 제기할 때에는 다음과 같은 절차에 따른다.

(1) 클레임 제기 대상의 선정

클레임이 발생하면 먼저 누구에게 클레임을 제기해야 할 것인가를 결정해야 한다. 클레임 당사자는 계약당사자가 되는 것이 보통이지만, 예외적으로 계약당사자에게 책임이 없는 사유로 인하여 발생된 손해에 대하여는 제3자에게 청구하는 경우도 있다.

(2) 신속한 클레임의 통지

수입자는 물품을 검사한 후 신속하게 클레임을 수출자에게 통지해야 한다.

물품검사는 일반적으로 선적 전 검사(Pre-Shipment Inspection; PSI)를 의미하며, 수입자의 비용으로 선적 전에 실시하게 된다. 그리고 선적 후 검사 즉, 수입자가 도착지에서 수입물품을 인도 받은 후에 물품이 계약상품과 일치한지 여부를 검사하여 물품에 하자를 발견하거나 수량이 부족함을 발견할 경우, 이는 곧 무역클레임이 발생하였음을 의미한다.

도착지에서 물품을 검사한 후 클레임사항이 확인되면 수입자는 지체 없이 수출자에게 그 내용을 통지하여야 한다.

이를 지연하면 수입자는 법적인 청구권을 상실하게 되므로 무역클레임은 가장 빠른 방법으로 당사자간에 약정한 제기기간 안에 신속하게 통지해야 한다.

(3) 클레임제기 및 증빙자료 제출

클레임을 입증하는 상세한 증빙자료를 갖추어 정식으로 클레임을 제기한다. 무역클레임을 청구할 때에는 클레임 제기서(Claim Statement)에 클레임 제기내용과 사실관계를 입증할 수 있는 모든 자료와 서류를 첨부하여야 한다. 그리고 손해액과 운송료, 관세, 창고료, 은행이자, 검사료 등 제비용을 포함하여 청구액에 대한 명세서, 품질불량이나 수량부족일 경우에는 검사보고서(Survey Report), 그리고 거래사실을 입증할 수 있는 계약서, L/C 및 B/L 등을 첨부하여야 한다.

클레임 제기서는 법적인 문서이므로 육하원칙에 따라 명확하고 구체적으로 작성하여야 한다.

2) 무역클레임의 제기기간

클레임 제기기간은 통상 클레임을 제기하는 당사자의 입장에서 보면 권리기간이자 제척기간이라 할 수 있다. 이와 같은 클레임 제기기간은 당해 물품의 성질상 하자를 발견하는데 합리적으로 요구되는 기간이나 통지 기간보다 더 짧지 않게 설정하여야 한다.

먼저 우리나라 상법 제69조에서는 매수인은 무품을 수령 후 지체없이 검사하고 검사결과 하자사항을 확인한 경우 즉시 매도인에게 통지하는 것을 원칙으로 한다. 그러나 즉시 발견할 수 없는 하자에 대해서는 6개월의 기간을 인정하고 있다. 그리고 일본 상법에서도 인도물품을 즉시 검사하고 하자사항을 곧 통지하도록 하고 있으며, 영국의 물품매매법(Sales of Goods Act ; SGA)에서는 합리적인 기간 내에(within a reasonable time) 인도물품을 검사하고 하자사항 등을 통지할 의무를 규정하고 있다. 그리고 Warsaw Oxford Rules for CIF Contract(1932)에서는 합리적인 검사를 실시하고, 인도물품이 도착 후 3일 이내에 검사결과를 통보하여야 한다. 국제물품매매계약에 관한 UN협약(Vienna 협약)에서는 단기간 내에 검사결과를 통지하도록 하고 있으며, 어떠한 경우에도 제척기간은 2년 이내로 하도록 정하고 있다.

5. 무역클레임의 대응과 해결

1) 무역클레임의 대응

클레임을 제기 받으면 제일 먼저 클레임 제기내용을 검토하고, 상대방에게 클레임 제기내용에 대한 입장과 해결방안에 대하여 신속하고 설득력 있는 답변을 전달하여야 한다.

여기에서 상대방의 의도가 불분명하거나, Market Claim, 기타 부당한 클레임이 아닌가 하는 의문을 가질 경우에는 클레임 내용의 정당성 여부와 증거서류 등을 면밀히 검토하여야 하다.

이 단계에서 클레임을 제기 받은 당사자는 최우선적으로 상대방과 지속적으로 거래를 진행할 의사가 있는지, 아니면 거래관계를 종결할 것인지를 결정하여야 한다. 특히 주의하여야 할 사항은 무역클레임을 처리하는 데 있어서 첫 응답이 매우 중요하다는 점이다. 지속적인 거래관계를 유지하고자 한다면 원칙적으로 당사자간의 합의에 따라 클레임을 해결한다는 자세를 견지해야 할 것이다.

첫째, 클레임 사항이 계약조건의 미비에 의한 것이 아닌가?
둘째, 클레임이 인도 후 합리적인 기간 내에 제기된 것인가?
셋째, 하자사항을 입증할 객관적인 입증자료가 있는가?
넷째, 물품의 검사는 공인검정기관에 의하여 합리적인 기간 내에 행하여졌는가?
다섯째, 손해배상청구금액은 합리적인 산출근거에 따라 타당하게 산출된 것인가?
여섯째, 당해 계약의 특성을 충분히 감안한 것인가?

2) 무역클레임의 해결

클레임은 그 발생을 미리 방지하는 것이 최선책이나 일단 클레임이 제기된 경우에는 가장 신속하고도 경제적인 해결책을 강구하는 것이 필요하다. 이러한 무역클레임을 해결하기 위한 해결방법으로는 ① 당사자간 우의적 해결, ② 제3자 개입에 의한 해결을 들 수 있다.

(1) 당사자간 우의적 해결

① 청구권의 포기(waiver of claim)

일방당사자가 손해를 배상받을 수 있는 권리인 손해배상청구권을 행사하지 않는 것으로서, 타방당사자의 손해배상 제의를 통한 해결 시 대체적으로 청구권의 포기가 이루어진다.

② 화해(amicable settlement)

화해는 직접적인 당사자간의 노력으로 서로 화해와 타협을 통해서 해결하는 방법이다. 이것은 비용이 적게 들고 서로 거래선의 피해를 막을 수 있다.

(2) 제3자 개입에 의한 해결

① 알선(mediation)

알선이라 함은 공정한 제3자가 당사자 일방 또는 쌍방의 의뢰에 의하여 분쟁사건에 개입하여 당사자간 원만한 합의가 이루어지도록 돕는 방법을 말한다. 알선은 당사자간의 협력을 필요로 하며 강제력은 없으나, 알선을 의뢰받은 자의 역량에 따라 그 실효성이 나타난다.

② 조정(conciliation)

조정은 당사자간 협상에 의하여 당사자간 분쟁해결에 실패한 경우 전혀 이해관계가 없는 공정한 제3자를 조정인으로 선임하고 조정인이 제시한 구체적인 해결방법의 조정안에 합의함으로써 클레임을 해결하는 방법이다.

이 경우 중요한 것은 조정인의 조정안에 대해서 당사자가 수락할 의무를 지고 있지 않으므로 어느 한쪽이 조정안에 불만이 있으면 그 조정은 이루어지지 않는다. 조정이 실패할 경우에 중재합의를 통한 중재나 소송을 통하여 분쟁을 해결할 수 있다. 그러나 양 당사자가 조정안을 수락하면 그 조정안은 재판상의 화해와 동일한 효력이 있으므로 그 자체적인 구속력을 가지게 된다.

③ 중재(arbitration)

이것은 양 당사자가 사전에 분쟁이 발생될 경우 중재에 의한 상사분쟁해결을 서면으로 합의하거나 양당사자 간 분쟁이 발생된 후 그 분쟁을 중재로 해결키로 하는 합의가 있는 경우에 공정한 제3자를 중재인으로 선임하여 그 해결을 중재인에게 일임하는 것을 말한다. 그러나 중재인이 내리는 중재판정에 전적으로 복종하여야 하는 것이 조정과의 차이점이다.

중재는 3심 제도인 소송과 달리 한번 내려진 중재 판정에 의해서 모든 것을 해결하는 단심제로서 내려진 중재판정의 내용에 불복할 수 없다는 점과 일단 중재에서 다루어진 상사분쟁은 다시 법적으로 다툴 수 없다는 점이 그 특징이다.

④ 소송(litigation)

소송은 개인간의 분쟁을 국가기관인 법원의 판결에 의하여 강제적으로 해결하는 제도이다. 그러나 국제간의 거래에서는 상대가 법의 지배영역을 달리하므로 당해국의 재판권이 상대국에 미치지 못한다는 장해가 있다.

〈표 14-2〉 소송과 중재의 비교

소 송	중 재
• 상대방 합의없이 제소가능	• 당사자의 중재합의 필요
• 항소 및 상고가능(3심제)	• 단심
• 해결에 많은 시간과 비용소요	• 신속 · 경제적인 해결가능
• 공권력에 의한 해결	• 제3자 중재인에 의한 해결
• 공개로 비밀유지 불가능	• 비공개로 비밀유지 가능
• 참고인, 감정인 등의 전문가 출두 필요	• 법조계, 학계, 실업계의 전문가 중 중재인 선임으로 전문성 유지
• 외국 민사판정에 대해서 집행보장 없음	• 우리나라는 뉴욕협약가입으로 외국 중재판정이 구속력이 있으므로 집행보장

제2절 상사중재

1. 중재의 의의와 중재계약

1) 중재의 의의

중재(Arbitration)란 분쟁 당사자간의 중재계약에 따라 사법(私法)상의 법률관계에 관한 현존 또는 장래에 발생할 분쟁의 전부 또는 일부를 법원의 판결에 의하지 아니하고 사인인 제3자를 중재인으로 선정하여 중재인의 판정에 맡기는 동시에 그 판정에 복종함으로써 분쟁을 해결하는 자주법정제도이다. 아울러 국가공권력을 발동하여 강제집행할 수 있는 권리가 법적으로 보장이 가능하다.

2) 중재의 특징

(1) 단심제

중재판정은 분쟁당사자간에 있어서는 법원의 확정판결과 동일한 효력이 있다. 다시 말하면 판정에 불만이 있어도 재판처럼 2심 또는 3심 등 항소절차가 없다. “확정판결과 동일한 효력”이라 함은 불복신청을 할 수 없어 당사자에게 최종적 판단으로 구속력을 갖는다는 뜻이다.

(2) 신속한 분쟁해결

소송은 평균 대법원까지 2~3년이 걸리지만, 중재는 국내중재가 약 4개월, 국제중재가 약 6개월 정도 소요된다. 신속성을 극대화하기 위하여 집중심리로 심리횟수를 줄이고 예비회의 제도를 활성화하여 심리자체의 소요시간도 단축하여 진행한다.

(3) 저렴한 중재비용

중재제도가 단심제이고 신속성에 중점을 둔 당연한 결과라고 할 수 있다. 재판비용보다 저렴하고 특히 대한상사중재원은 외국중재기관에 비하여 보다 저렴한 비용으로 해결이 가능하다.

(4) 국제적인 인정

「뉴욕협약」에 가입한 체약국간에는 외국중재판정을 상호간 승인하고 강제집행도 보장한다. 따라서 국적을 달리하는 기업인간의 분쟁해결제도로서 각광을 받고 있습니다.

(5) 전문가에 의한 판단

실체적 진실을 정확하게 찾아내기 위하여 분쟁 분야에 대한 해박한 지식과 경험이 있는 전문가로 하여금 사건을 검토하고 판정하도록 한다. 변호사의 법률지식, 기업인의 사업경륜, 교수의 학문적 이론 등이 종합될 때 정확한 판단이 가능하다.

(6) 분쟁당사자가 중재인을 직접 선임 또는 배척

공정성 보장을 위하여 당사자에게 스스로 중재인을 선임할 권리를 부여하며 동시에 중재인 후보를 배척할 수도 있다.

(7) 충분한 변론기회의 부여

중재는 단심제로 운영하기 때문에 일단 내려진 중재판정은 변경될 수 없다. 따라서 분쟁당사자는 중재인에게 충분한 변론기회와 변론시간 그리고 증인 또는 증거물 제출기회를 요구할 수 있다.

(8) 심리의 비공개

중재심리는 당사자간의 분쟁발생 책임소재에 대한 공격, 방어과정에서 실체적 진실을 파악하는데 있다. 따라서 당사자가 허락하지 않는 한 사건과 무관한 제3자의 심문과정 참여를 허용하지 않으며 그 절차도 공개하지 않는다.

(9) 민주적인 절차 진행

중재인은 당사자와 평등한 위치에서 상하 격식 없이 심리를 진행한다. 증인선서를 요구하지 아니하며 관계 당사자의 인격을 최대한 존중한다.

그러나 이러한 장점이 많은 중재제도를 활용하기 위해서는 무엇보다 계약 체결시 당사자간에 중재계약(합의)이 있어야 한다. 중재제도가 미국 등 서방 선진국에는 정착되어 있으나 우리나라에서는 그 인식의 부족으로 아직까지 활용이 미흡한 실정이다.

중재(arbitration)란 중재가능한 일정한 법률관계의 분쟁을 당사자간의 합의(중재계약 또는 중재합의)로 법원의 판결에 의하지 아니하고 제3자(중재인)에게 부탁하여 그 판정에 복종함으로써 최종적인 해결을 하는 자치법정주의를 말한다. 중재의 본질은 ① 당사자의 합의에 의할 것, ② 재판을 받을 권리를 포기할 것, ③ 제3자의 판정에 복종할 것 등이다.

이러한 중재는 소송과 비교하여 여러 가지 장점이 있다.

〈표 14-3〉 중재제도의 장 · 단점

장 점	단 점
• 분쟁의 신속 · 공정한 해결 • 저렴한 비용 • 절차의 비공개와 평화적 분위기 • 중재인의 전문성 • 단심제 • 법원확정판결과 동일한 효력 • 중재판정에 대한 외국에서의 집행보장	• 법정 안정성 결여 • 상속제도부재로 불안위험 • 중재인의 대리인적 경향 • 중재절차상의 문제 발생소지

3) 중재계약

(1) 중재계약의 법적 성질

중재는 중재 당사자간의 중재에 대한 합의가 그 본질이 되는 것으로 이때 당사자의 합의는 중재제도의 기초가 되는 것이며 또한 그것은 계약의 성질을 띠고 있다. 이러한 중재계약은 당사자가 중재를 합의한 서면에 기명날인 한 것이거나 계약중에 중재조항이 기재되어 있거나, 교환된 서신 또는 전보에 중재조항이 기재된 것이어야 한다.

(2) 중재계약의 요건

① 중재계약의 성립요건(전제요건) : 당사자가 능력이 있고 중재의사에 하자가 없고, 계약내용이 가능 · 확정 · 적법하고 사회적 타당성이 있어야 한다.

② 중재계약의 유효요건(기본요건) : 중재의 성립요건이 구비되었다 하더라도 중재의뢰를 원활하게 하기 위해서는 중재지, 중재기관, 적용할 중재법 등이 명시되어 있어야 한다.

③ 기타 절차진행요건 : 절차진행요건으로 필요한 내용으로는 중재인수, 중재인, 중재비용 부담방법, 중재절차 진행시기, 심문방법 등이 있다.

(3) 중재계약의 종류

중재계약은 체결시기에 따라 중재조항과 중재부탁계약으로 구분된다.

① 중재조항

무역계약체결시 장차 발생할지 모르는 클레임에 대비하여 계약서상에 중재에 관한 조항을 설정해 둔 경우를 말한다. 무역거래에서 일단 분쟁이 발생하면 상대방으로부터 중재동의를 받는 것이 용이하지 않으므로 중재부탁계약(submission to arbitration) 보다는 중재조항(arbitration clause) 을 계약서에 계약조항으로 설정하여 두는 것이 바람직하다.

② 중재부탁계약

중재조항이 없는 상태에서 분쟁이 발생한 경우 당사자가 그 분쟁을 중재에 회부하여 해결하기로 합의한 것을 말한다.

2. 중재절차

1) 중재절차의 의의

중재절차는 중재사건이 접수되어 판정이 내려질 때까지의 모든 절차로 당사자가 중재계약으로 정할 수 있으나, 만약 당사자들이 절차에 관하여 합의를 하지 아니하였거나 또는 절차에 관한 당사자들의 의사가 분명하지 아니할 때에는 상사중재규칙에 따라 다음과 같이 중재절차가 개시된다.

2) 중재절차의 일반적인 적용순서

① 당사자의 의사
② 중재법규(중재법, 상사중재규칙)
③ 중재인

3) 중재신청의 필수요건

중재는 중재계약이 있는 경우에만 가능하며 이 중재계약은 원계약서에 중재조항이 기재되어 있거나 교환된 서신 또는 전보(telex 포함)에 중재합의의 의사가 명시되어 있어야 된다.

중재계약은 민법상의 계약의 성립 및 유효요건에 관한 규정의 적용을 받으며,

중재계약 당사자는 중재판정에 따라야 한다. 다만, 중재계약이 무효이거나 효력을 상실하였거나 이행이 불능일 때에 한하여 소송을 제기할 수 있다.

4) 중재절차

(1) 중재계약의 체결

무역분쟁을 중재에 의해 해결하기 위해서는 당사자간 계약에 중재조항이 있어야 하며 없는 경우 별도의 중재합의 의사가 명시된 서면이 있어야 한다.

(2) 중재신청 및 조정

무역분쟁 발생시 클레임을 제기한 당사자는 중재계약(합의)에 따라 중재기관에 중재를 신청한다. 중재기관은 양 당사자가 합의한 경우 중재절차 이전에 조정을 시도하며, 조정실패시 중재절차를 진행하게 된다.

(3) 중재판정부 구성

중재인은 당사자간 약정에 의하여 선정되거나 별도의 선정방법이 있는 경우 그에 따라 선정된다. 그러나 약정이 없는 경우 중재기관에 비치된 중재인 명부에서 당사자가 희망한 중재인을 근거로 1명 또는 3명을 최종적으로 선임한다.

(4) 중재심문

중재심문은 당사자가 중재인 앞에서 모든 사실을 설명하고 항변하는 것으로 당사자는 심문이나 절차를 변호사나 중재판정부가 허락한 사람에게 대리할 수 있다.

(5) 중재판정

중재판정은 분쟁해결에 있어 중재인들이 내리는 최종결정으로 판정이 확정되면 법원의 확정판결과 동일한 효력을 지니게 된다.

(6) 중재판정문의 송달

중재판정문은 신청인 · 피신청인에게 송달하며, 송달증서를 첨부하여 판정문 원본은 법원에 보낸다.

3. 중재판정의 효력과 집행

1) 중재판정의 효력

(1) 국내적 효력

중재판정은 당사자간에 있어서는 법원의 확정판결과 동일한 효력을 갖는다. 중재판정은 당사자가 미리 이를 존중하고 복종할 것을 합의한 것이므로 판정은 당사자에게 사적인 실체법상의 의무부담의 원인을 주게 된다. 법률은 여기에 다시 공법적인 효과를 주어 중재판정은 당사자간에 있어서 확정된 법원의 판결과 동일한 효력을 부여하고 있다.

따라서 중재판정이 성립발효한 경우에는 형식적으로 확정되며 중재인이라 하더라도 자기가 내린 중재판정을 철회할 수 없다.

(2) 국제적 효력

중재의 궁극적인 결과인 중재판정의 승인 및 집행에 관한 각국의 상이한 법제를 통일하기 위한 “외국중재판정의 승인 및 집행에 관한 UN협약”에 의거 동 협약 체약국간에는 외국중재판정의 승인 및 집행이 보장되고 있다. 그러나 협약에 가입한 국가가 아닌 경우에는 섭외법적인 문제를 야기시키게 된다.

제15장 전자상거래와 전자무역

제1절 전자상거래

1. 전자상거래의 기본개념

1) 전자상거래의 정의 및 특징

(1) 전자상거래의 정의

전자상거래(Electronic Commerce : EC)라는 용어는 1989년 미국의 Lawrence Livermore National Laboratory에서 사용된 후 1993년에 미국 연방정부가 도입하면서 확산되었다. 전자상거래에 대한 통일된 견해는 없으나 일반적으로 "기업, 정부기관과 같은 독립된 조직간 혹은 조직과 개인 간에 다양한 전자적인 매체를 이용하여 상품이나 서비스를 교환하는 방식이라고 정의할 수 있다.

이러한 전자상거래를 좀더 세밀히 관찰하면 전자상거래는 새로운 비즈니스 기회를 창출하고 최소의 비용으로 최대의 효과를 거둘 수 있는 도구로 볼 수 있다.

전자상거래는 단일기업의 영역을 넘어 컴퓨터로 정보교환이 이루어지므로 "거래당사자간 업무관계의 효율성을 높이기 위해 고도의 정보기술을 활용하는 사업 비전 도구"라 정의되고 있다.

(2) 전자상거래의 특징

전자상거래는 기존의 고전적인 상거래와는 다른 몇 가지 특징을 가지고 있다.

① 전자상거래는 컴퓨터 네트워크를 통해 공급자와 구매자를 연결하기 때문에 도매점, 소매점과 같은 중간 유통채널이 필요하지 않게 된다.

② 전자상거래를 활용할 경우 기업활동이나 구매활동에 있어서 시간과 공간의 제약이 사라져 24시간 실시간으로 전세계 어디서나 거래 및 상담 등 제반 무역활동이 가능하다.

③ 기존의 상거래는 영업망이 필요조건이었으나, 전자상거래의 경우에는 네트워크상에서 매매가 형성되어 판매거점이 필요 없게 된다.

④ 전자상거래는 디지털통신을 통해 형성되어 마케팅 및 판매과정에서 수집된 고객정보를 가공없이 자사의 데이터베이스에 저장하여 마케팅활동에 사용할 수 있다.

⑤ 고객의 불만사항 및 고객의 요구에 적극적이고 즉각적인 대응을 할 수 있다. 뿐만 아니라 고객의 욕구변화를 신속히 파악할 수 있기 때문에 고객욕구의 만족이 가능하다.

⑥ 인터넷을 이용한 전자상거래는 소자본으로도 영업이 가능하다는 특징이 있다.

〈표 15-1〉 전자상거래와 전통적인 상거래 방식의 비교

구 분	전통적인 상거래 방식	전자상거래방식
유통채널	기업 → 도매상 → 소매상 → 고객	기업고객
거래대상기업	일부 지역판매에 한정	전 세계
거래시간	제한된 영업시간	24시간 365일 영업
판매방법	전시에 의한 판매	정보에 의한 판매
마케팅활동	구매의사에 관계없는 일반적인 마케팅	쌍방향을 통한 일대일 상호대화식 마케팅
고객정보획득	시장조사 및 영업사원	온라인으로 수시획득

고객대응	고객불만 대응 지연 고객니즈 포착느림	고객불만에 즉시 대응 고객니즈를 신속히 포착
소요자본	토지, 건물 등의 구입에 거액필요	인터넷 서버 구입, 홈페이지 구축 등에 상대적으로 적은 비용 소요

자료 : 삼성경제연구소, 1997.

2) 전자상거래의 형태

전자상거래의 형태는 기준에 따라 분류가 다를 수 있으나, 일반적으로 거래 주체에 따라 4가지로 분류할 수 있다.

정보교환의 주체에 따라 전자상거래를 분류하면 아래와 같다.

① 기업간 전자상거래(Business to Business)
② 기업과 소비자간 전자상거래(Business to Consumer)
③ 기업과 정부간 전자상거래(Business to Administration)
④ 소비자와 정부간 전자상거래(Consumer to Administration)

이를 좀 더 자세히 살펴보면 다음과 같다.

(1) 기업간 전자상거래(Business To Business)

기업간 전자상거래의 예로는 회사가 그 공급자에게 청약을 하고 송장(invoice)을 수령하며 지급을 하기 위하여 통신망을 사용하는 경우를 들 수 있다. 이 유형의 전자상거래는 특히 사적 통신망 또는 부가가치통신망을 통한 전자문서교환(EDI)을 사용하여 수년간 잘 확립되어 왔다.

(2) 기업과 소비자간 전자상거래(Business To Consumer)

기업과 소비자간 전자상거래는 주로 전자소매(electronic retailing)에 해당하는 것이며, WWW의 출현에 따라 크게 성장하였다. 이 유형의 전자상거래는 인터넷을 통하여 케익 · 와인에서부터 컴퓨터 · 자동차에 이르기까지 소비자상품을 각종 방법으로 공급하는 쇼핑 몰(shopping mall)을 중심으로 하여 이루어진다.

(3) 기업과 정부간 전자상거래(Business To Administration)

기업과 정부간 전자상거래는 회사와 정부조직 사이의 모든 거래를 포함한다. 예를 들어, 정부의 조달예정 대상을 인터넷을 통하여 공시하고 회사들은 전자적으로 이에 응하는 것과 같다. 현재 이 유형의 전자상거래는 출발점에 있지만, 정부가 전자상거래의 성장을 촉진시키기 위하여 독자적인 운영을 시작하면 급속히 팽창할 것으로 보인다. 정부는 정부조달 이외에도 그러한 거래를 위하여 회사세금의 지급과 부가가치세 환급과 같은 거래를 위하여 전자상거래를 이용할 수도 있을 것이다.

(4) 소비자와 정부간 전자상거래(Consumer to Administration)

소비자와 정부간 전자상거래는 아직 출현하지 않았다. 그러나 기업-소비자간 및 기업-정부간 전자상거래가 성장함에 따라 정부는 복지급여의 지급 · 세금환급 등과 같은 분야에 전자적 작용을 확대 적용할 수도 있을 것이다.

2. 인터넷 전자상거래시대의 도래

인터넷을 통한 새로운 상거래방식의 등장으로 인하여 무역시장에도 여러 가지 형태의 변화가 일어나고 있다. 이러한 변화를 살펴보면 아래와 같다.

1) 거래방식 및 수단의 변화

인터넷을 활용하여 제품이나 서비스를 매매하는 인터넷 전자상거래는 전 세계를 대상으로 시간과 공간의 제약없이 저렴한 비용으로 마케팅을 가능하게 할 뿐만 아니라 주문처리, 대금결제, 고객관리 등도 가능하게 한다는 점에서 과거의 상거래방식과는 큰 차이가 있다.

다시 말하면 인터넷 전자상거래에서는 컴퓨터 네트워크인 인터넷이 제공하는 가상공간이 시장이 되고 인터넷 이용자가 고객이 된다. 따라서 신용장 개설, 보험증권 발행, 수출입신고등의 업무를 컴퓨터로 대체할 수 있다. 더구나 무역관련서류를 사무실에서 전화선이나 전용선 등을 통해 인터넷에 접속하여 상거래를 할 수 있다.

2) 단일시장 및 단일가격의 형성

인터넷 전자상거래의 가장 큰 특징은 단일 세계시장의 태동이다. 이러한 단일 시장인 사이버마켓에서는 대기업이나 다국적 기업과 마찬가지로 일반 중소기업도 동일한 경쟁우위를 확보하여 세계적인 기업으로 성장할 수 있다.

한편 인터넷 전자상거래는 교역상품가격의 단일화 현상을 초래한다. 무역거래를 원하는 사람은 인터넷의 정보검색엔진을 통해 특정국가의 특정상품을 신속하고 손쉽게 검색할 수 있다. 인터넷 전자상거래에서는 가격경쟁력이 우월한 제품이나 서비스만이 거래될 가능성이 높아져 상품의 가격구조가 자동적으로 일원화된다.

3) 거래처 발굴의 용이 및 거래상담비용의 절감

고전적인 무역형태의 거래선 발굴은 직접 방문 및 전시회 참가 등에 의하여 구매자를 발굴하였으나, 인터넷상에서 행하여지는 전자상거래 시대에는 각 국의 정부와 무역유관기관 사이트가 제공되어 검색엔진을 이용하여 거래선 등을 검색할 수 있으며, 간단한 키워드 입력으로 자기가 원하는 업체와 상품을 신속 정확하게 직접 조회 및 검색해 볼 수 있다.

4) 사이버 글로벌 마케팅의 확산

인터넷 전자상거래가 가져오는 다른 변화는 홍보마케팅이 전 세계를 대상으로 가능하다는 점이다. 과거 홍보마케팅에 비해 막대한 비용을 수반하지 않고 광고 시간이나 지면공간의 제약도 없다. 뿐만 아니라 소비자와의 직접대화가 가능한 대화형 광고를 비롯하여 첨단기법을 활용한 광고도 가능하다.

5) 전자결제 및 전자물류의 도입

상거래에 있어서 전자화폐에 의한 전자결제 시스템의 개발 및 도입이 확산될 것으로 예상되고 있다. 즉, 격지간 거래에 있어서 물품공급에 대한 대금지불도 인터넷을 통한 전자지불시스템으로 가능해 질 것이다.

한편 국제상거래에 부합되는 상품배송 시스템이 구축될 것이다. 주문과 동시에 상품을 공급받고자 하는 소비자들의 욕구에 부응하여 현지생산, 현지보관, 현지배달이라는 상품배송 시스템과 함께 지능수송시스템(ITS : Intelligent Transport System)이 구축되어 나갈 것이다.

3. 전자상거래의 무역에 대한 파급효과

1) 무역정책의 변화

전자상거래가 미치는 영향 중에 가장 근본적인 변화는 각국의 무역정책일 것이다. 과거에 추진하여 오던 무역정책이 글로벌 경영체제의 환경하에서 보다 개방적으로 전환될 것이며 고객지향에 초점을 두게 될 것이다. 이를 정부조달, 서비스교역, 지적재산권 교역으로 나누어 살펴보자.

(1) 정부조달

WTO의 정부조달협정에 따르면 정부와 공공단체가 정부조달시장에서 재화 및 용역의 가장 큰 수요자로 나타났다. 따라서 전자상거래가 도입되면 정부조달이 미치는 영향이 지대할 것이다. 왜냐하면 전자상거래는 정부조달의 전세계적인 경쟁입찰을 가능하게 하는 수단을 제공하기 때문이다.

즉, 구매자가 인터넷 웹사이트에 입찰시스템을 구축하고 입찰정보를 홍보하거나 여러가지 언어를 사용하여 극대화할 수 있다. 결국 구매자는 최소의 비용으로 양질의 제품이나 서비스를 획득할 수 있고, 공급자는 과거에 접근하기 어려운 시장에 저렴한 비용으로 입찰에 참여할 수 있다. 이는 정부조달 정책이 참가범위를 국제적으로 확대하여 정부조달 시장을 더욱 확대시킬 것으로 전망된다.

(2) 서비스교역

서비스교역은 전자상거래가 도입되면 그 파급효과가 가장 클 것이다. 서비스교역에 관한 일반협정에 따르면 서비스교역을 공급방식에 따라 4가지로 구분하고 있다. ① 한 국가에서 다른 국가로 공급되는 서비스의 국경간 이동, ② 다른 국가의 소비자가 한 국가의 영토내에서 공급하는 소비자으 국경이동, ③ 한 국가의 서비스공급자가 다른 국가의 영토내 상업적 주재를 통한 공급, ④ 한 국가의 서비스공급자가 다른 국가로의 이동으로 구분한다.

이러한 4가지 형태 중 전자상거래는 첫째방식으로 간주될 가능성이 높은데, 이

때 수입증가에 의한 국내산업의 피해를 구제하기 위한 긴급수입규제조치를 규정한 서비스교역에 관한 일반협정에 의거 관세부과 또는 수량제한으로 규제할 가능성이 높다. 그러나 전자상거래의 확대는 상업적 주재를 통한 공급방식에서 스비스의 국경간 이동방식으로의 전환이 가속화되는데 결정적인 역할을 할 것으로 예상된다.

한편, 서비스교역은 무형재화의 특징으로 거래를 직접 확인할 수 없기 때문에 전자상거래를 통한 서비스교역은 국제이동의 측정을 곤란하게 하고, 결국 서비스교역에 대한 자료의 부족으로 전자상거래 시대에 적합한 서비스교역 협정과 관련된 국가간의 정책협조 및 규범제정이 장애요인으로 등장할 것이다.

(3) 지적재산권 교역

전자상거래를 통하여 거래되는 자료, 디자인, 소프트웨어 등에 대한 저작권 침해가 이슈화되고 있다. 근본적인 문제는 인터넷의 주소인 도메인네임과 상표권의 불일치에서 발생하는 지적재산권의 침해로서 국내분쟁은 협상이나 소송을 통하여 해결이 가능하지만, 국제적인 거래에서는 상표권의 효력이 미치지 않고 국가마다 판단기중이 상이하여 적용시 문제가 발생한다. 따라서 디지털 환경하에서 지적재산권의 보호는 지속적인 노력이 요구되며 각 국이 지적재산권 관련교역, 세계지적재산권기구(WIPO)의 저작권협약과 공연 및 음반협정에서 규정하고 있는 의무사항을 신속하게 이행하도록 요구할 것이다.

2) 물류흐름의 간소화

전자상거래를 통한 기업과 개인의 거래는 기존의 물류흐름을 간소화하는 효과를 가져올 수 있다. 과거의 물류유통과정은 생산자로부터 중간의 도매상 또는 소매상 등을 거쳐 최종소비자에 이르는 다단계의 과정을 거쳤다. 이는 국내거래 뿐만 아니라 국제무역거래에 있어서도 동일한 과정을 밟게 된다.

그러나 전자상거래는 생산자와 소비자를 직접 연결시키는 특징을 지니고 있어 중간거래상이 생략되는 이점을 제공함으로써 최종소비자에게 제품을 공급해오던 중간상은 몰락할 것이며, 특히 중간상이 중소기업인 경우는 막대한 타격을 입을 것이다. 더구나 전자상거래를 통한 일반 개인이 생산자로부터 직접 수입이 증가하면 할수록 이러한 경향은 급속히 확산될 것이다. 결국 최종소비자는 중간상의 개입없이 물품을 구입함으로써 가격하락의 효과를 누릴 수 있고 신속한 물품인도의 이점도 제공받을 수 있다.

3) 우수한 홍보채널의 제공

전자상거래는 무역을 위한 사전활동으로서 우수한 홍보채널을 제공하는 것이 가장 큰 이점이라 할 수 있다. 대표적인 것으로 인터넷은 HTML이라는 특수언어를 사용하여 문자를 비롯한 도형, 음성, 동화상 등 다양한 형태의 정보를 멀티미디어로 홍보할 수 있는 기능을 제공하고 있다. 현재로서는 HTML의 기술수준은 초보적인 수준으로 많은 제약이 있으며, 특히 도형이나 동화상의 정보를 홍보하려면 그 처리속도가 지연될 뿐만 아니라 별도의 소프트웨어가 요구된다. 그러나 지속적인 기술개발과 통신 네트워크의 개선으로 인터넷이 지구상의 가장 강력한 홍보매체가 될 것으로 예상된다.

또한 인터넷의 통신 네트워크는 쌍방향의 특징을 보유하고 있어 종합적인 데이터베이스만 구축된다면 온라인 실시간으로 업무처리가 신속하게 이루어질 수 있다. 따라서 무역거래시 필수적인 거래제의 및 조회에서부터 물품선적 및 인도에 이르기까지 무역거래의 효율성을 극대화할 수 있다.

4) 무역의 종속화

국제적인 전자상거래는 유용한 정보와 정보기반이 우수한 국가 및 기업에 의하여 주도될 것이다. 이는 현재 구축되어 있는 인터넷 쇼핑사이트 중 약 80%가 미국에 집중되어 있어 미국이 전세계의 시장을 지배할 가능성이 높다. 특히 기업과 개인간의 무역거래시 후진국의 최종소비자가 선진국인 미국의 웹사이트를 방문하여 정보를 검색한 후 물품을 수입하는 경향이 급속히 증가할 것이다. 반면 선진국들의 일반 소비자가 후진국의 웹사이트를 방문하여 수입하는 경우가 증가하더라도 그 증가율이 후진국의 수입증가율을 능가하지 못할 것이다. 따라서 거래선이 일부 선진국에 집중됨으로써 국제무역이 선진국에 예속화되는 경향을 예상할 수 있다. 또한 무역거래시 필수적인 대금결제수단이 전자결제방식으로 전환됨으로써 기존의 금융기관과 전자은행이 본격적으로 전자상거래에 개입하게 된다. 현재 대금결제수단이 다양하게 개발되고 있으나 국제 전자상거래에서 가장 많이 활용하는 수단은 기존의 신용카드에 의존하고 있다. 따라서 국제무역시 필수적인 외환결제를 처리하기 위해서는 외환결제의 기능을 갖춘 전자화폐가 요구된다. 이 또한 대형 금융기관이 주축이 되어 개발하고 있어 외환결제가 선도적으로 결제수단을 개발한 대형 전자은행이 무역을 주도하게 될 가능성이 높다.

4. 전자화폐

전자상거래의 지급수단으로는 현재 온라인 지급수단으로서 신용카드에 기초한 지급수단(암호신용카드, 등록신용카드 등)과 증표에 기초한 지급수단(전자화폐, 전자수표 등)이 고안되고 있고, 또 네트워크상으로 전자결제 서비스를 제공하는 전자은행도 출현하고 있다.

1) 전자화폐의 의의

전자화폐(electronic money)라 함은 발행지에게 미리 대가를 지급하고 플라스틱 카드에 내장된 IC칩 또는 개인컴퓨터에 일정한 화폐가치를 저장한 다음 이를 통신망을 통하여 사용할 수 있는 화폐를 말한다. 전자화폐는 1992년 9월 덴마크의 Danmont사가 Naestved에서 발행한 것이 시초이며 필란드, 벨기에, 포르투갈, 영국, 네델란드, 미국, 독일 등이 전자화폐를 발행하여 사용하고 있다. 전자화폐는 대소비자 전자지급제도에서 현금을 대체하는 주된 지급수단으로서 고안되었다.

2) 전자화폐의 특성

전자화폐는 유형에 따라 약간의 차이는 있지만 일반적 특성으로는 화폐가치, 범용성 내지 교환성, 원격송금성 및 안정성을 들 수 있다. 그 외에 익명성을 들기도 하나 익명성을 인정할 것인가에 관하여는 범죄 및 국가안전의 문제와 관련하여 논란이 있다.

전자화폐는 화폐의 주요 기능을 갖추고 있으며 현금의 단점인 원격지 송금의 불편, 보관에 따르는 비용부담, 금액분할 불편 등을 보완해 주는 기능을 가지고 있다. 전자화폐는 이러한 장점으로 인하여 지폐와 동전은 물론, 거액의 수표도 상당 부분 대체할 수 있어 점차 통용이 확산될 것으로 예상되고 있다.

3) 전자화폐의 유형

전자화폐는 각각 이용상의 특성이 있기 때문에 기준에 따라 여러 가지로 분류될 수 있다. 전자지갑(카드형)과 전자현금(네트워크형), 온라인형과 오프라인형, 계좌형과 비계좌형, 범용형과 단일목적형, 개방형과 폐쇄형 등의 분류가 그것이다.

(1) 전자지갑

전자지갑은 Mondex Card, VISA Cash 등과 같이 플라스틱카드의 IC칩 속에 현금과 같은 가치를 이전시켜 놓은 전자화폐를 말한다.

전자지갑은 유통형태에 따라 다시 폐쇄형(Closed-Loop)과 개방형(Open-Loop)으로 구분된다. 폐쇄형은 저장된 가치가 소진할 때까지 사용할 수 있는 것으로 화폐가치가 상거래 및 결제과정에서 발행기관 → 소비자 → 판매업자 → 은행 → 발행기관으로 이전된다. 이에 대하여 개방형은 화폐가치가 상거래 뿐만 아니라 소비자나 판매업자 상호간에 자유로이 이전될 수 있으며, 발행기관이 상환할 때까지는 제한없이 사용될 수 있는 것으로서, Mondex카드가 이에 속한다.

(2) 디지털화폐

디지털화폐는 CyberCoin, E-Cash 등과 같이 통신망상 디지탈신호의 형태로 지급결제에 활용될 수 있는 전자화폐를 말하며, 본질적으로 전자적 증표(electronic token)에 해당한다. 디지털화폐는 발행자가 디지털방식으로 서명하고 다양한 매체에 저장될 수 있는 일련의 숫자로 나타난다. 예를 들어, 전자화폐는 마이크로칩이 내장된 신용카드 크기의 플라스틱(smart card라고 한다)에 저장될 수 있다. 또 전자화폐는 전화선을 통하여 은행 기타의 발행자로부터 다운로드받아 PC 또는 전자지갑(electronic wallet)에 저장될 수 있다.

디지털화폐는 대부분의 모델이 은행에 의하여 발행되고 발행은행의 비밀키(private key)에 의하여 생성된 디지털서명으로써 안전이 보장된다. 디지털화폐의 취득은 전형적으로는 은행계좌로부터 자금을 인출하는 것에 의한다.

디지털화폐에 의하여 표창되는 화폐가치는 원격지 거래당사자간에 직접 온라인에 의하여 교환될 수 있다. 소비자는 디지털화폐를 사용하여 인터넷 또는 기타의 통신망을 통하여 어떤 PC에서 다른 PC로 지급을 할 수 있다.

제2절 전자무역

1. 전자 무역의 개념

전자무역은 전자상거래(Electronic Commerce : EC)의 한 개념으로 주로 기업간의 인터넷을 통한 국제거래를 말한다. 즉, 기업간 거래시 인터넷을 매체로 하여 상품과 서비스의 교환 및 물품을 판매하고 구매하는 일련의 거래관계를 말한다.

전자무역은 국경을 초월한 컴퓨터 통신망인 인터넷이 제공하는 가상공간 자체가 시장이고, 인터넷 접속 이용자가 고객이 된다. 컴퓨터 통신매체가 무역에서 활용되는 방식은 인터넷뿐만 아니라 근거리통신망(LAN : Local Area Network), IntraNet 등에서도 활용되고 있다. 전자무역이라 함은 반드시 인터넷 네트워크를 통한 거래만을 의미하는 것은 아니며, 현재는 모든 컴퓨터 네트워크를 활용한 무역을 지칭하는 것으로 인터넷무역(Internet Trade)이나 사이버무역(Cyber Trade)과 동일한 개념이다.

전자무역은 기업간의 거래인 B to B(Business to Business)가 주요한 거래이긴 하나 B to C(Business to Customer)도 포함되는 개념으로 아직까지 전자결제시스템의 미비, Network 인증기관의 문제, 수출입업체의 신용문제 등이 남아 있으며 국제거래에서는 계약체결이전단계인 시장조사, 거래선물색, 오퍼, 상담까지만 인터넷을 통해 이루어지고 계약, 선적행위 및 서류, 대금결제 등은 기존 방식에 의하여 이루어지고 있다.

전자무역은 활용단계에 있어 어느 정도 한계를 갖고는 있지만 국제무역거래에 있어서 하나의 커다란 수단이 되고 있다. 향후 전자결제시스템의 보완과 네트워크 인증기관의 문제해결, 거래내용에 대한 기술적개선이 이루어지면 21세기에는 국제무역의 유력한 수단이 될 것이다.

2. 기존무역과 전자무역

통신망 네트워크의 발달로 발생된 인터넷무역은 가상 공간인 인터넷을 통해 상품이나 서비스를 사고 파는 무역거래로, 물리적 공간과 시간적 계약이 필요없다는 점에서 전통적인 무역거래와 근본적인 차이점을 보이고 있다.

마케팅 측면에서는 전자무역이 1 대 1 direct marketing을 통한 구매자의 요구에 대한 신속한 대응이 가능한 반면 기존무역은 non-interactive marketing으로 인한 구매자 요구에 대응이 늦다. 시간적인 측면에서는 전자무역이 24시간 개방되어 24시간 영업이 가능한 반면, 기존 무역은 제한된 영업시간을 이용할 수밖에 없다. 지역적인 측면에서는 전세계에 가능한 전자무역과, 해외지사 또는 인력파견에 의한 특정지역에만 가능한 기존무역이 있다.

이러한 전자무역을 2가지 측면에서 살펴보면 다음과 같다.

첫째, 유통경로 측면에서는 전자무역이 기업 ↔ 구매자(도매상, 소비자)가 직접 이루어지는 반면, 기존 무역은 기업 ↔ 수출상 ↔ 수입상 ↔ 도매상 ↔ 소매상 ↔ 소비자의 순으로 이루어진다.

둘째, 비용적인 측면에서는 투자대비 관리효과가 크고 비용이 저렴한 전자무역과 다양한 형태의 지속적인 투자가 요구되는 투자대비 기대효과 요소가 낮은 기존 무역으로 구분된다.

전자무역에 있어 수출계약의 체결과정을 보면 다음과 같다.

〈표 15-2〉 기존무역과 전자무역과의 비교

구 분	기존 수출계약의 체결과정	인터넷상 수출계약의 체결과정
품목선정	통계 등 각종정보 국내공급업체확보	통관정보시스템, KOTIS 등 언론사이트(무역일보 등)
해외시장조사	거시적 상황(시장성) 미시적 상황(경쟁력)	국가별 통계사이트, 무역유관기관 사이트, 시장조사기관 사이트
해외홍보 마케팅	홍보매체광고, 전시회 등 참가	홈페이지, 거래알선 사이트, 유즈넷
거래선발굴	무역유관기관, 해외지사, 방문 등	거래알선 사이트, 유즈넷, 언론사이트(무역일보 등)
거래제의	거래제의 서신, 우편, 팩스 등	전자우편, 인터넷팩스
신용조사	신뢰도 등 파악, 한국무역보험공사 등	신용조사기관 사이트, 기업/신용 DB 사이트
거래조건협상	가격, 품질 등, 청약 및 승낙	전자우편, 인터넷 홈 팩스, 인터넷화상회의
수출계약체결	계약서 작성, 우편, 해외출장 등	전자우편

3. 전자무역의 특징

국제무역이 이루어지는 일반적인 과정은 기능별로 크게 5가지로 분류할 수 있다. 먼저 시장이나 제품, 그리고 구매자에 대한 정보수집활동과 기업과 제품을 알리려는 광고마케팅 활동이 있다. 다음에는 발굴된 구매자와의 거래조건협의와 각종 절차를 밟기 위한 의사교환 활동이 있게 된다. 그리고 격지자간에 있어서 상품공급에 대한 대가를 교환하는 대금결제과정과 상품을 수입자에게 보내는 운송과정이 있다.

전자무역을 기존의 국제무역 구조와 비교해 볼 때 진행순서에는 별다른 차이가 없다고 할 수 있으나 수단에는 큰 차이가 있다. 먼저 거래처를 발굴하거나 광고마케팅하는 방법에서 크게 차이가 있으며, 상담 및 계약체결을 위한 의사교환 방식도 기존과는 전혀 다르게 된다. 또한 대금결제도 전자화폐 등 전혀 다른 수단이 이용되며, 상품의 운송이나 물류도 항공운송이나 국제특송 등이 이용된다.

수출자의 경우 인터넷상의 자사 홈페이지나 거래알선 사이트, 유즈넷, 메일링 리스트 등을 통해 자사 제품과 서비스에 대한 홍보를 할 수 있을 뿐만 아니라 국내 및 해외의 신제품이나 거래선에 대한 정보를 신속하게 입수할 수 있다. 또한 전자우편, 인터넷 팩스 및 인터넷 폰 등을 이용하여 훨씬 저렴하고 효율적으로 거래상담과 계약체결을 할 수 있다. 아울러 상품의 주문이나 대금결제 등도 인터넷으로 할 수 있음은 물론 화물의 흐름도 인터넷을 통해 즉시 파악할 수 있다.

그러므로 향후에는 상품이나 서비스의 개발단계에서부터 인터넷을 활용한 전세계를 대상으로 한 광고 및 마케팅을 염두에 두어야 한다. 이와 함께 인터넷 전자상거래에 적합한 신제품의 개발과 함께 효과적인 주문처리, 고객관리 및 대금결제 등을 위한 내부 체제를 갖추는 것이 필요하다.

4. 전자무역의 필요성

전자무역에 있어 중요한 것은 광속도로 급변하는 국제환경과 정보화환경이다. 전자무역을 해야하는 이유는 기존의 무역이 가지고 있는 한계점을 극복하고 새로운 환경에 적합하기 때문이다. 전자무역이 가지고 있는 특징은 다음과 같다.

첫째, 시간 및 공간의 한계성을 극복하고 글로벌 마케팅이 가능하다.

국가간, 지역간 최대의 걸림돌인 시간적, 공간적 한계를 극복하여 제품을 홍보하고 마케팅을 펼칠 수 있는 특성을 지니고 있는 것이 인터넷무역의 중요한 특성이다. 국가별로 독립적으로 운영되는 시장이 거대한 단일 세계시장으로 통합되어 시간과 공간을 극복하여 전세계를 대상으로 글로벌 마케팅을 펼칠 수 있는 것이다.

둘째, 제품 가격 경쟁력의 확보 및 원가나 인력 절감을 위해서 필요하다.

제품을 홍보하는데 필요한 광고비가 저렴하여 보다 경쟁력있는 가격으로 시장을 공략할 수가 있기 때문에 인력절감, 원가절감의 한 요소로 인터넷무역을 활용할 수 있다. 비용절감은 이것뿐만 아니라 홍보방식 및 판매방식에서도 대폭 절감할 수 있다. 과거에 고객에게 일일이 우편물을 발송하려면 인쇄, 우편료, 발송비만 해도 상당하나 인터넷 마케팅은 잘 관리된 고객 메일링 리스트만 있으면 간단하면서 손쉽고 정확하게 신제품 정보를 홍보할 수 있다.

셋째, 적극적이고도 공격적인 마케팅 구사가 가능하다.

인터넷상에서 적극적이고 공격적으로 직접 오퍼 등록 및 오퍼 검색을 통한 즉각적이고 지속적인 마케팅 반영과 시장 공략이 가능하다는 점에서 인터넷무역의 묘미가 있다.

넷째, 광범위한 광고 효과를 누릴 수 있다.

신제품을 개발하였을 경우 이를 곧바로 홈페이지에 올려 24시간 홍보할 수 있으며 소비자나 구매자의 반응을 쉽게 파악할 수 있기 때문에 인터넷이라는 또 하나의 사이버지구촌을 그 광고 대상으로 삼을 수 있다.

다섯째, 즉각적인 시장 Needs 반영이 가능하다.

온라인으로 고객의 반응과 Needs를 쉽게 통계화하여 분석할 수 있으며 이를 즉시 제품의 성능개선 및 품질개선에 반영할 수 있다.

여섯째, 가상 공간에서의 판매가 가능하다.

인터넷이라는 Cyber공간에서 이루어지는 판매활동으로 점포나 판매장소 등의 물리적 요소가 필요하지 않다. 그러므로 소호(SOHO) 사업으로서 얼마든지 운영이 가능하며, 사무실 임대료, 집기, 관리비등이 들지 않아 저렴하게 운영할 수 있다. 왜냐하면 조그마한 회사라도 운영하려면 통신비, 고정비가 들게 마련이지만 소호나 전자 무역의 경우에는 필요한 사무장비와 통신장비만 있으면 되기 때문이다.

일곱째, 거래처 발굴 및 시장정보 및 거래정보의 획득이 용이하다.

수많은 전세계의 데이터 베이스에는 엄청난 양의 정보자료가 실려 있으며 또한 이러한 자료는 저렴한 비용으로 획득이 용이하며 구매자 발굴 또한 저렴하고 효율적으로 할 수 있다. 또한 가정에서도 컴퓨터 1대만 있으면 얼마든지 국제시장을 대상으로 마케팅을 펼칠 수 있고 최근에는 사이버 박람회 같은 전시회도 증가하고 있어 점점 인터넷을 통한 판매활동, 방법, 기법이 다양해지고 활용의 폭이 넓어지고 있다. 이러한 특성을 가지고 있는 전자무역은 정보통신기술의 발전과 더불어 미래에는 새로운 관습을 창출하는 분야가 될 것이다.

5. 전자무역의 향후 전망

21세기에는 전세계 무역량의 30%가 인터넷을 통하여 이루어질 것이라고 전망되고 있다. 전자무역에 대한 전망은 조사기관에 따라 다양하게 나타나고 있으나 앞으로 급격하게 확산될 것이란 데는 이론의 여지가 없다.

인터넷을 이용한 무역은 무역에 대한 기존 개념을 모두 바꾸게 될 것이다. 기존의 무역거래방식은 해외시장조사에서 수출상품의 선적까지 여러 단계의 복잡한 절차를 거쳐야 하므로 그만큼 많은 시간과 비용이 발생하게 된다. 그러나 장기적 관점에서 전자무역은 이러한 복잡한 거래단계에서 발생하는 비용을 획기적으로 줄일 수 있다.

인터넷을 통한 무역거래의 경제성과 국제무역의 흐름을 기업인들이 올바르게 인식할 필요가 있다. 국경없는 무한경쟁시대에 경쟁력을 가지고 세계시장을 주도할 수 있도록 최신의 정보와 효과적인 방법인 전자무역 방식을 보다 적극적으로 도입할 필요가 있다.

찾아보기

영문

A

B

C

D

T

U

V

W

국문

ㄱ

ㅅ

ㅊ

ㅋ

ㅌ

저자 약력

■ **최 동 오**

- 목포대학교 무역학과 교수, 경영학박사
- 미국 University of Missouri Columbia 객원교수
- 목포대학교 학생처장, 인재개발원장
- 한국산업경제학회 부회장
  한국항만경제학회 상임이사
  한국무역학회 부회장
  한국무역통상학회 부회장

무역학개론

초 판 1쇄 발행 —— 2022년 3월 2일
초 판 2쇄 발행 —— 2025년 1월 20일

지은이 —— 최 동 오
펴낸이 —— 전 두 표
펴낸곳 —— 도서출판 **두남**
서울시 강동구 성내로 6길 34-16 두남빌딩
신 고 : 제25100-1988-9호
TEL : 02) 478-2066, 2067
FAX : 02) 478-2068
E-mail : dnbooks@dunam.co.kr
http://www.dunam.co.kr

정가 22,000원

ISBN 978-89-6414-939-3 93320